Danksagung:

Andreas Altmann, Sang-il Bae, Christoph Biallas, Daniel Breuer,
Johannes Maria Brunner, Karn Chandra, Rahul Chaudhari, Cristobal Da Costa,
Sylvia Daub, Andre Delere, Simon Dirscherl, Jasper Eberhart, Eva Gerich,
Hans Glück, Dr. Achim Grembowietz, Caroline Gros, Andy Gutmann,
Caroline Hey, Christa Hirl, Thomas Hirl, Stefan Huck, Clara Kasperek,
Sofie Kasperek, Barbara Kasperek, Bernhard Kasperek, Kurt Kapeller,
Jennifer Kilian, Peter Kolloch, Yvonne Keller, Robert Kellner, Philipp Keltenich,
Maximilian Kettenbach, Daniel Koethe, Shruti Kolhe, Matthias Ley,
Basti Lieberknecht, Erica Lefstad, Lakhi Leng, Ron Leng, Dirk Liesemer,
Hans Lindenmüller, Meinhard, Max Mokil, Felix Möller, Bernd Oeljeschläger,
Prof. Dr. med. Vallabhbhai Patel, Dagmar Paulsen, Stephanie Pertl,
Murali Perumal, Achim Ranz, Gerhard Ranz, Sibylle Ranz, Wolfgang Rungnagel,
Sabarmati Ashram Preservation and Memorial Trust – Ahmedabad,
David Schmidt, Anne Schulze, Katharina Schüler, Maja Schüler, Hans Schlegel,
Arpita Sinha, Richard Steiner, Amit Tilwankar, Asheesh Tewari,
Mercedes Tortorici, Markus Valley, Johannes Wingenfeld, Franz Wörle,
Peter Wustlich

© SPICA Verlags- & Vertriebs GmbH
1. Auflage, August 2015

Alle Rechte, insbesondere das Recht der Vervielfältigung und Verbreitung
sowie der Übersetzung, vorbehalten. Kein Teil des Werkes darf in irgendeiner
Form (durch Fotokopie, Mikrofilm oder ein anderes Verfahren) ohne schriftliche
Genehmigung des Verlages reproduziert oder unter Verwendung elektronischer
Systeme gespeichert, verarbeitet, vervielfältigt oder verbreitet werden. Für den
Inhalt des Werkes zeichnet sich der Autor selbst verantwortlich.

Idee und Fotografie: Patrick Ranz (www.patrick-ranz.de)
Alle Fotografien: © Patrick Ranz, ausser Seiten 12, 17, 27, 29, 74, 86, 87,
119, 182, 184 © Alexander Hirl
Umschlagfoto: © Alexander Hirl
Autorenfoto von Patrick Ranz: © Stefan Huck
Konzept: Alexander Hirl und Erica Lefstad
Gestaltung: Erica Lefstad

Printed in Europe
ISBN 978-3-943168-77-8

Auf dem Salzweg
Begegnungen auf Gandhis Spuren

Fotografie: Patrick Ranz
Text: Patrick Ranz und Alexander Hirl
Poesie: Alexander Hirl

Vorwort: Prof. Dr. med. Vallabhbhai Patel

www.spica-verlag.de

Herzlichen Dank an die Menschen in Gujarat.

Patrick Ranz, geboren 1979 in München, dokumentiert seit seinem 10. Lebensjahr sein Leben mit der Kamera. Er machte seine Leidenschaft zum Beruf und arbeitet seit 2005 als freier Fotograf und Kameramann. Indien ist, neben Sprachen und der Musik, seine größte Leidenschaft. Mit diesem Buch hat er sich einen Traum erfüllt.

Alexander Hirl, geboren 1980 in München, studierte Schauspiel, bevor er sich für die Geschichten entschied, die täglich auf der Straße spielen. 2007 schloss er sein Studium in Ethnologie und Dokumentarfilm an der Universität Manchester ab und arbeitet seitdem als freier Autor und Filmemacher.

Vorwort

Mit großer Einfühlsamkeit und photographischem Können ist es Patrick Ranz meisterhaft gelungen, das Leben im Gujarat, Geburtsland von Mahatma Gandhi, einzufangen. Neben Bildern von weitläufigen Landschaften, dichtem Straßenverkehr und überfüllten Bussen stechen dem Betrachter besonders die imposanten Porträts von einheimischen Familien und einzelnen Personen ins Auge. Gekonnt schafft Patrick Ranz kostbare Momente der Intimität in den Begegnungen.

Mahatma Gandhi hat mit seinem langen Fußmarsch gewaltlos demonstriert, welch außerordentliche Wirkung die symbolische Handlung vom Aufheben einiger Salzkristalle auf den Freiheitskampf Indiens haben kann.

Patrick Ranz traf in Navagam auf einen älteren Mann, der Mahatma Gandhi damals auf einer Etappe des Salzmarsches mit großen Kinderaugen beobachtet hat. Die Begegnung mit Zeitzeugen ist immer eine außergewöhnliche. Auch mein Vater war Mitkämpfer von Mahatma Gandhi. Er hatte an dem Salzmarsch teilgenommen und wurde wie viele andere friedliche Demonstranten von der Polizei brutal niedergestreckt. Er pflegte eine enge Freundschaft zu Gandhi persönlich. Gemeinsam mit meinem Patenonkel Vallabhbhai Patel, dem ersten Innenminister Indiens und ebenfalls Anhänger der Bewegung, kam er oft zu Besuch. So hatte ich als Kind das große Glück, diese außergewöhnlichen Persönlichkeiten kennenzulernen. Es wurde oft über den Salzmarsch und dessen herausragende Bedeutung gesprochen.

Wenn ich nun die Bilder dieses Bandes betrachte, werden Kindheitserinnerungen wach. Indienbegeisterte Menschen in deutschsprachigen Ländern bietet dieses Werk die Gelegenheit, viele - vielleicht auch neue - Aspekte von Indien zu entdecken. Farblich entsättigt und die Schärfe aufs Wesentliche reduziert, verleiht Patrick Ranz seinen Fotografien eine eigene Anmut, die mich berührt. Auch sein Weggefährte, Alexander Hirl, trägt mit seiner lakonischen und treffsicheren Poesie einen wertvollen Teil zu diesem eindrucksvollen Bildband bei.

Ich bin überzeugt davon, dass dieses Buch bei den Lesern sehr großen Anklang finden wird. Das wünsche ich den Autoren und dem Verlag, der mit großem Engagement dieses Buch herausgegeben hat.

– Prof. Dr. med. Vallabhbhai Patel

Prolog

Mahatma Gandhi machte sich Anfang März 1930 mit einer Anhängerschaft von 78 Gleichgesinnten zu Fuß auf den Weg von seinem Ashram in Ahmedabad zu dem am Meer gelegenen Ort Dandi, um dort symbolisch Salz aufzulesen. Damit verstieß er willentlich gegen das Gesetz der Briten, laut dem es Indern weder erlaubt war Salz zu gewinnen, noch zu verkaufen. Die staatliche Kontrolle eines solch elementaren Lebensmittels drückte für Gandhi die Ungerechtigkeit eines ganzen politischen Systems aus. Sein Salzmarsch, ein scheinbar unbedeutender Weg, an dessen Ende eine scheinbar unbedeutende Geste stand, war einer der Meilensteine der Ereignisse, die das Land 1947 in die Unabhängigkeit führten.

Wie kam ich auf die außergewöhnliche Idee, den Salzmarsch in Indien im Jahr 2011 zu gehen?

Mein Vater arbeitete als Bauingenieur in Kanada, Papua Neuguinea und Indonesien. Meine Geschwister und ich waren in unterschiedlichen Teilen der Welt groß geworden. Durch verschiedenste Reisen wurde unser Interesse für Kulturen und Menschen noch verstärkt.

Auch die Ausstattung unseres Hauses in München spiegelte diese Einstellung wider: Es war eine höchst interessante Mischung aus asiatischen, polynesischen und deutschen Einrichtungsgegenständen. In einem der Wohnzimmer standen aus Elchgeweih gefertigte Möbel mit weißen Lederbezügen, die mein Urgroßvater uns vererbt hatte. Das sogenannte zweite Wohnzimmer war ein offener Raum mit besonderer Atmosphäre, an dessen Wand eine große Leinwand mit einem indischen Buddha hing. Davor stand ein wunderschön geschnitzter pakistanischer Gebetstisch, der in unserem christlich geprägten Haushalt für seinen ursprünglichen Zweck keinen Nutzen fand. An den Wänden des Treppenhauses hingen riesige Kriegsmasken aus Papua

Neuguinea, die durchaus furchteinflößend waren. Besucher reagierten auf mein Zuhause auf sehr unterschiedliche Art und Weise: befremdet, interessiert, beeindruckt. Für mich war dieses Konglomerat aus Bildern, Möbeln und Objekten alles andere als exotisch. Es war schlicht und einfach mein Zuhause, auf das ich stolz war und in dem ich mich wohlfühlte.

Meine Mutter war eine große Freundin Indiens. Jede Fernsehdokumentation über Indien und insbesondere Gandhi wurde bei uns angeschaut. So kam es, dass ich schon als Teenager Schwarz-Weiß-Aufnahmen von Gandhis Salzmarsch sah.

Wenn ich mir meine inzwischen verstorbene Mutter ins Gedächtnis rufe, sehe ich sie vor mir in ihrem *Shalwar Kameez*, einem indischen Gewand, und mit ihrem typisch indischen Silberschmuck. Sie beherrschte die indische Küche meisterlich, was in den 80er-Jahren noch ungewöhnlich war. Meine Geschwister und ich waren es gewöhnt, scharf und würzig zu essen. Oft verbreitete sich ein wunderbarer Duft von Ingwer und Limetten im Haus. Ich liebte ihr Hühnchen-Curry, und meine große kulinarische Liebe galt der Mango.

1993 – ich war 14 Jahre alt – reiste meine Mutter mit ihrer Freundin, deren Tochter und mir nach Indien. Die Musik, der andere Geschmack, die Architektur, das Straßenleben – die Andersartigkeit faszinierte mich. Dennoch war es für mich als Teenager langweilig, jeden Tag neue Sehenswürdigkeiten zu besichtigen. Am beeindruckendsten war es damals, an der Stelle zu stehen, an der Gandhi ermordet wurde. Manche Eindrücke brauchen Zeit, um zu einer Faszination zu reifen. So war es mit Indien und mir.

Mein Hobby, meine Familie und Freunde zu porträtieren und unser Leben zu dokumentieren, machte ich schließlich als Filmemacher und Fotograf zum Beruf. Mit meiner heutigen Frau entdeckte ich auf dem spanischen Jakobsweg 2005 meine Leidenschaft, die Welt zu Fuß zu erkunden. Beim Besuch einer Freundin in Neu Delhi konkretisierte sich 2007 mein Wunsch, den Salzmarsch selbst zu gehen. Damals fehlte es mir an Zeit. Ich bin ein Mensch mit der festen Überzeugung, dass man nur glücklich ist, wenn man seine Träume auch umsetzt. Deshalb hielt ich an diesem Vorhaben fest und war 2011 endlich in der Lage, mir diesen Traum zu erfüllen. Meinen seelenverwandten Freund Alexander Hirl, mit dem ich auch seit Jahren zusammenarbeite, konnte ich überzeugen, sich mit mir auf diese abenteuerliche Reise zu begeben. Alex brachte die Zeit, die Muße, das Interesse und die nötige Geduld mit, ein derart anstrengendes Projekt anzugehen.

Das Konzept unserer Reise war einfach: Wir wollten unsere Erlebnisse und Begegnungen entlang des Weges, den Gandhi gelaufen war, filmisch und fotografisch festhalten. Es war eine bewusste Entscheidung, keine detaillierten Informationen über die Route einzuholen, weder online noch in Büchern. Wir wussten nur, dass das Interesse an diesem Weg heute verschwindend gering ist.

Unser einziger Wegweiser war eine kleine schematische Karte, die die einzelnen Etappen von Gandhi auf dem Salzweg zeigt. Der Weg war unser Ziel. Alle genaueren Informationen, Geschichten und Begebenheiten wollten wir im Gespräch mit den Menschen vor Ort erkunden und erfragen. Wir suchten Kontakt zu Menschen, egal ob Handwerker, Verkäufer, Kinder oder Geistliche. Unsere große Hoffnung war es, jemanden zu treffen, der Gandhi damals gesehen hatte.

Für drei Wochen wurde der Weg unsere Welt.

– Patrick Ranz

Delhi

Neu Delhi – unser Ausgangspunkt in Indien. Wir lebten uns drei Tage in das dortige Großstadtgewirr ein. Für mich war es wie ein Nach-Hause-Kommen, auch wenn der Verkehr mich jedes Mal wieder zum Wahnsinn trieb und der Lärm an jeder Ecke in den Ohren schmerzte. Überall auf den Straßen waren Gruppen von Cricket-Fans vor Bildschirmen und Leinwänden versammelt, und fieberten mit ihrer Nationalmannschaft um die Cricket-Weltmeisterschft.

Die Aussicht auf etwas Ruhe während dem Laufen beruhigte mich – dies sollte jedoch, bis auf wenige Ausnahmen, ein Wunschtraum bleiben.

Am zweiten Abend in Delhi wurde uns klar, dass es nicht üblich ist, in kleineren *Dhabas*, einfachen Imbissbuden, nach dem Essen sitzenzubleiben. Man isst und geht. Wir liefen durch die Nacht zur beleuchteten *Jama Masjid*, der größten Moschee Delhis, die nur ein paar Straßen entfernt war. Ein großes Gitter und ein abgeschlossenes Eisentor hielten unerwünschte Besucher ab. Noch dazu parkten bewaffnete Polizisten ihren Wagen demonstrativ vor dem Eingang. Ich war neugierig und fragte die Männer, ob ihre Präsenz mit Konflikten zwischen Muslimen und Hindus zu tun hatte. Sie verneinten und erklärten mir, dass sie nur für die allgemeine Sicherheit hier stünden, wie ich mit meinem spärlichen Hindi erfahren konnte.

Als ich die Polizisten in ihrem Auto fotografiert hatte, ließen sie uns, ohne zu zögern, für ein Foto auf den Ledersitzen Platz nehmen. Die Begegnung endete letztendlich darin, dass uns die Polizisten sogar in die Nähe unserer Herberge fuhren. Als Geschenk bekam ich von dem Headofficer ein spirituelles Buch überreicht, um mein Hindi weiter zu verbessern. Anhand der Gebrauchsspuren vermutete ich, dass er dieses Buch schon mehrmals gelesen hatte und es ihm wohl am Herzen lag, es mir zu schenken. Ich fühlte mich durch diese Geste sehr geehrt.

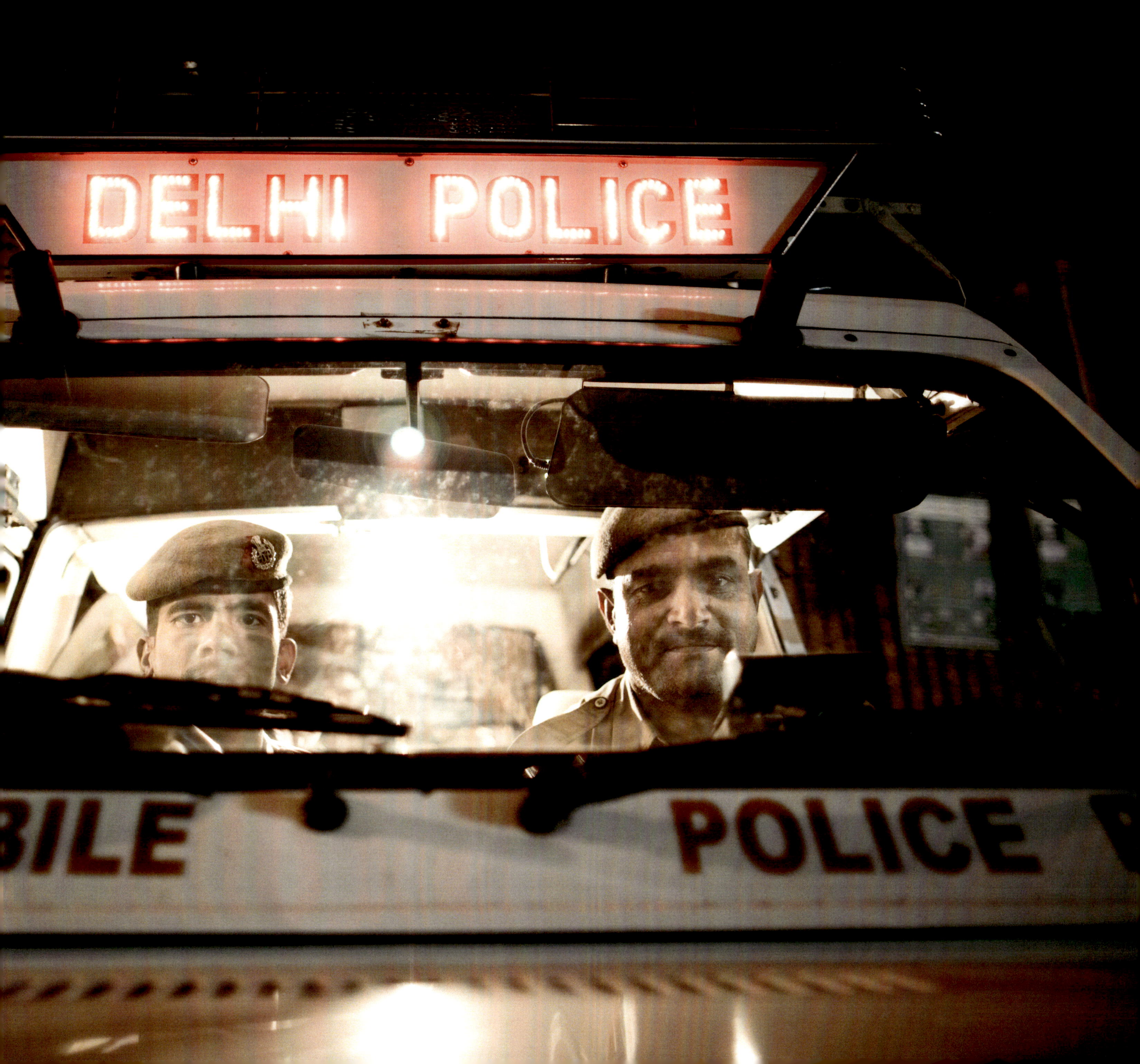
DELHI POLICE
BILE
POLICE

	01.00	2A	9130	अहमदाबाद	मुंबई	दिन	आगमन	प्रस्थान	प्ले. क्र.	गाड़ी सं.	कहा से	कहा तक	
01.20	01.30	2A	6531	अजमेर	वडोदरा	रवि	-	14.30	1	14708	बांद्रा	बीकानेर	दिन	आगमन	प्रस्थान
01.05	01.40	4	16505	गांधीधाम	यशवंतपुर	दैनिक	14.30	14.35	6	79429	आणंद	अहमदाबाद	दैनिक	00.01	00.25
01.55	02.15	5	6533	जोधपुर	बेंगलोर	सोम	14.30	14.55	7	16125	चेन्नई	अहमदाबाद	मंग/शुक्र/शनि	00.10	
-	02.00	4	16507	जोधपुर	यशवंतपुर	मंगल	14.30	14.55	7	7037	सिकंदराबाद	जोधपुर	सोम	01.00	
-	02.40	7	16209	अजमेर	बेंगलोर	बुध	14.30	14.55	7	19131	बांद्रा	बीकानेर	सोम	01.00	01.20
02.40	03.05	2	12905	पोरबंदर	मैसूर	गुरु/शनि	14.30	14.55	7	19017	बांद्रा	भुज	गुरु	01.00	01.20
03.10	03.20	5	16734	ओखा	हावड़ा	शुक्र/रवि	14.30	14.55	7	19570	वाराणसी	जामनगर	दैनिक	01.45	02.05
03.10	03.30	4	11089	जोधपुर	रामेश्वरम	बुध/गुरु/रवि	15.15	15.40	5	19264	दि. स. रोहिल्ला	ओखा	सोम	02.10	02.30
03.30	03.50	6	11091	भुज	पुणे	मंगल	15.15	15.40	5	59473	पोरबंदर	अहमदाबाद	सोम	02.50	03.10
04.00	-	7	11095	अहमदाबाद	पुणे	बुध	15.10	16.00	4	16733	रामेश्वरम	पाटन	मंग/शुक्र	02.55	03.20
04.20	-	-	11087	वेरावल	पुणे	गुरु	15.10	16.00	4	16502	बेंगलोर	ओखा	मंग/शनि		03.30
04.20	04.40	2A	19224	जम्मुतवी	पुणे	शनि	15.15	16.00	4	11454	नागपुर	अहमदाबाद	मंगल	03.30	03.45
04.35	04.45	-	19120	सोमनाथ	अहमदाबाद	दैनिक	15.30	16.00	4	18401	पुरी	अहमदाबाद	गुरु	04.00	
	04.55	7	69132	गांधीनगर	अहमदाबाद	दैनिक	15.55		2A	19166	दरभंगा	ओखा	मंगल	03.55	
	04.55	4	11453	अहमदाबाद	अहमदाबाद	दैनिक	16.20		3	19168	वाराणसी	अहमदाबाद	सोम/बुध/शुक्र	04.15	04.15
04.35	04.55	6	69102	नागपुर		गुरु			6	59439	मुंबई	अहमदाबाद	मंग/शनि/रवि	04.15	
04.35	04.55	6	12917	अहमदाबाद	वडोदरा	दैनिक		16.25	1	19143	बांद्रा	अहमदाबाद		04.40	
05.05	05.25	7	12844	अहमदाबाद	निज़ामुद्दीन	सोम/बुध/शुक्र		16.45	6	19005	मुंबई	अहमदाबाद	दैनिक	04.50	
	05.35	4	16501	अहमदाबाद	पुरी	सोम/गुरु/शनि/रवि		17.20	4	69105	आणंद	ओखा	दैनिक	04.55	05.15
	06.30	6	18402	ओखा	बेंगलोर	मंगल		18.00	5	9707	बांद्रा	अहमदाबाद		05.10	
06.25	06.50	5	18406	अहमदाबाद	पुरी	बुध	17.25	18.00	5	2971	बांद्रा	जयपुर	दैनिक	05.15	05.30
06.25	06.50	5	19110	अहमदाबाद	पुरी	शुक्र		18.00	5	12948	पटना	भावनगर		05.25	05.40
	06.40	2A	1463/65	वेरावल	बलसोड़	दैनिक		18.00	5	12942	आसनसोल	अहमदाबाद	शुक्र/रवि	05.50	
07.00	-	-	19106	हरिद्वार	जबलपुर	दैनिक	18.10	18.45	4	2267	मुंबई	अहमदाबाद	शनि	05.50	
-	07.00	2	14312	अहमदाबाद	बरेली	दैनिक	18.25		5	54804	अहमदाबाद	जोधपुर	मंग/शुक्र/शनि/रवि	06.00	
06.00	07.10	4	69130	भुज	बरेली	शनि/रवि/सोम/गुरु	18.40	19.25	6	12901	मुंबई	अहमदाबाद	दैनिक	06.20	06.
07.40	-	5	11049	अहमदाबाद	आणंद	दैनिक	18.50	19.10	2	14311	बरेली	भुज	शनि/सोम/शुक्र/रवि	06.15	06
	08.35	4	19309	गांधीनगर	इंदौर	रवि		19.30	2	12918	निज़ामुद्दीन	अहमदाबाद	बुध/शु/शनि	06.30	
09.25	10.15	5	19018	जामनगर	बांद्रा	दैनिक	19.25	19.45	7	16336	एर्नाकुलम	अहमदाबाद	रवि/शुक्र	06.45	07
09.40	10.05	6	19165	अहमदाबाद	दरभंगा	गुरु	20.10	20.35	7	16312	कोच्चुवेली	अहमदाबाद	सोम	06.45	
09.40	10.05	6	19167	अहमदाबाद	वाराणसी	गुरु/शनि	-	20.		6334	तिरुवनंतपुरम	अहमदाबाद		06.45	
09.40	10.05	6	19144	अहमदाबाद	बांद्रा						नागरकोइल	अहमदाबाद		06.45	
10.05		1	12947	अहमदाबाद	पटना						बेंगलोर	अहमदाबाद		07.05	
10.20	-	6	15635	ओखा	गोहाटी		21.05				मैसूर	अहमदाबाद		07.05	
10.30	10.50	3	15667	गांधीधाम	सामाख्या		21.05				यशवंतपुर	अहमदाबाद		07.20	
10.50	-	2	54804	जोधपुर	अहमदाबाद		21.50				पुरी			07.20	
10.50	11.10	6	12902	अहमदाबाद	मुंबई						पुरी			07.20	
11.05	11.25	6	19708	जयपुर	बांद्रा		2.10				मुज़फ़्फ़रपुर			07.40	
11.05	11.25	6	19006	ओखा	मुंबई					9129	आणंद			07.45	
11.05	11.25	6	59440	अहमदाबाद	बोरिवली					11090	पुणे				
11.10	1135	6	12941	अहमदाबाद	आसनसोल					11092	पुणे				
11.10	11.35	6	19569	ओखा	वाराणसी					11096	पुणे				
	11.35	5	12937	गांधीधाम	हावड़ा					11088	पुणे				
	12.05	1	59474	पाटन	अहमदाबाद					2065					
12.35		2A	12268	अहमदाबाद	मुंबई										

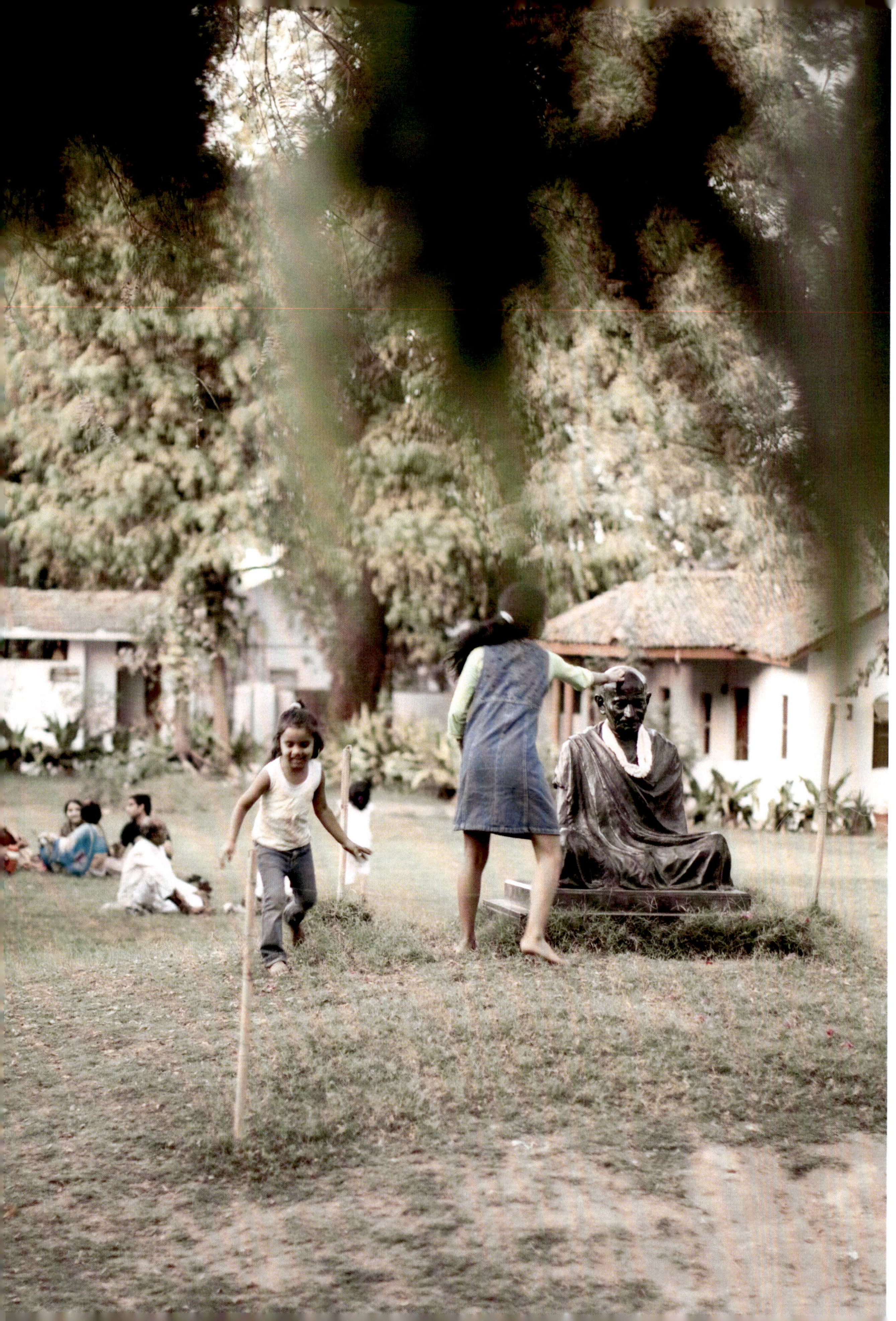

Viramgam
Sabarmati Ashram
Ahmedabad
Aslali
Bareja
Navagam
Basma
Matar
Nadiad
Boriavi
Anand
Borsad
Ras
Khambhat
Kankapura
Vadodara
Kareli
Gajara
Jambusar
Amod
Bharuch
Ankleshwar
Sanjod
Mangrol
Bhatgam
Surat
Vaz
Dhaman
Navsari
Dandi

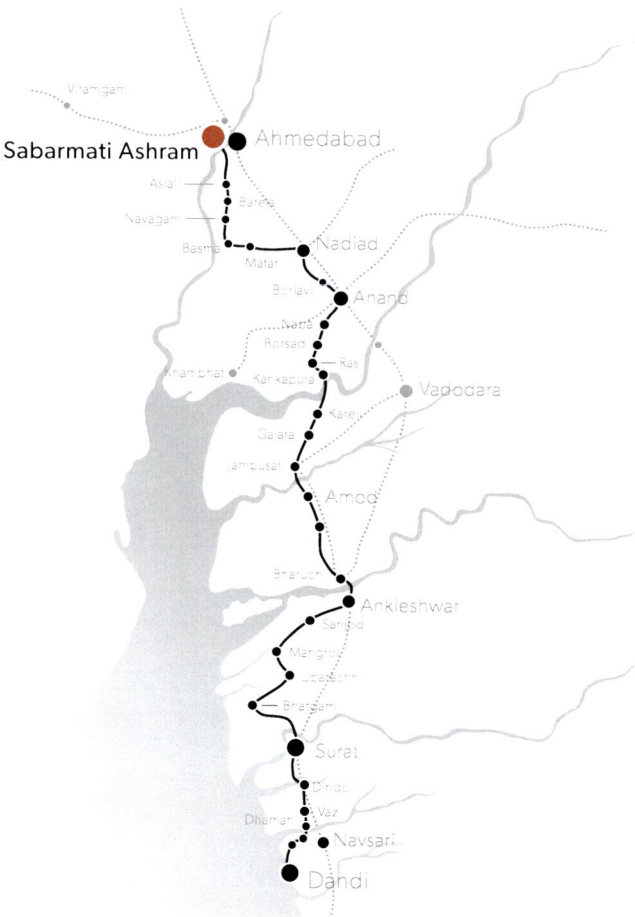

Sabarmati Ashram

Im Sabarmati Ashram in Ahmedabad, Gandhis Wohnstätte vor seinem Salzmarsch und mittlerweile ein Museum, herrschte reges Treiben. Trotz der vielen Besucher strahlte dieser Ort eine gewisse Ruhe aus. Kinder spielten vor der Statue von Gandhi und zollten ihm stets den Respekt, der ihm gebührt - und sei es nur mit einer kleinen Geste.

Ein 10-jähriger Junge war mit seinem Freund gekommen, um sich das Museum anzusehen. Seine Stimme war sehr klar. Er erzählte uns von dem „Vater der Nation" wie aus einem Schulbuch.

Später, im Garten des Ashrams, trafen wir noch zwei Jugendliche, die ebenfalls begeistert von Gandhi sprachen.

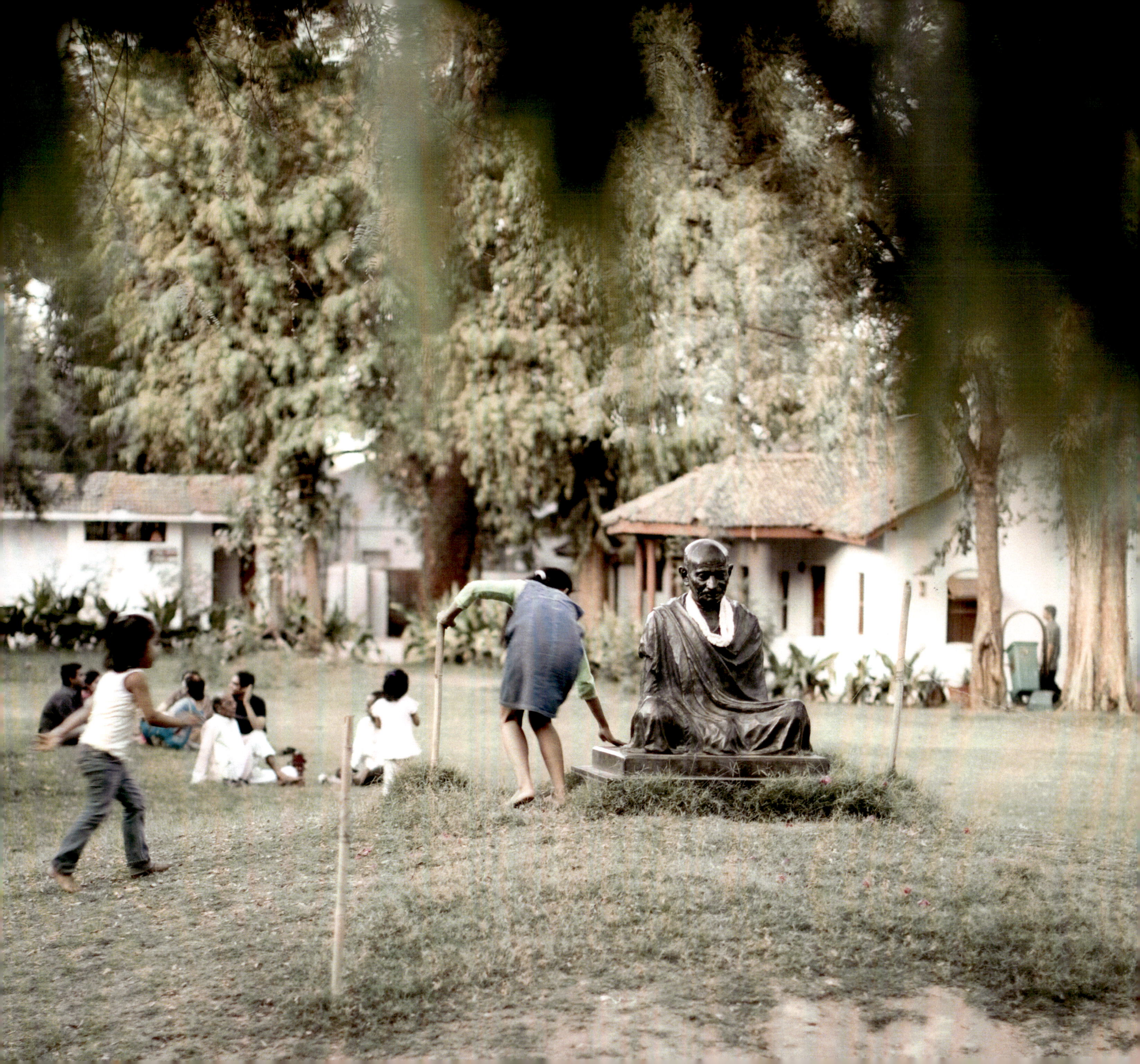

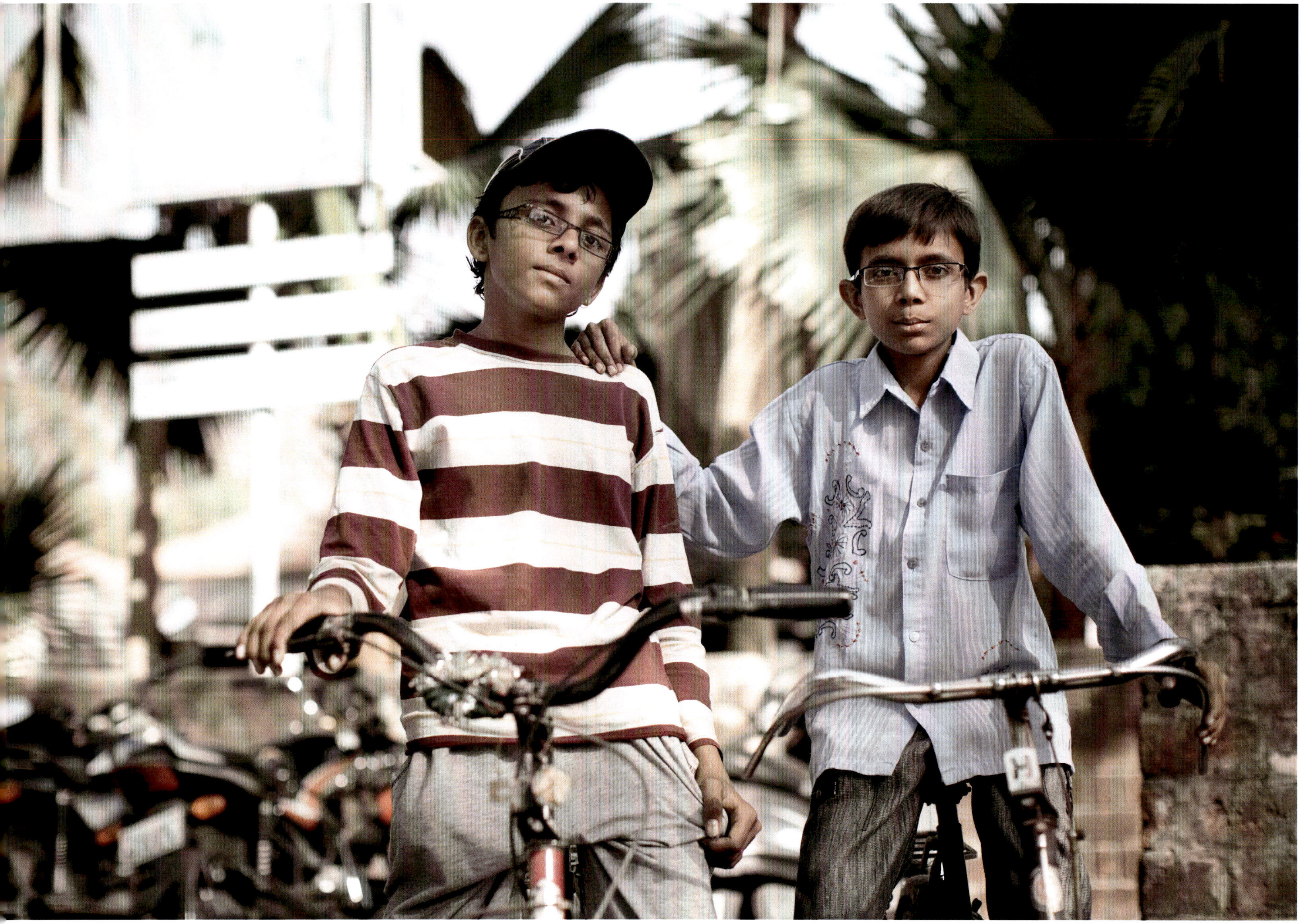

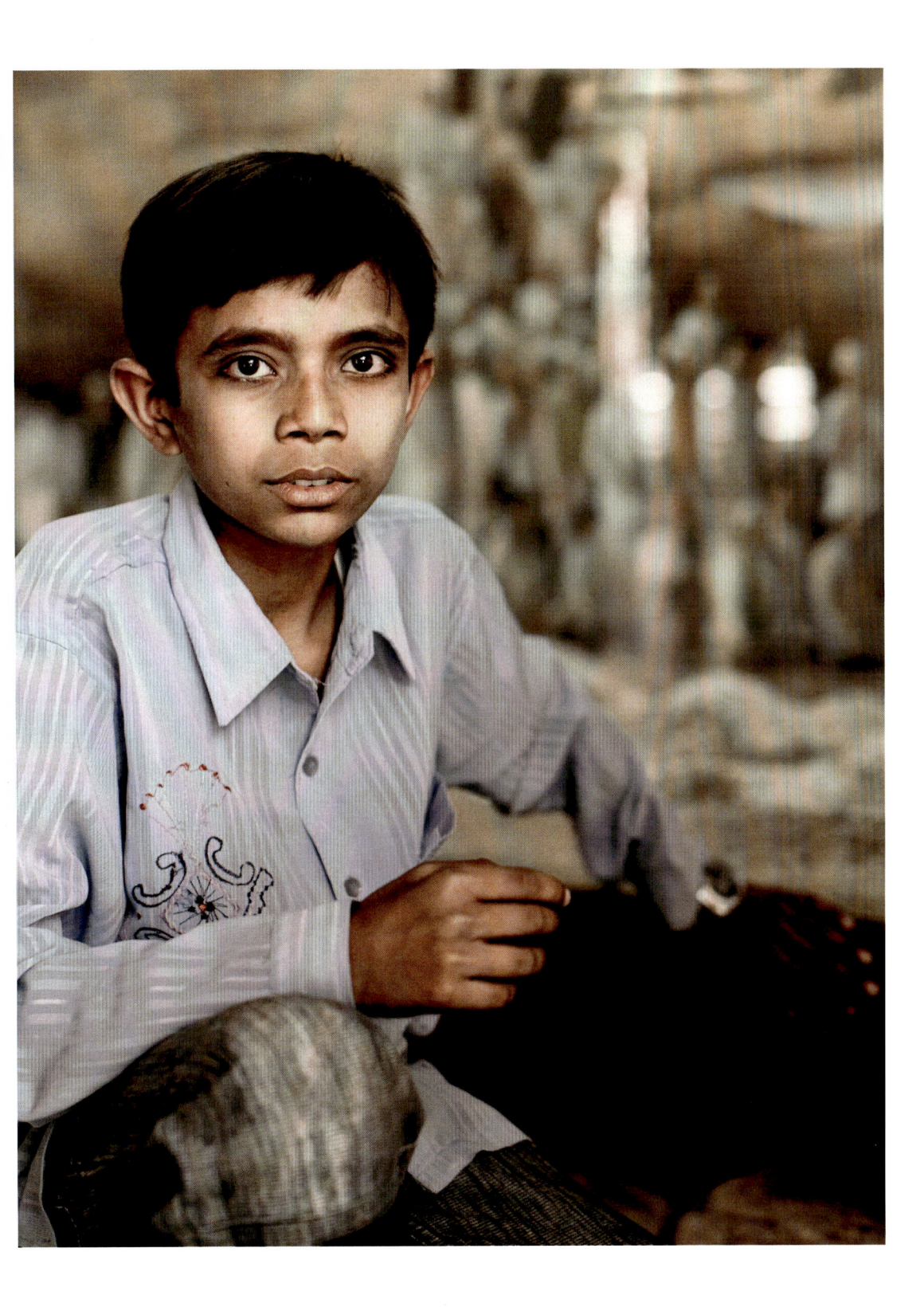

„Gandhi hat den Salzmarsch am 12. März 1930 begonnen. Er ging durch die Dörfer, und die Dorfbewohner sind ihm gefolgt. Mahatma Gandhi war verärgert über die Engländer wegen der Salzsteuer. Gandhi war der Meinung, wenn es eine Salzsteuer gibt, dann können die armen Menschen nicht überleben – also hat er sich entschieden das Salzgesetz zu brechen. So ging er ans Meer, sammelte Salz auf und sagte: ‚Ich breche hiermit das Salzgesetz.'"

„Wir sind sehr stolz auf unseren ‚Vater der Nation'. Wäre Gandhi nicht in Indien geboren, wäre das Land nie unabhängig geworden."

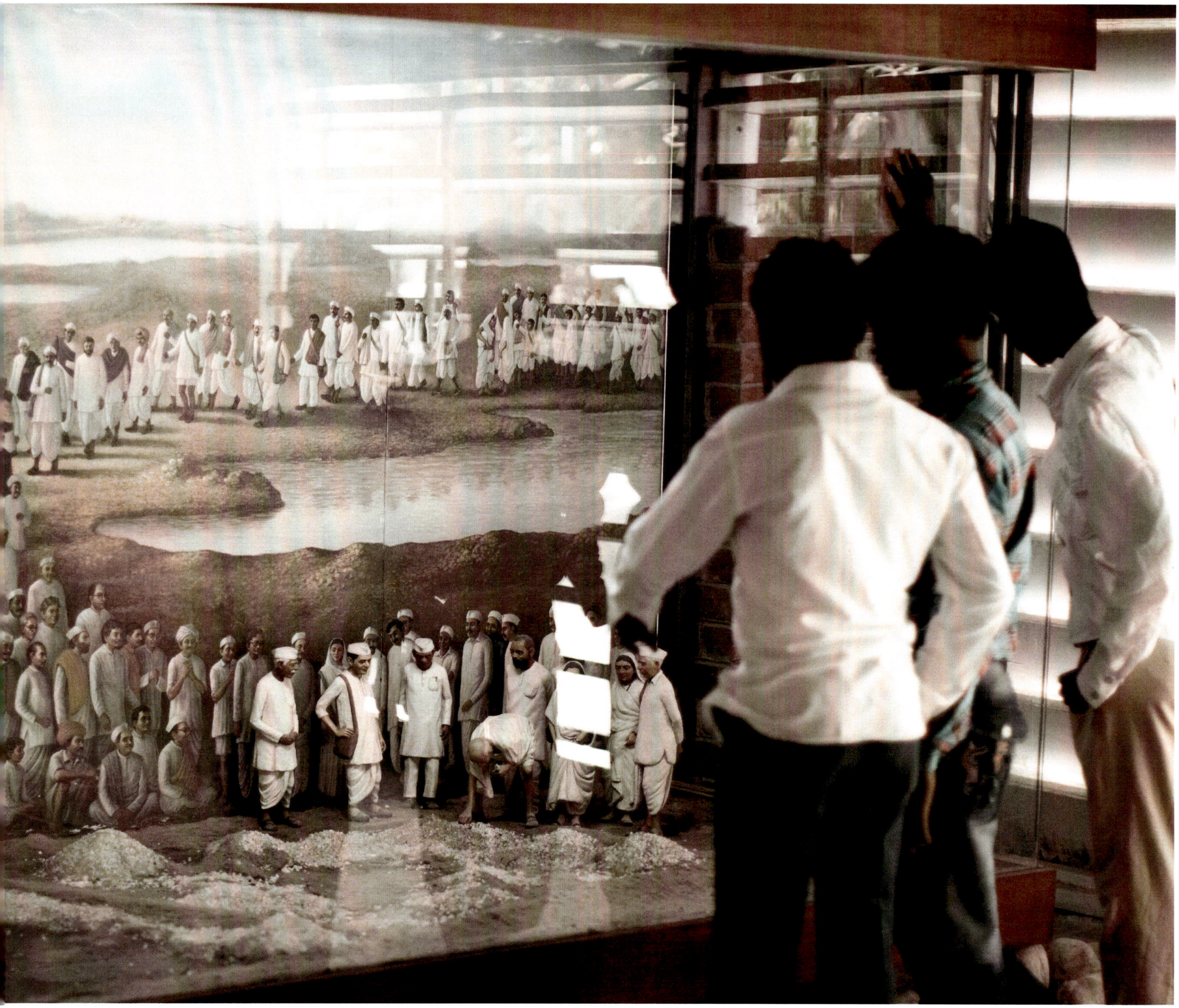
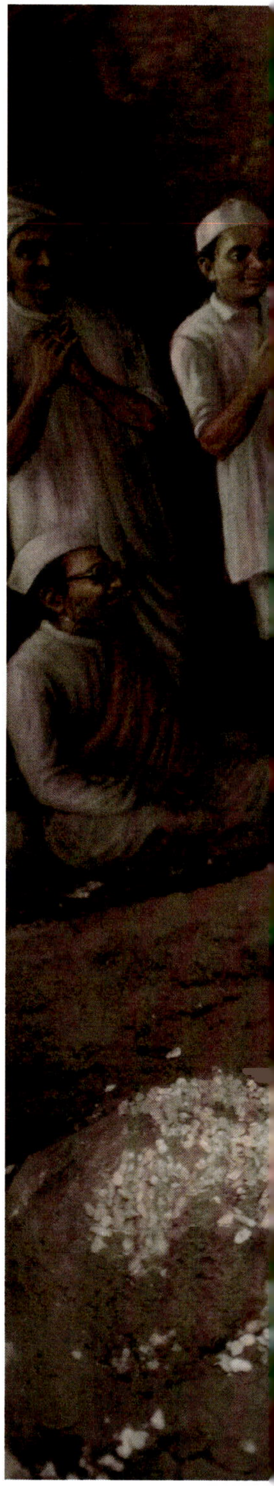

37

„Bapu, unser ‚Vater der Nation', war der Meinung, dass die Leute den Weg der Wahrheit gehen und sich in Ahimsa, der Gewaltlosigkeit, üben sollten. Wenn man diese Grundlagen beachte, könne man das eigene und das Leben anderer verbessern."

„Er behandelte alle gleich, egal ob einer im Recht oder Unrecht war."

„Was immer man über Gandhi sagt, es gibt nicht genug Worte, seine Großartigkeit auszudrücken."

39

40

Von einer Familie, mit der wir im Museum ins Gespräch gekommen waren, wurden wir zum Abendessen eingeladen. Sie holten uns vom Hotel ab und fuhren uns zu ihrem Haus am Stadtrand. Während Anish uns im Internet seine Facebook-Freunde zeigte, kochte seine Mutter ein fürstliches Mahl. Wir speisten reichhaltig und als Abschiedsgeschenk bekamen wir eine Schlange aus Holz. In der indischen Mythologie wird sie von dem Gott *Shiva* um den Hals getragen und gilt als Fruchtbarkeitssymbol. War sie anfangs für mich nur ein Spielzeug, so gewann sie auf der Reise zunehmend an Bedeutung. Alex hatte sie außen an seinem Rucksack befestigt. In schlechten Momenten war sie für mich eine Motivation zum Weitergehen.

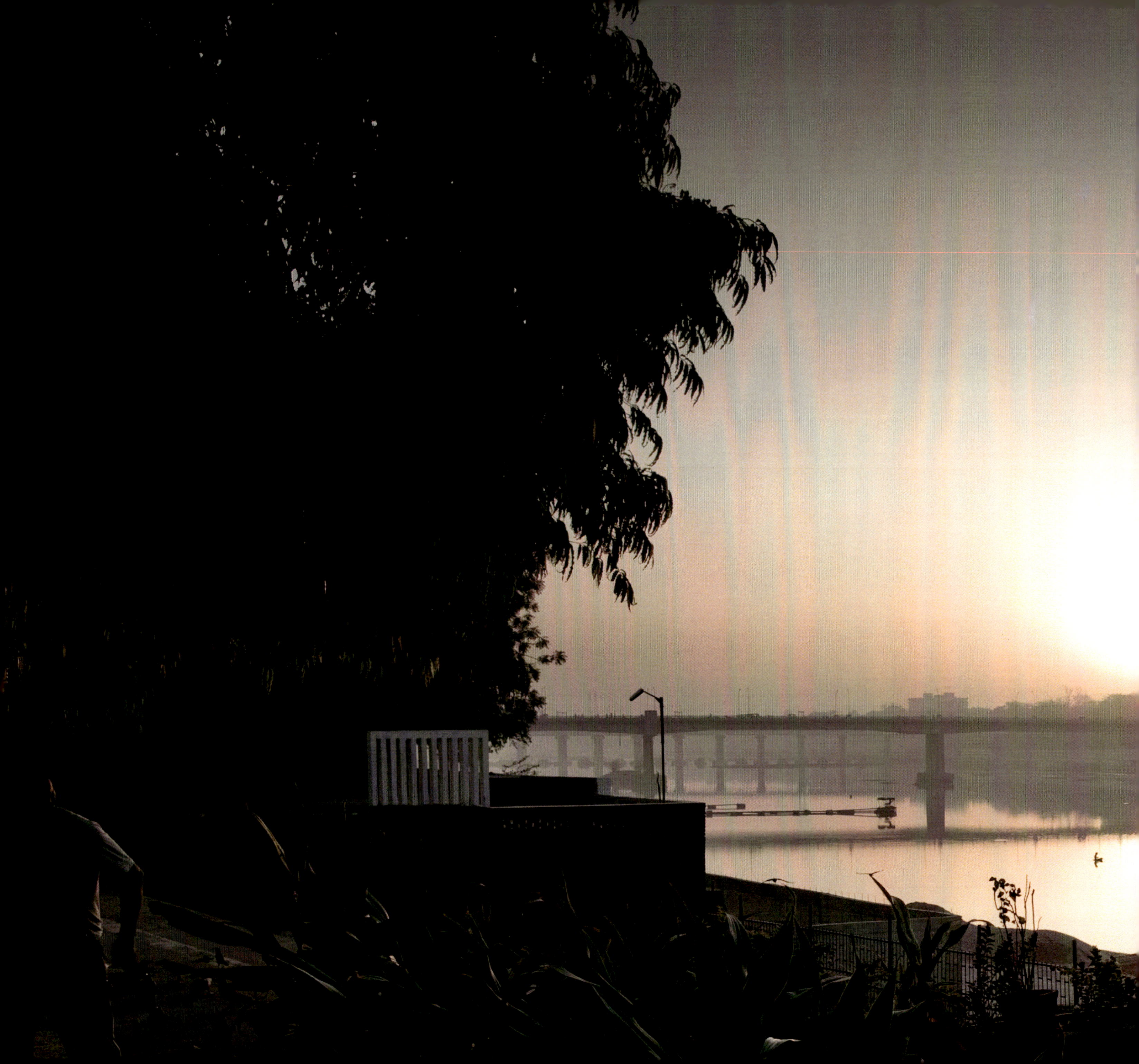

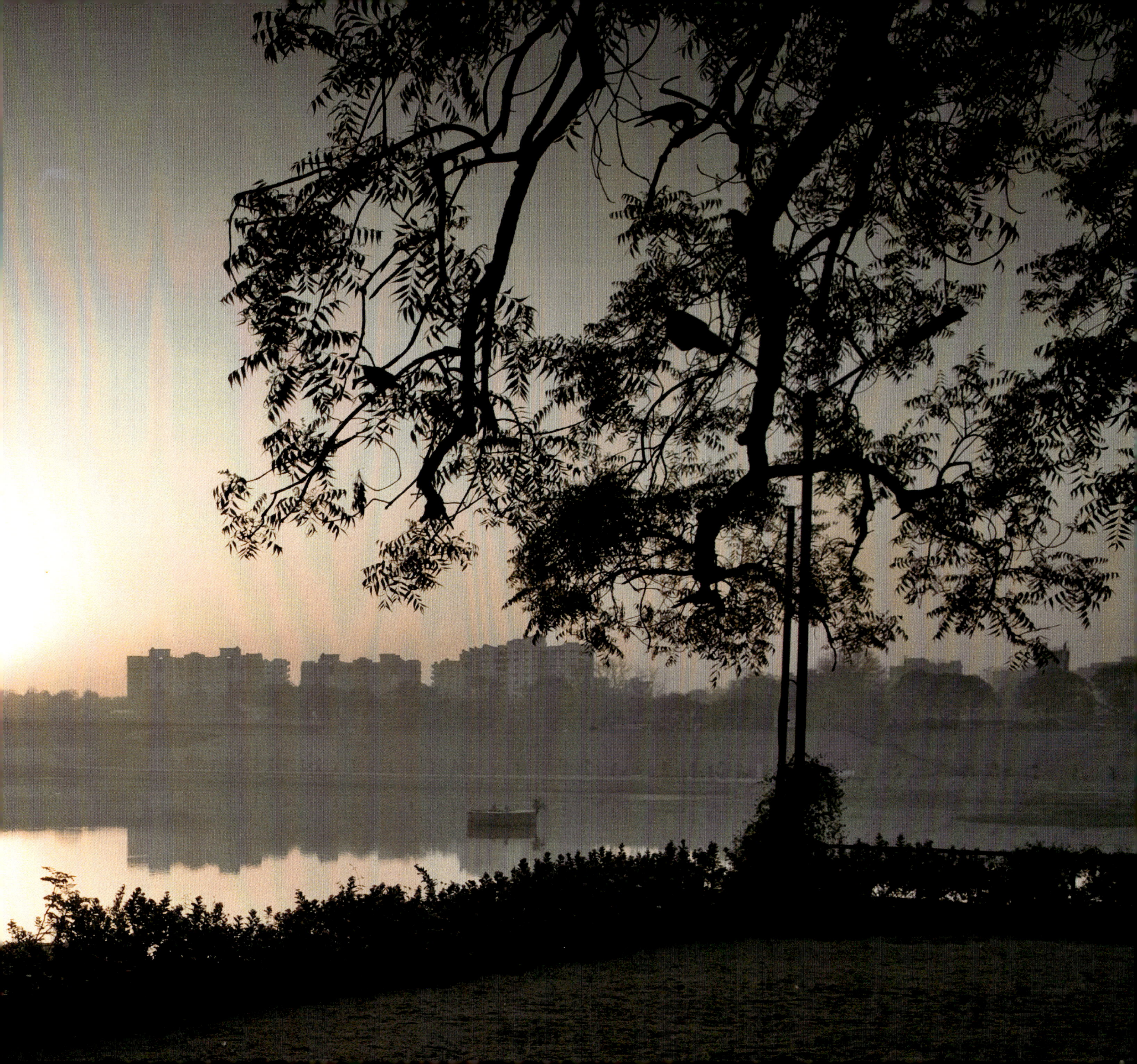

Map

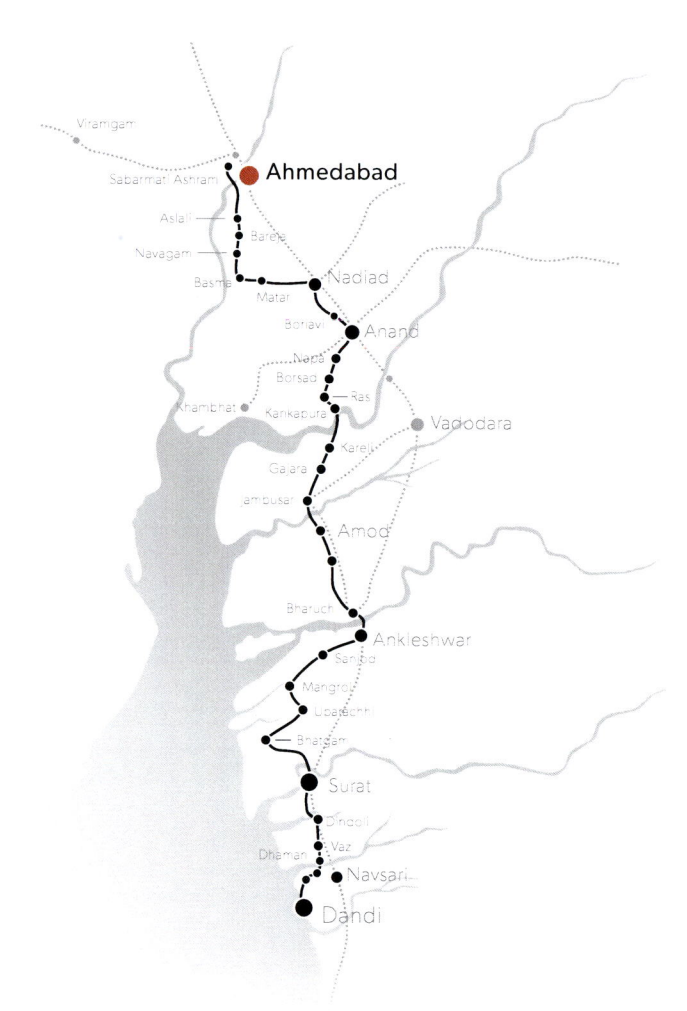

Viramgam
Sabarmati Ashram — ● Ahmedabad
Aslali
Bareja
Navagam
Basna — Nadiad
Matar
Borlavi — Anand
Napa
Borsad — Ras
Khambhat — Kankapura
Kareli — Vadodara
Gajera
Jambusar
Amod
Bharuch
Ankleshwar
Sengad
Mangrol
Umrachhi
Bhatgam
Surat
Dindoli
Dheman — Vaz
Navsari
● Dandi

Ahmedabad

Der Morgen brach an in Ahmedabad. Wir machten uns bereit für den großen Marsch. Eine unansehnliche Autobrücke spiegelte sich im Sabarmati Fluss. Die Menschen gingen ihrer gewohnten Routine nach. Für viele war dies ein ganz normaler Tag. Nicht so für uns. Wir waren aufgeregt und voller Erwartungen auf das Abenteuer *Dandi Yatra* – unsere Reise nach Dandi.

Als Gandhi im März 1930 mit seiner Anhängerschaft nach Dandi aufbrach, war die Stadt in Aufruhr. Neugierig waren die Einwohner von Ahmedabad auf die Straßen geströmt, um den Mahatma wenigstens einmal mit eigenen Augen zu sehen. Viele schlossen sich dem Zug für einen Teil des Weges an.

81 Jahre und einen Monat später ist uns, wie erwartet, niemand gefolgt. Nur die streunenden Hunde konnten es nicht lassen und liefen uns manchmal für ein paar Meter hinterher.

ECONAVI
DANDI MARCH
the Father of the Nation,
on 12 March 1930,
the nefarious Provisions
imposed by the British.

luxurious lifestyle...
SAMPLE FLAT READY
PH. : 8905268993, 64500787
a telenor unitech company
60%
40%
30%
20%
WHY PAY MORE?
call 91730 91730
GJ-1 HN-7414

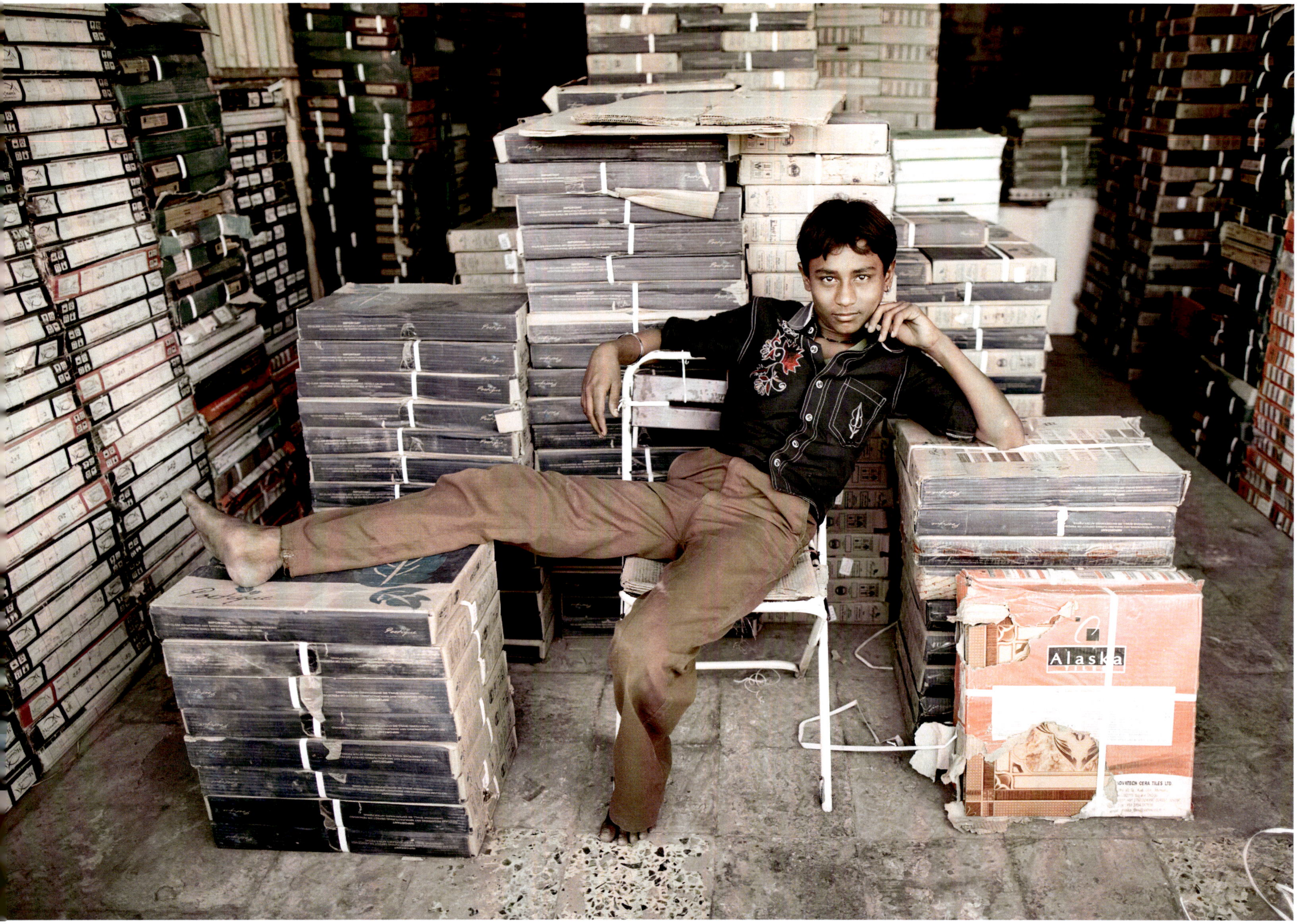
Alaska

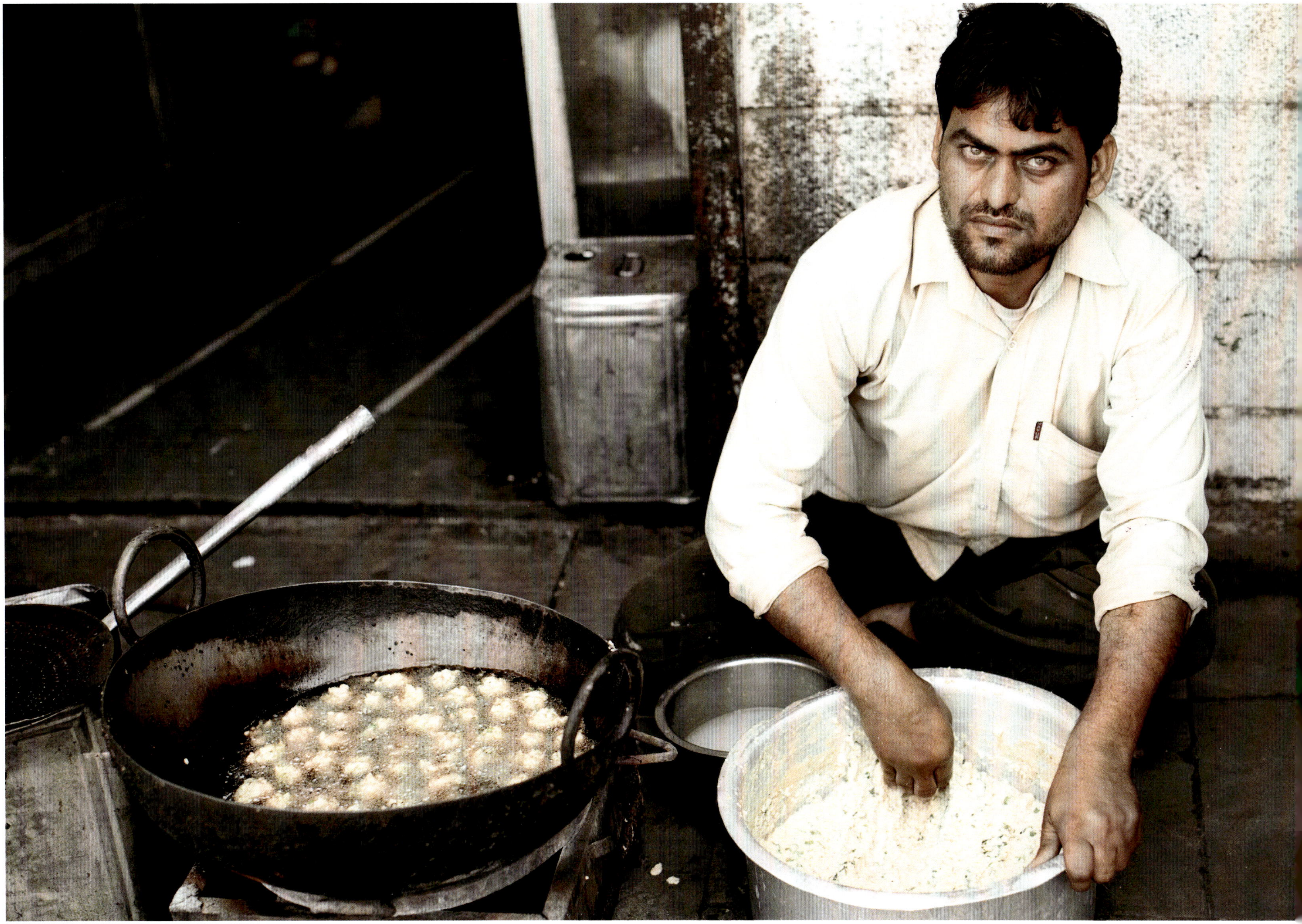

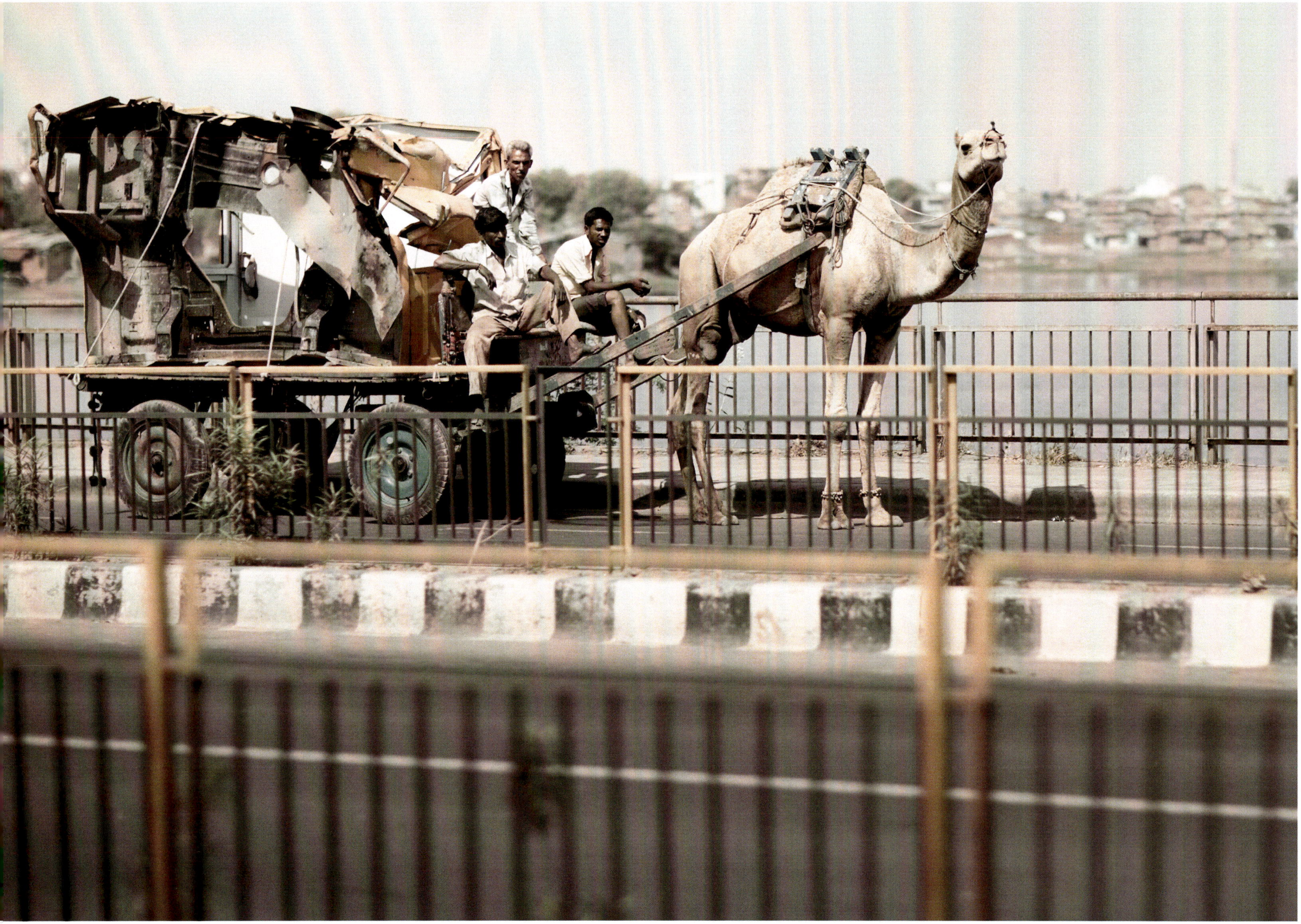

STOP
AT
STOPLINE
Leave Zebra Crossing
For Pedestrians
Ahmedabad City
Traffic Police
TRAFFIC HELPLINE
1095

hinter dem Horizont das
Menschenmeer die Stadt ist
nicht gemacht dafür anzukommen
den Moloch musst Du Dir
erfahren lassen
wirst von den Straßenfluten zwischen
die Blickklemme gelegt so
dass Dir nur übrig bleibt Deine
Entertainmentrüstung anzulegen bis
vielleicht die nächste Straße ausfällt Du
Dir beim Stolpern Dein Netzwerkkabel aus
den Gehörgängen reißt Dir
Deine Krallen vergeblich am
Asphalt schärfst den
Anschluss wiederfindest
aus der Distanz doch
das Stadtgeschwür breitet sich aus die
Menschen wie Blutkörper
entlang stickiger Verkehrsadern

ન્યાયચુકાદાનો દિવસ
૨૧ મે, ૨૦૧૧
FamilyRadio.com
indiaCOLONY
BLUE STAR
ઘરમાં ઑફિસ જેવી
ઠંડક ચાહો છો?

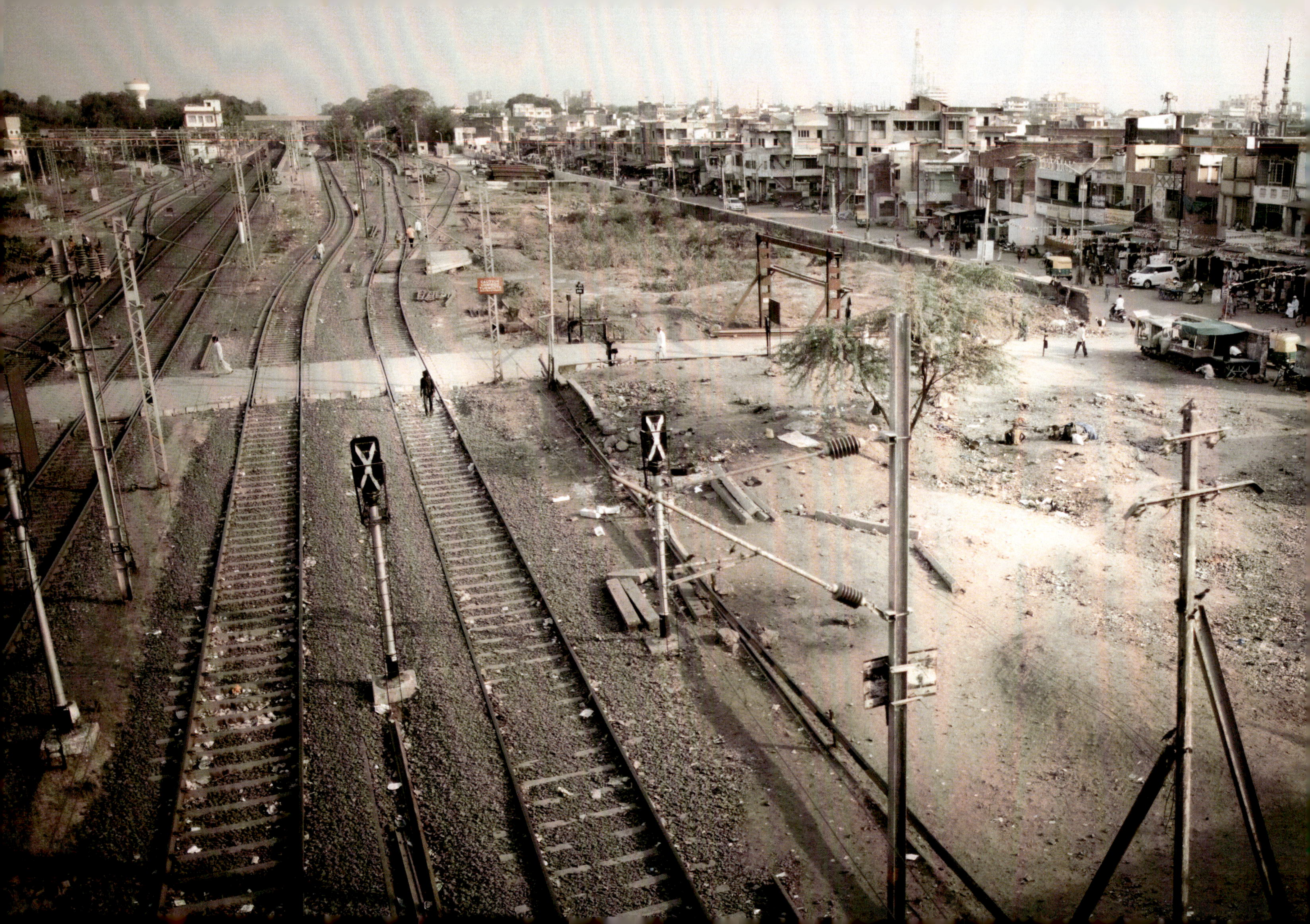

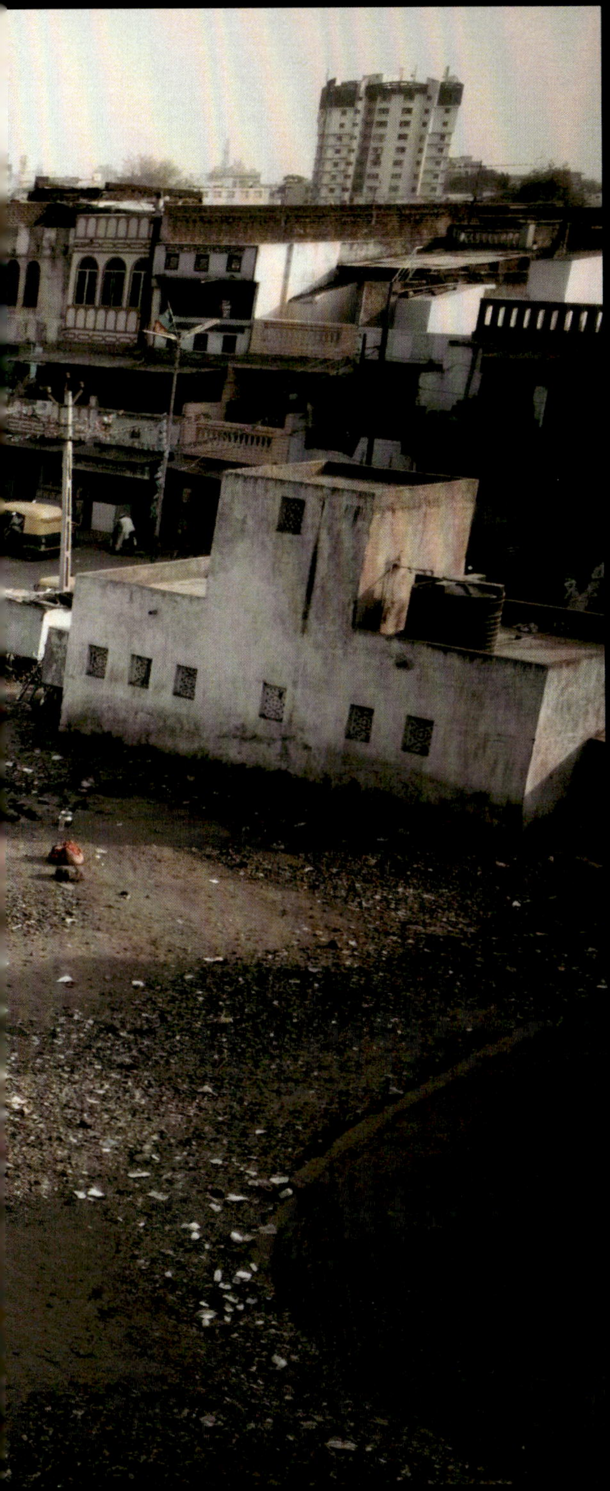

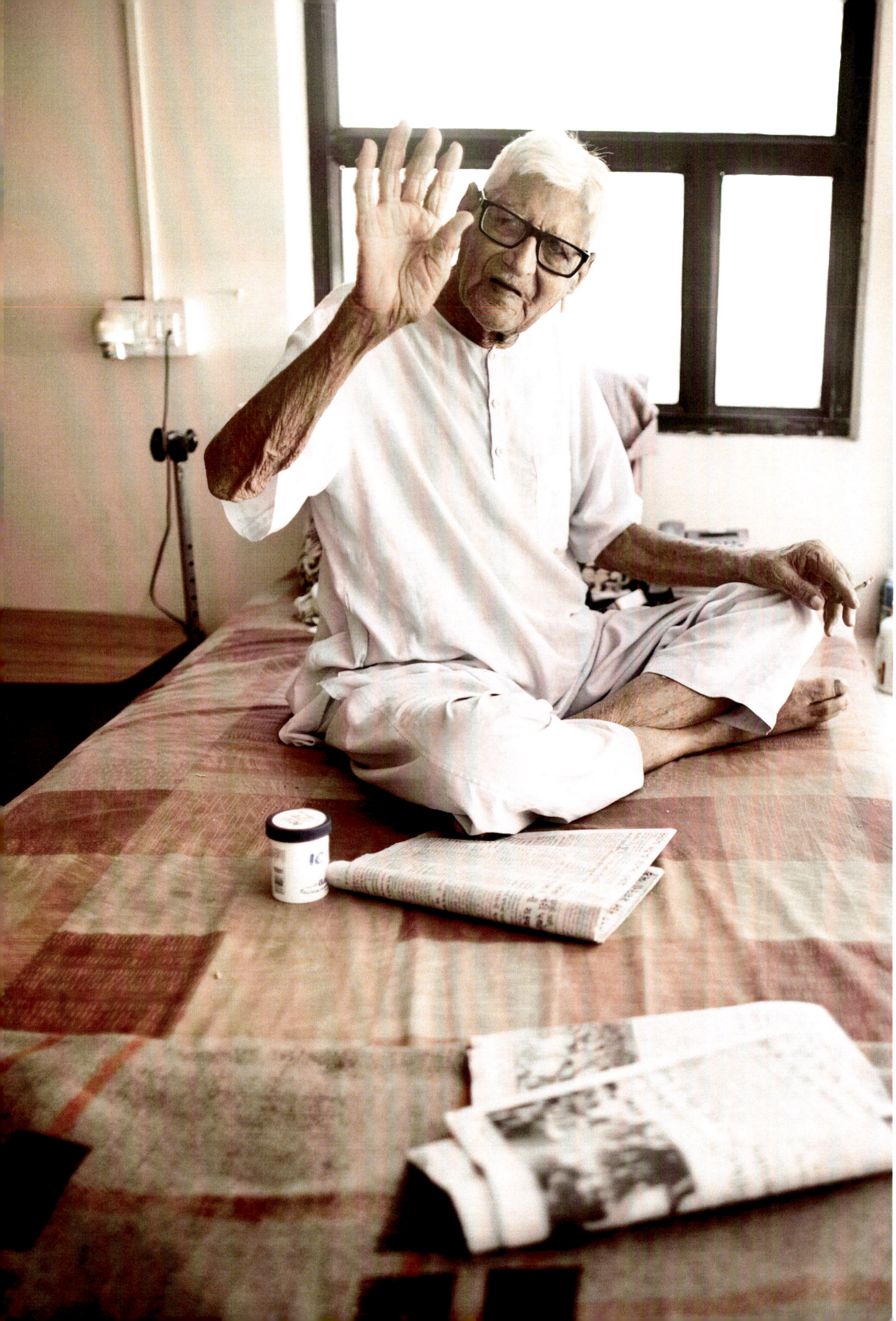

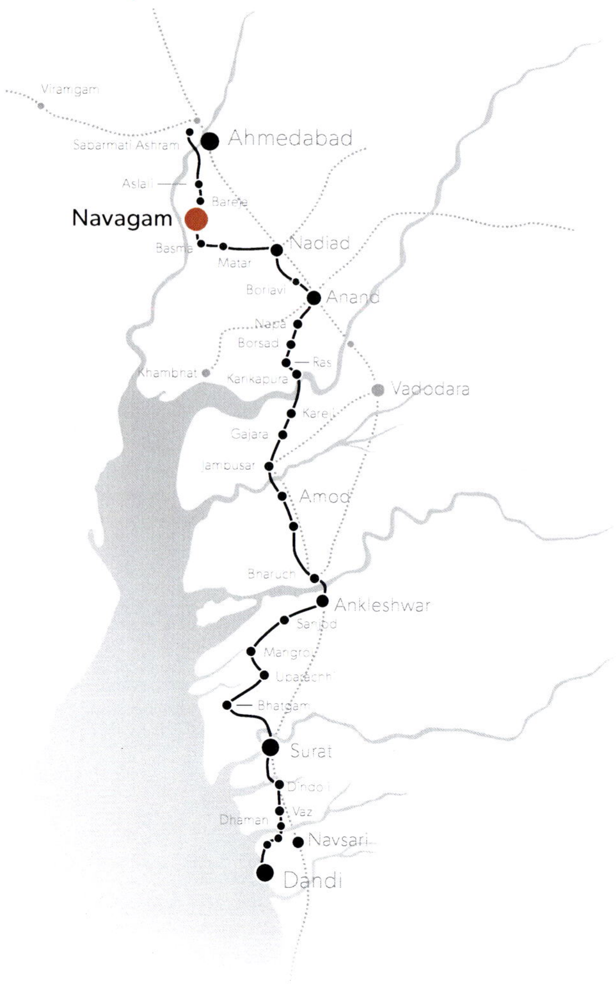

Viramgam
Sabarmati Ashram
Ahmedabad
Aslali
Bareja
Navagam
Basna
Matar
Nadiad
Boriavi
Anand
Napa
Borsad
Ras
Khambhat
Kankapura
Vadodara
Kareli
Gajara
Jambusar
Amod
Bharuch
Ankleshwar
Sanjod
Mangrol
Umarachhi
Bhatgam
Surat
Dindoli
Vaz
Dhaman
Navsari
Dandi

Navagam

Beim morgendlichen Tee erfuhren wir, dass ein älterer Herr, der damals Gandhi gesehen hatte, nicht weit entfernt lebte. Mehrere Leute entlang der Straße erklärten uns den Weg zum Haus des Mannes. Es stand als Einziges inmitten von Feldern. Ein älterer Mann saß am Fenster und las Zeitung. Sein Enkel öffnete die Tür und nach wenigen Minuten saßen wir mit Herrn Patel auf seiner Bank. Mich faszinierten seine Augen – kritisch und doch warmherzig. Wach und geduldig hörte er sich meine Fragen auf Hindi an und antwortete ausführlich. Obwohl meine Hindi-Kenntnisse nicht ausreichten, alles zu verstehen, war ich von Herrn Patel beeindruckt. Er hatte etwas miterlebt, was für uns Stoff aus Büchern und alten Filmaufnahmen war.

સવિતા નિવાસ જય શક્તિ
શક્તિ ફાર્મ - નવાગામ

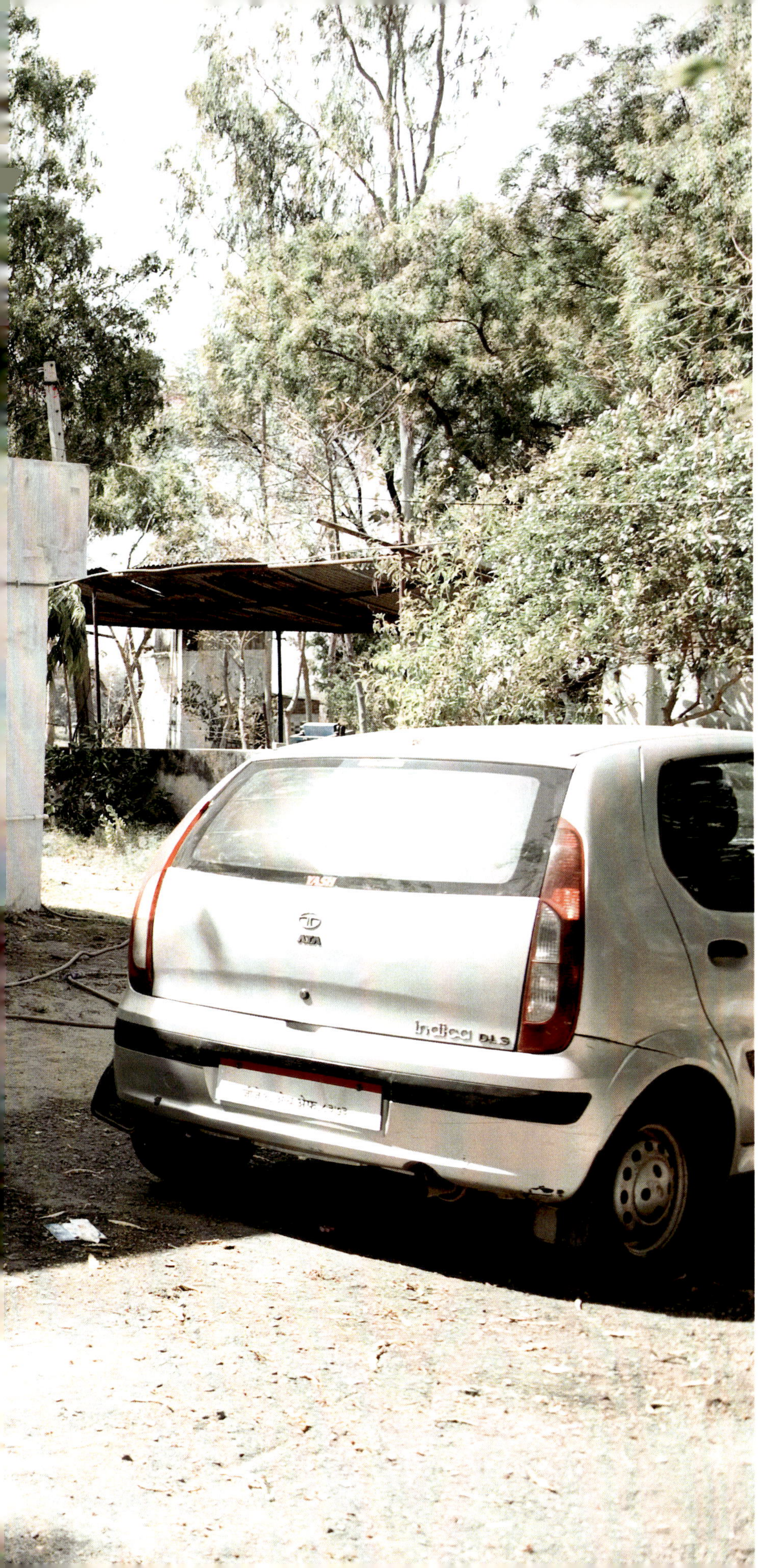
Indica DLS

„Gandhi ist zu Fuß durch Indien gelaufen und hat in jedem ein Widerstandsgefühl erweckt. Die Briten nahmen den Indern das ganze Einkommen. Seine Idee war es, vereint dagegen anzugehen. Aus eigenem Antrieb für die Unabhängigkeit zu kämpfen. Man sollte nicht das Gesetz missachten, aber auch nicht mit der Regierung kooperieren. Kurz, wir unterstützten die Briten in keinster Weise."

„Im heutigen Indien hat sich viel verändert. Vorher hatten wir nur Lehmhütten, heute hat jeder Ziegelhäuser – ob Geschäftsmann oder einfacher Arbeiter. Es gibt Fernsehen. Indien hat einen großen Fortschritt gemacht. Was wir jetzt verdienen, bleibt in unserem Land. Die Engländer nehmen uns heute nichts mehr weg. Die Regierung entscheidet, wie viel Geld jede Region bekommt. Man kann jetzt studieren, eine gute Arbeitsstelle und ein höheres Gehalt bekommen. Die Regierung kümmert sich jetzt mehr um das Allgemeinwohl."

„Damals war die durchschnittliche Lebenserwartung zwischen 45 und 50 Jahren. Jetzt sind wir mittlerweile bei meinem Alter angelangt." Er lacht.

61

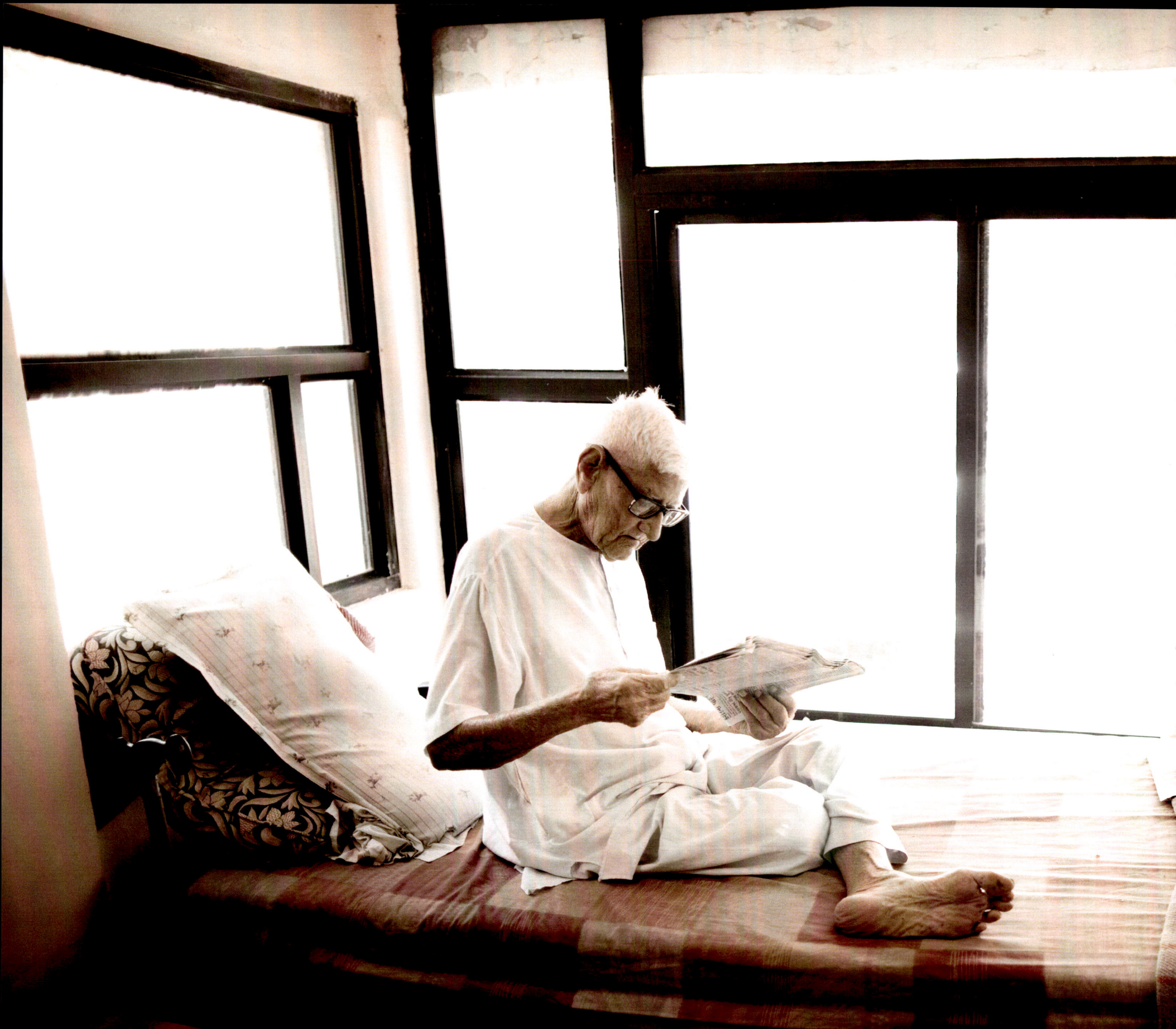

63

દાંડી હેરીટેજ માર્ગ
DANDI HERITAGE ROUTE

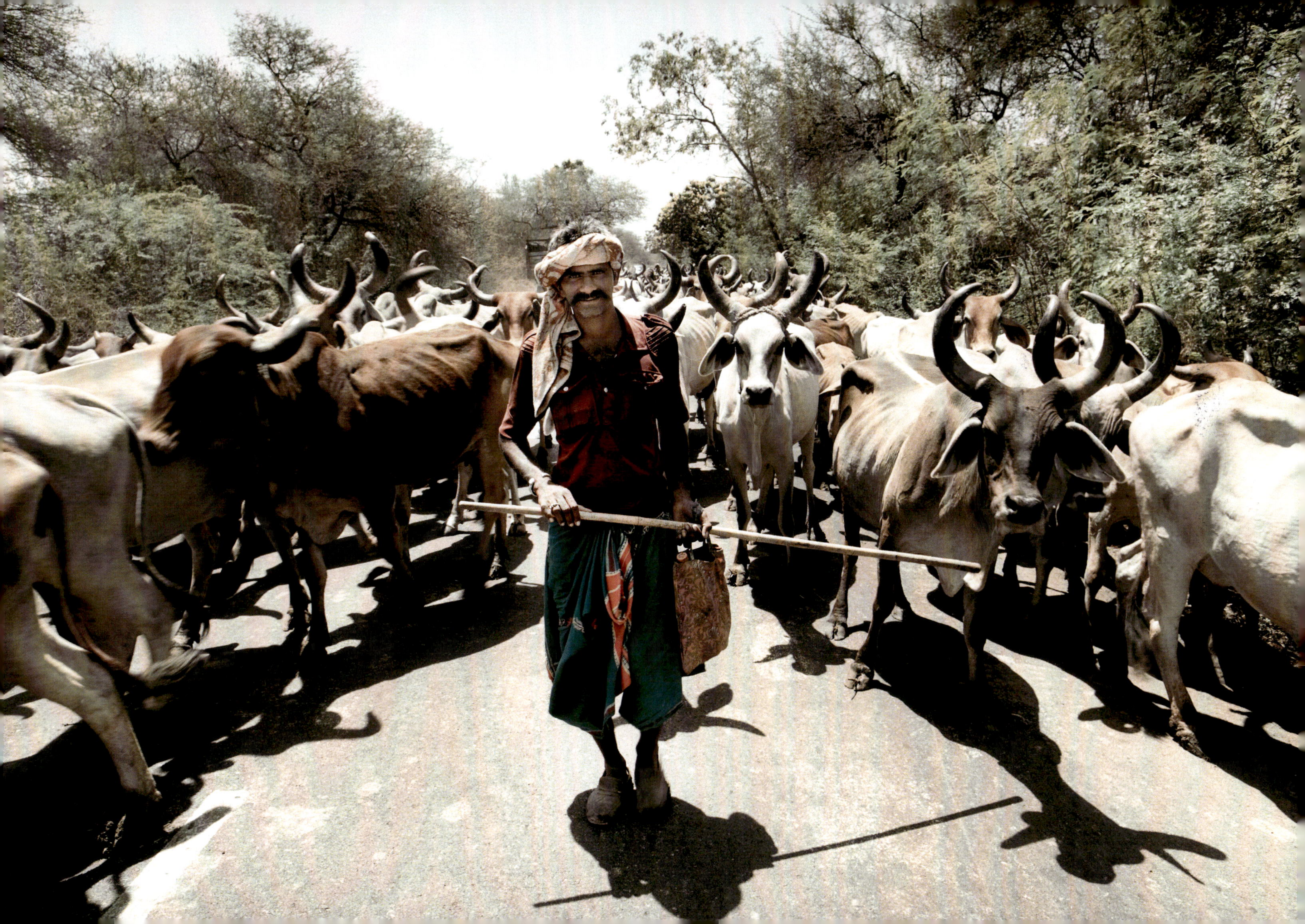

Matar

Matar

Am Abend des zweiten Tages kamen wir erst sehr spät in einem Dorf an. Wir fanden Unterkunft bei einem Landwirt. Bis in die Nacht hinein diskutierten wir über die Götter und die Welt. Am nächsten Morgen begleitete uns unser Gastgeber noch ein Stück. Bevor wir an einem seichten Fluss Abschied nahmen, zeigte er uns den Mangobaum, unter dem Gandhi auf seinem Weg Rast gemacht hatte.

Die Mangofrucht (Hindi: *aam*) hat in Indien den Stellenwert wie in Deutschland der Apfel. Sie ist eine alltägliche, keine exotische Frucht. Mit *aam* kann man aber auch eine Person betiteln – in dem Sinne, dass sie eine normale und keine besonders extravagante Persönlichkeit sei.

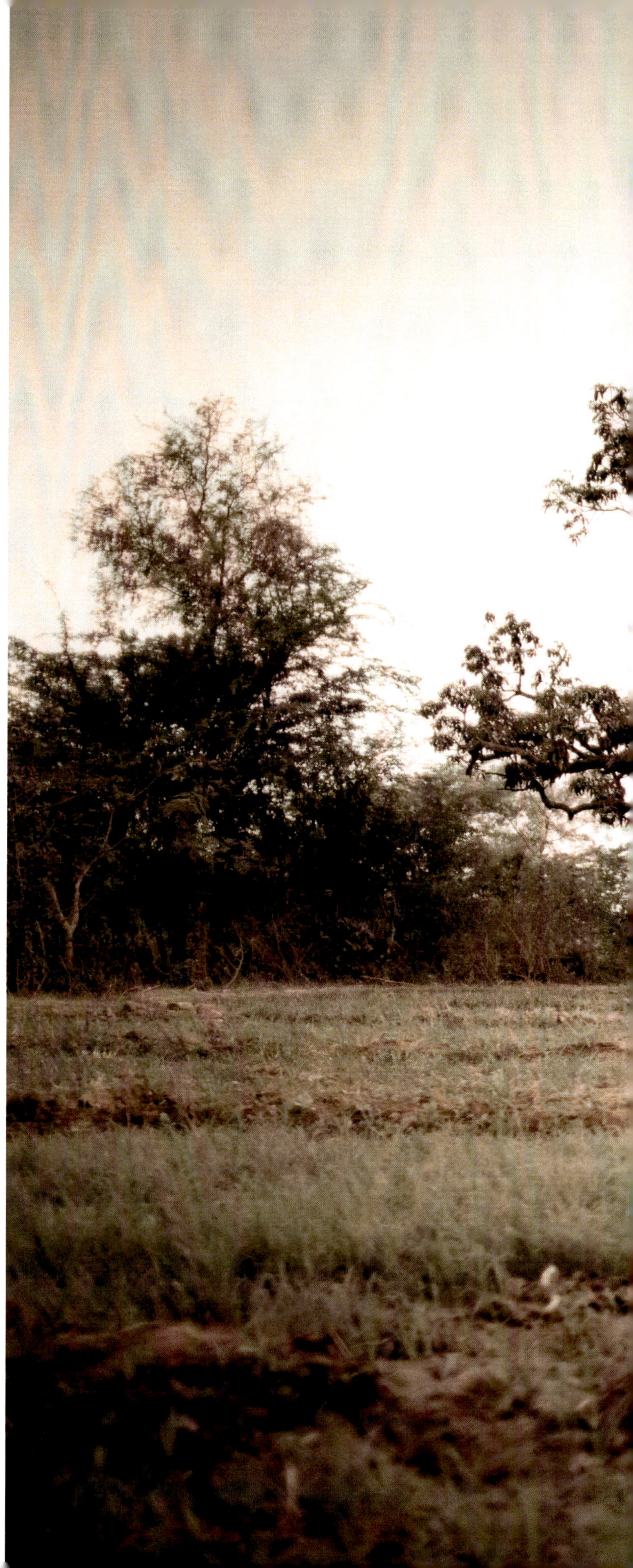

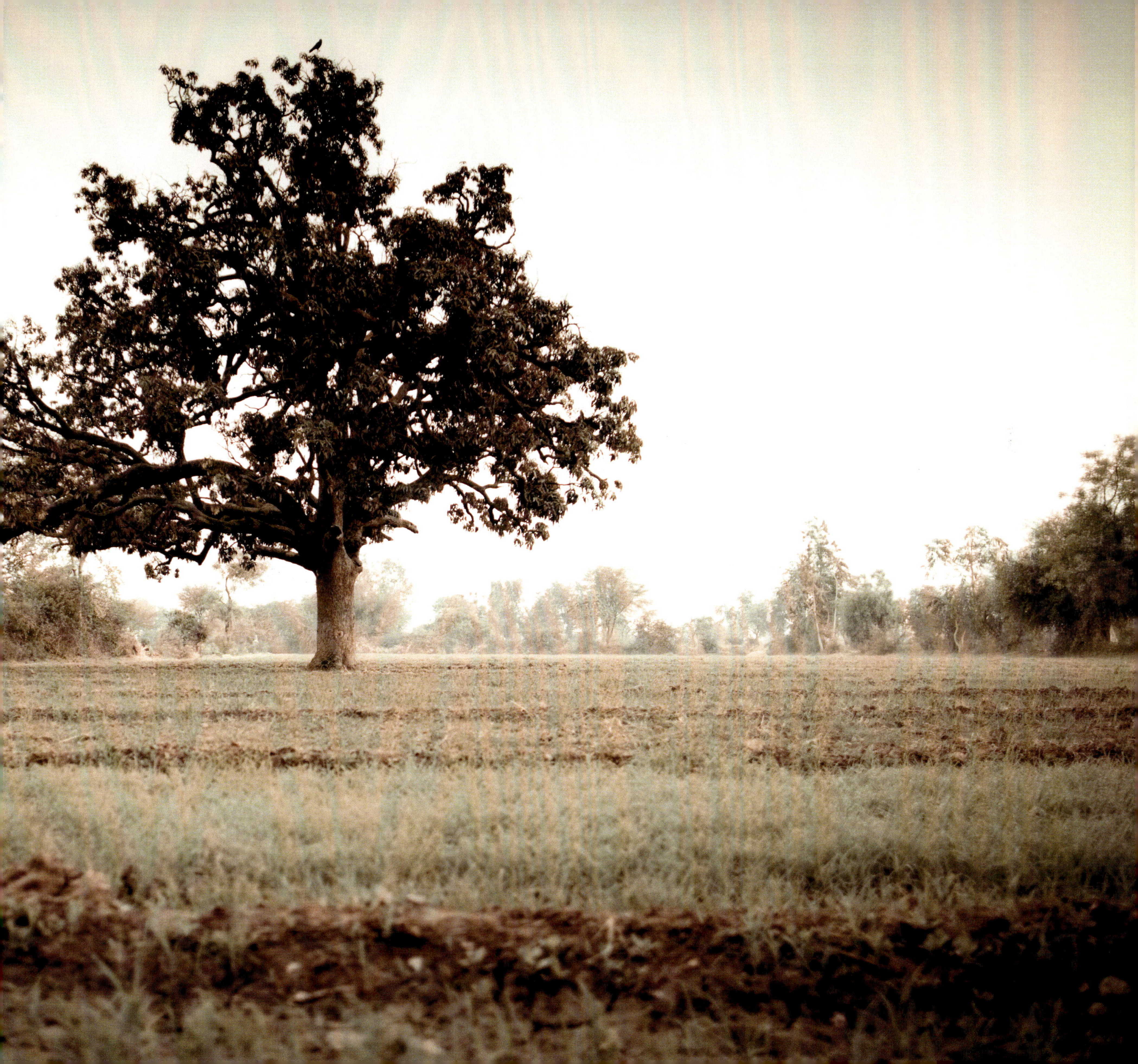

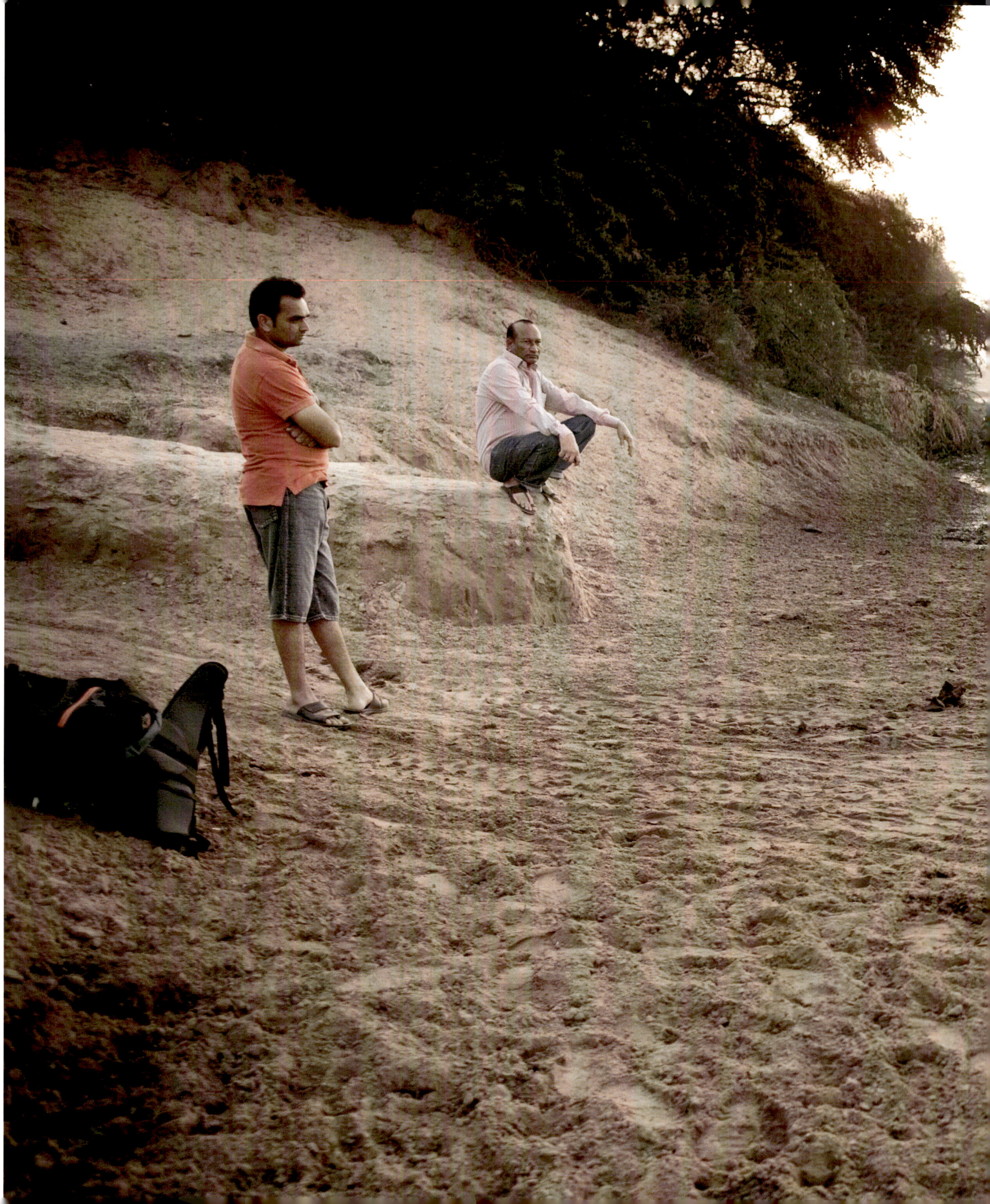

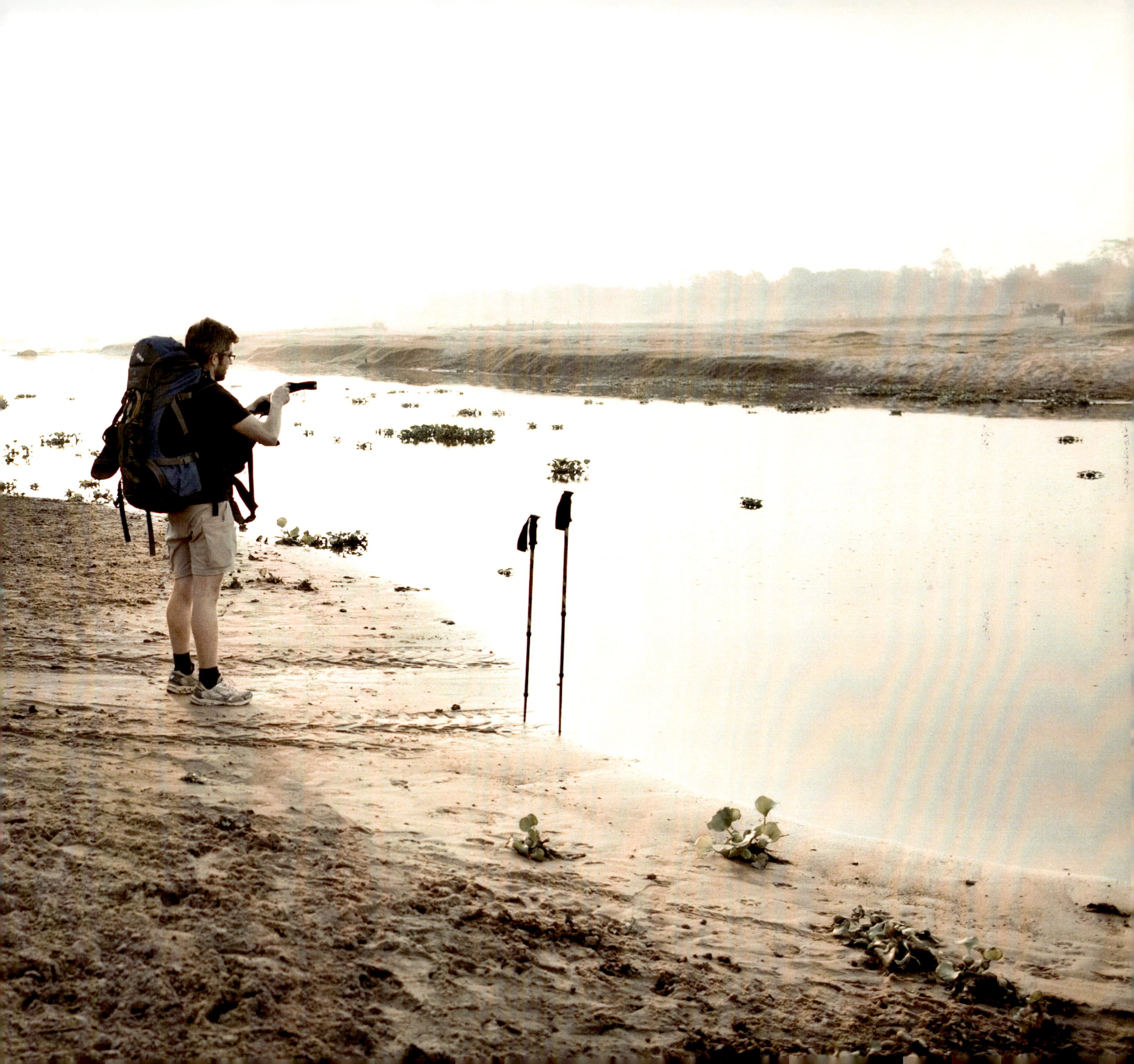

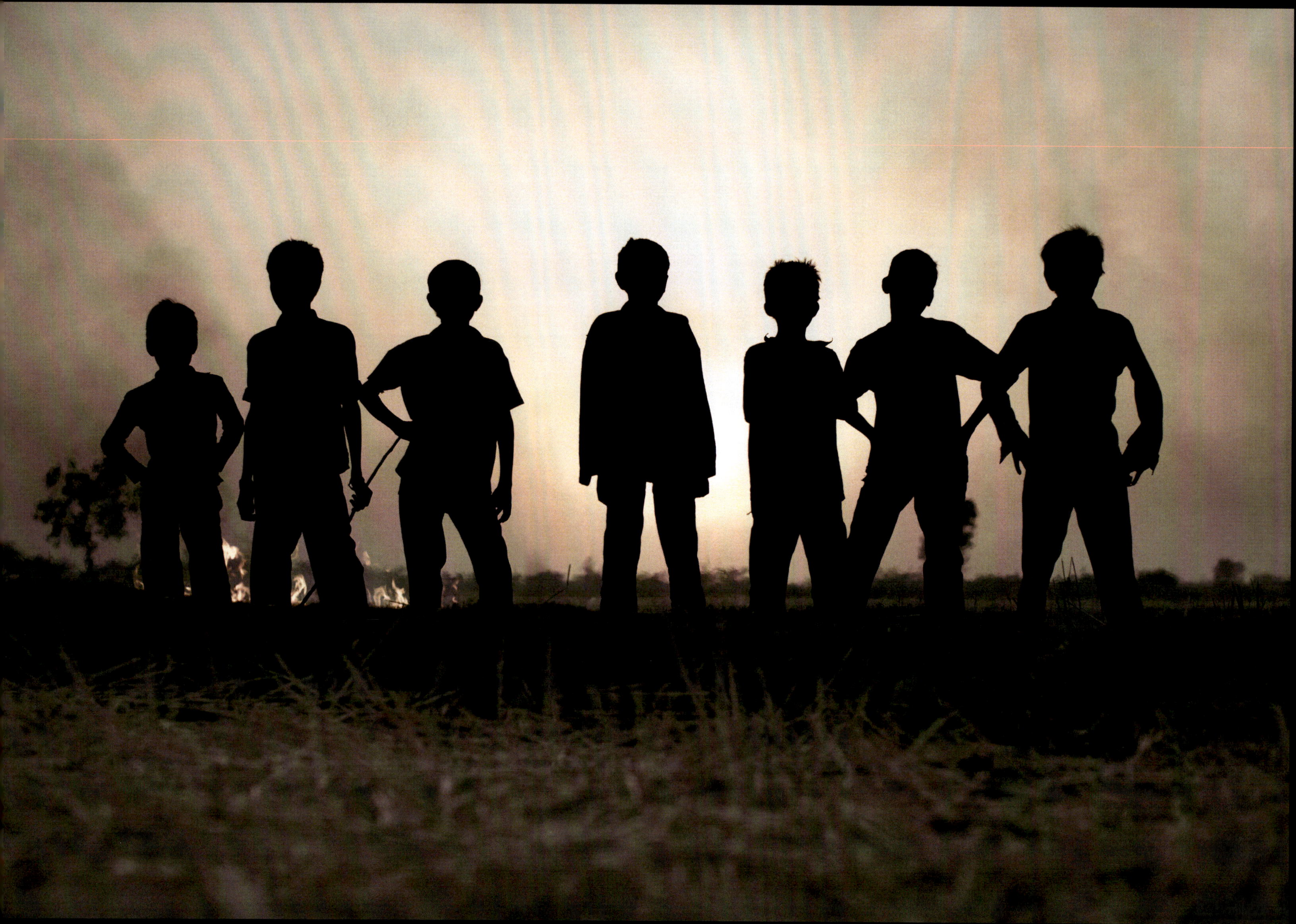

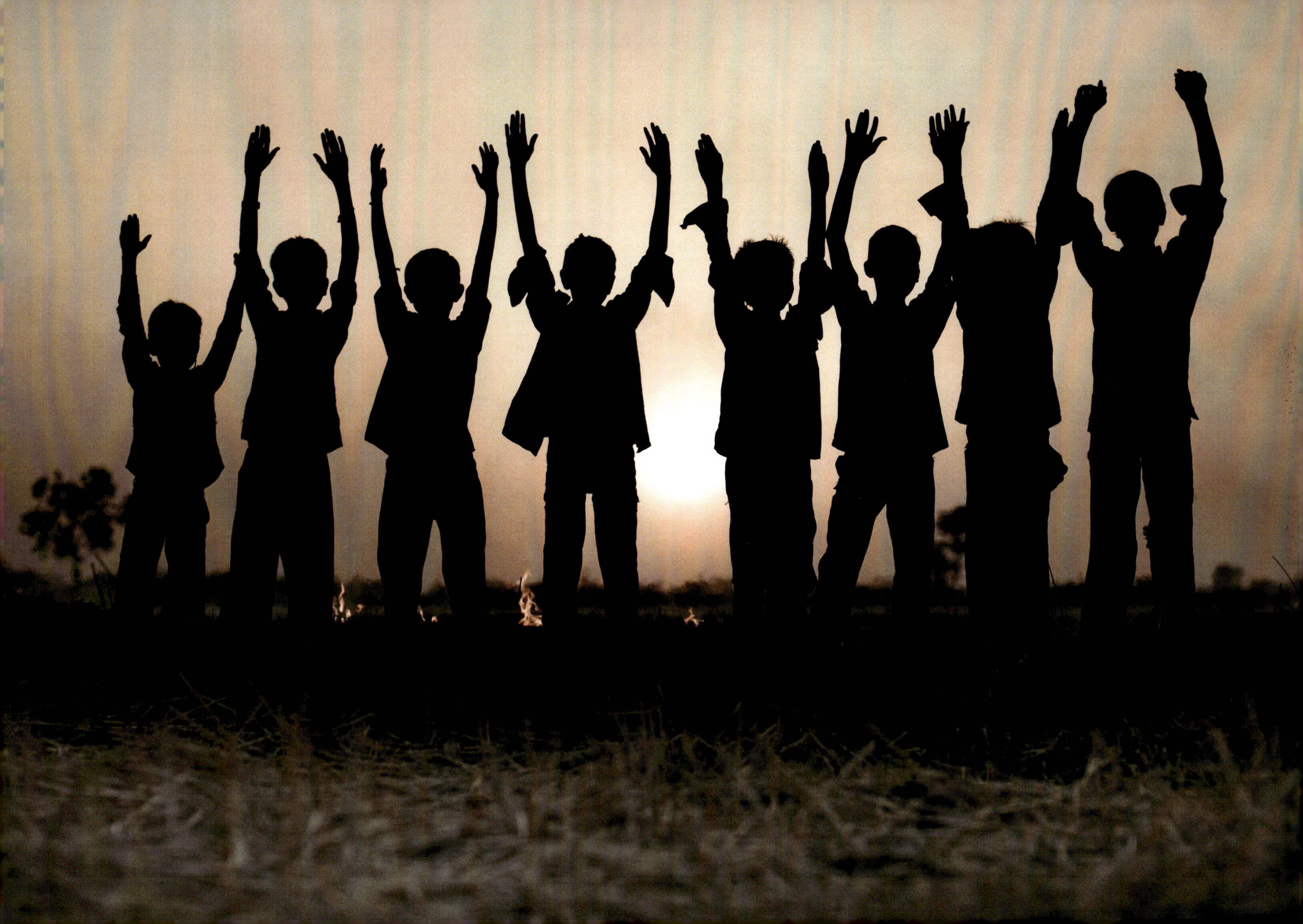

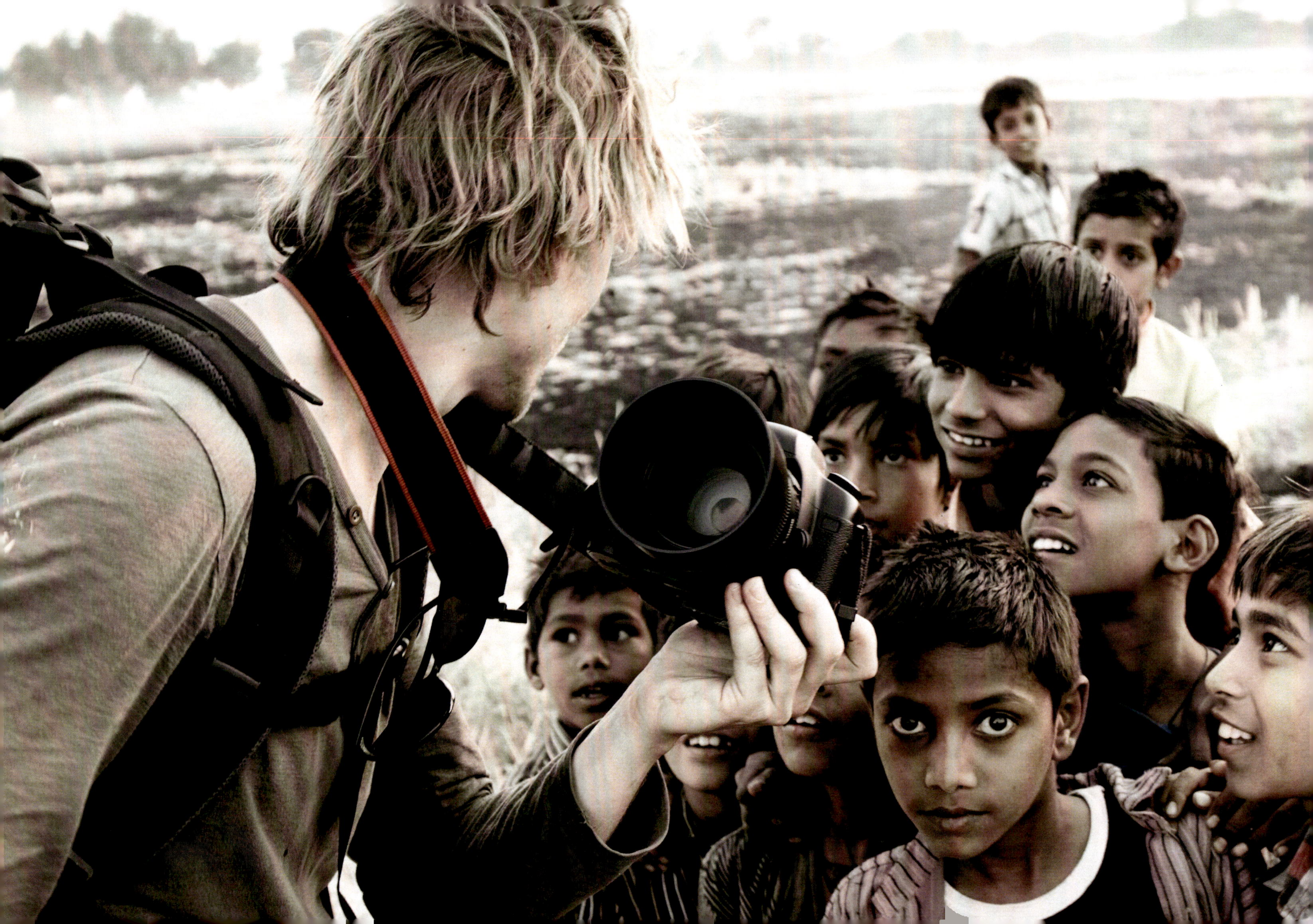

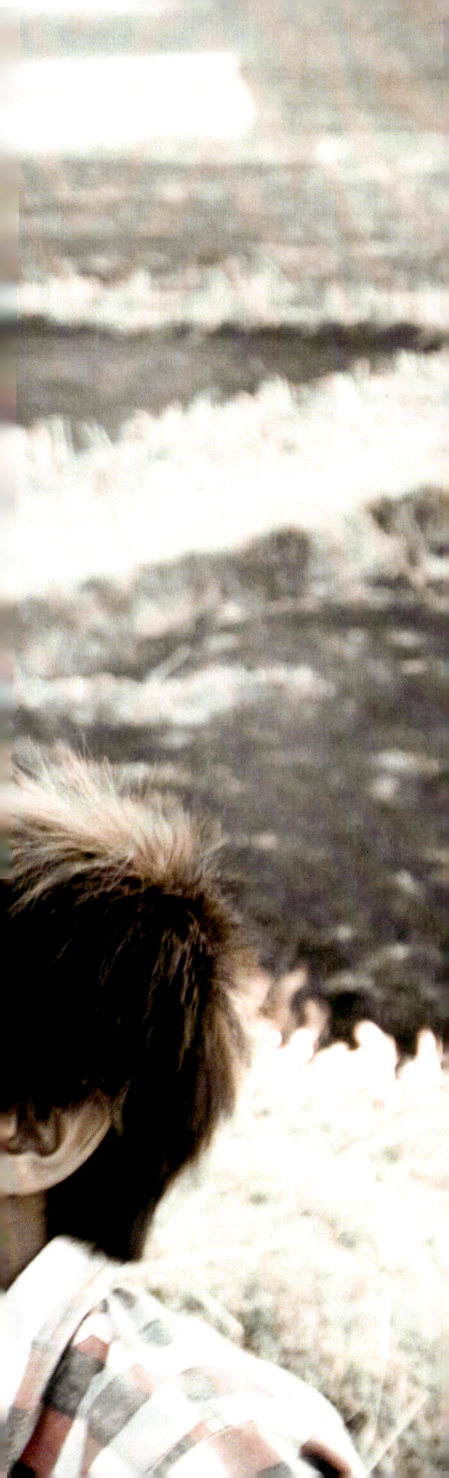

Nadiad

Nadiad

Ein Teeverkäufer hatte seinen Stand direkt gegenüber von einem modernen Kinocenter aufgestellt: eine Kochstelle mit ein paar Sitzgelegenheiten und einem Schilfdach zum Schutz vor der Sonne.

Auf der anderen Straßenseite befand sich das Hightech-Kino mit gepolsterten Sesseln, einer Minibar und einem Betondach, das selbst den stärksten Monsunregen überstehen konnte. Die Hauptkundschaft des Teeverkäufers waren Kinobesucher, die vor oder nach den Filmen bei ihm einen süßen Ingwertee tranken.

Angst, dass seinem Teestand etwas passieren könnte, hatte der Inhaber nicht. Sein eigener Hausschrein, der neben der Feuerstelle stand, schützte ihn vor negativen Einflüssen.

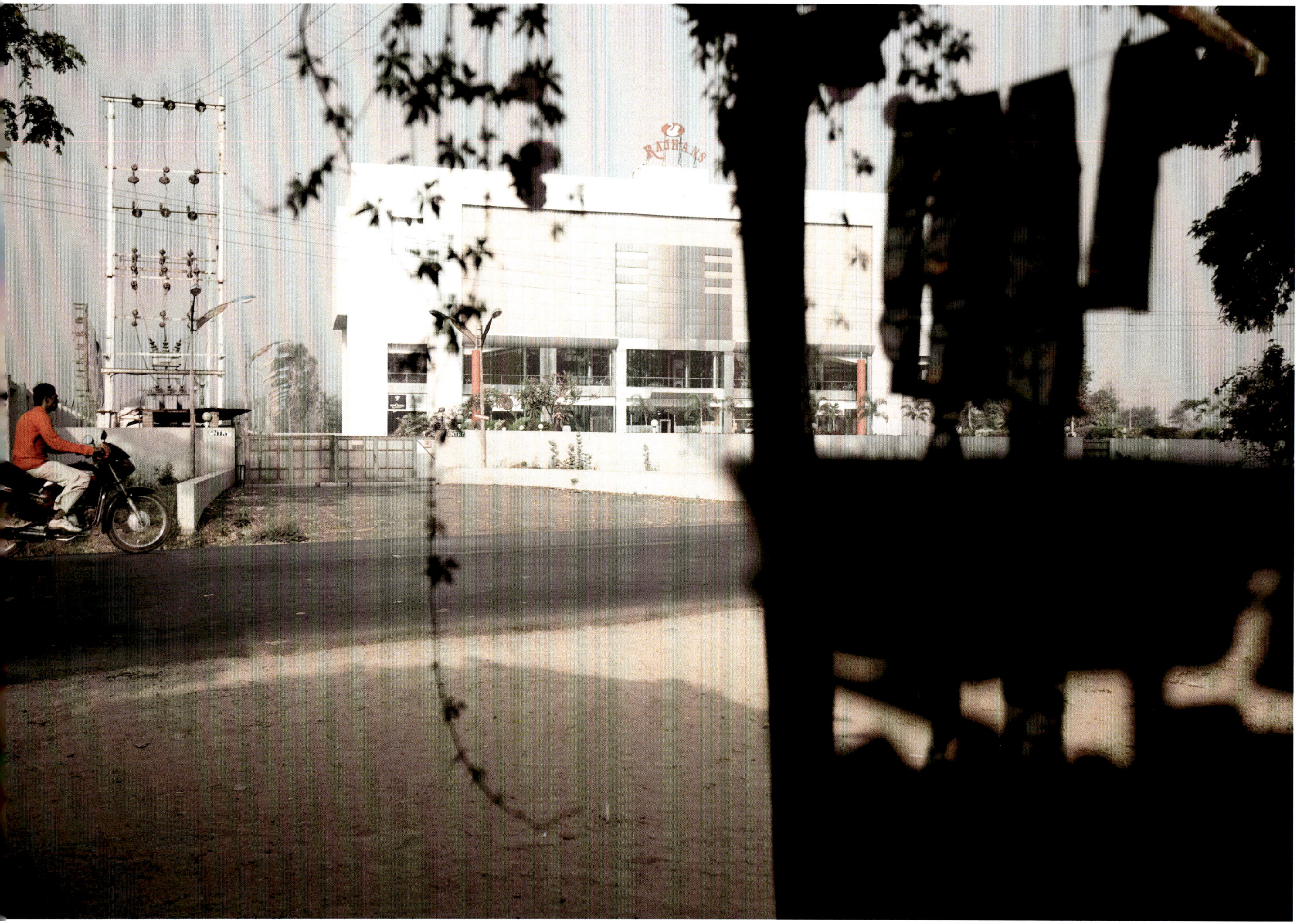

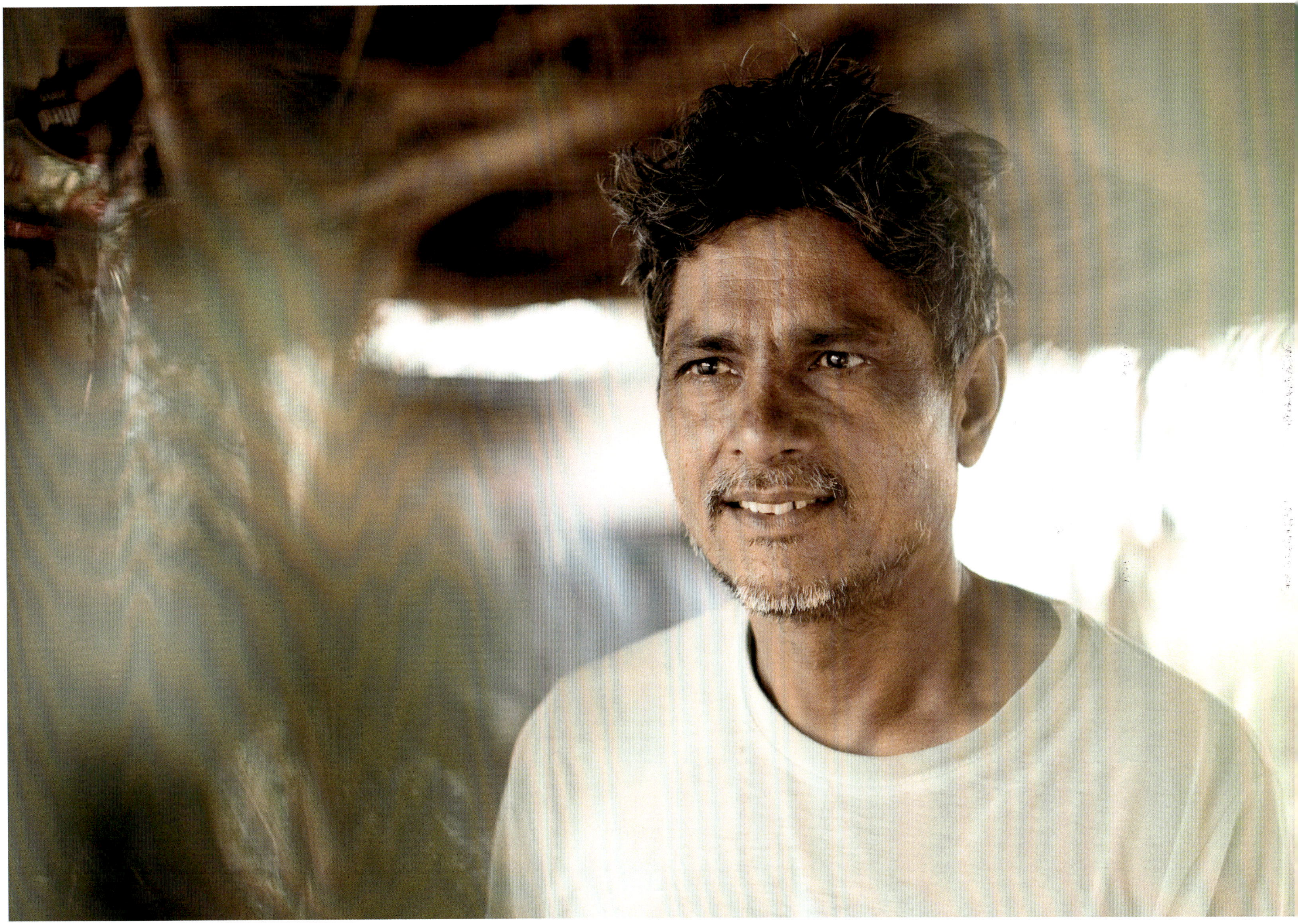

अवतार और टायटैनिक के
सॅंक्टम
जान कि बाजी
THIS OCTOBER
VENGEANCE HAS A NEW SOUND

81

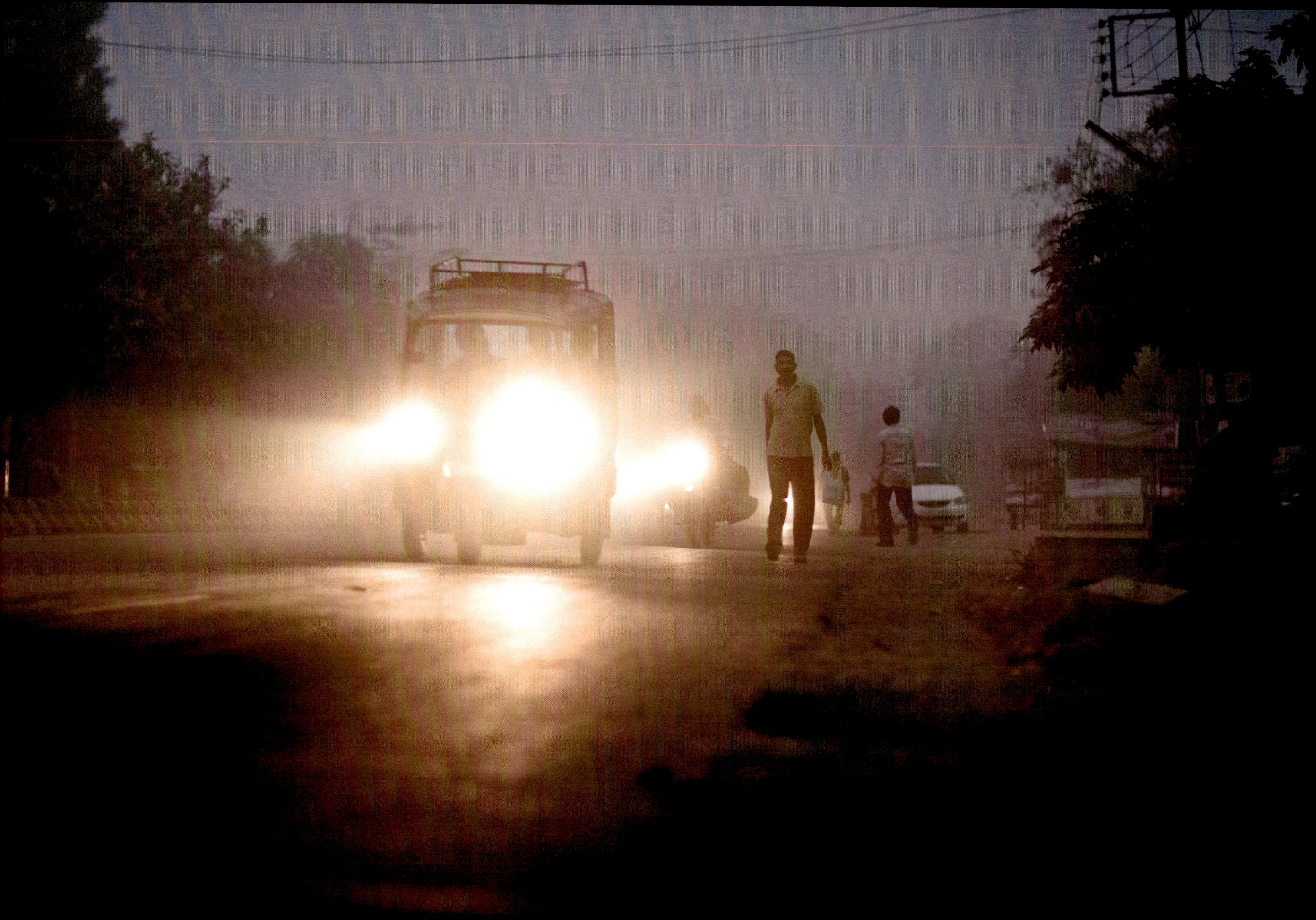

4.30

Aufstehen
Anziehen
Packen

Jeder Tag kommt Dir vor wie ein ganzes Leben
Der Morgen heilend
kühle Dunkelheit
Die ersten Schritte, die Neugier
Lichtkegel der Stirnlampe
wärmender Chai
langsam Gewöhnung
an Erschöpfung und Neuanfang

9.30

die Sonne
als hätte sie verschlafen
verliert keine Zeit
den Rest des Tages
zur Herausforderung
werden zu lassen

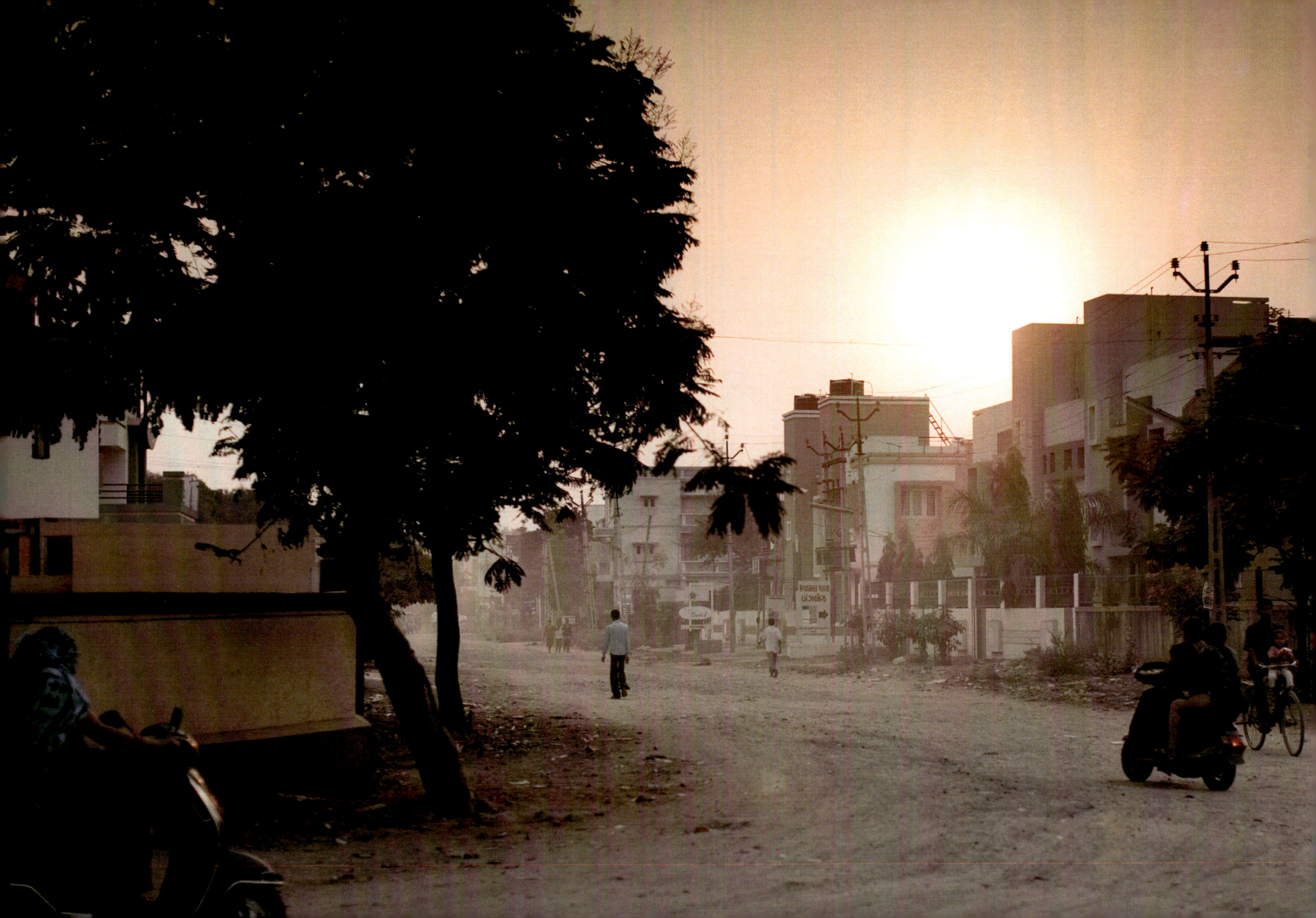

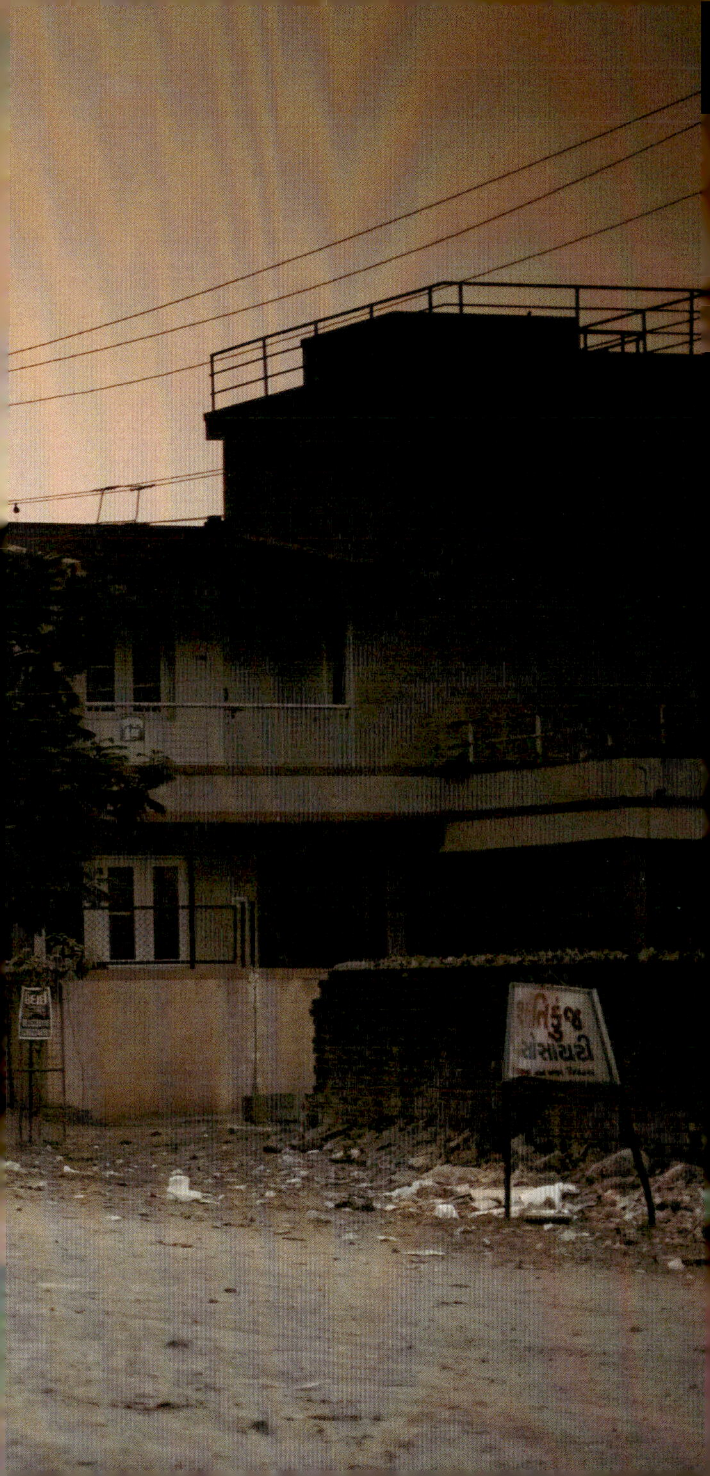

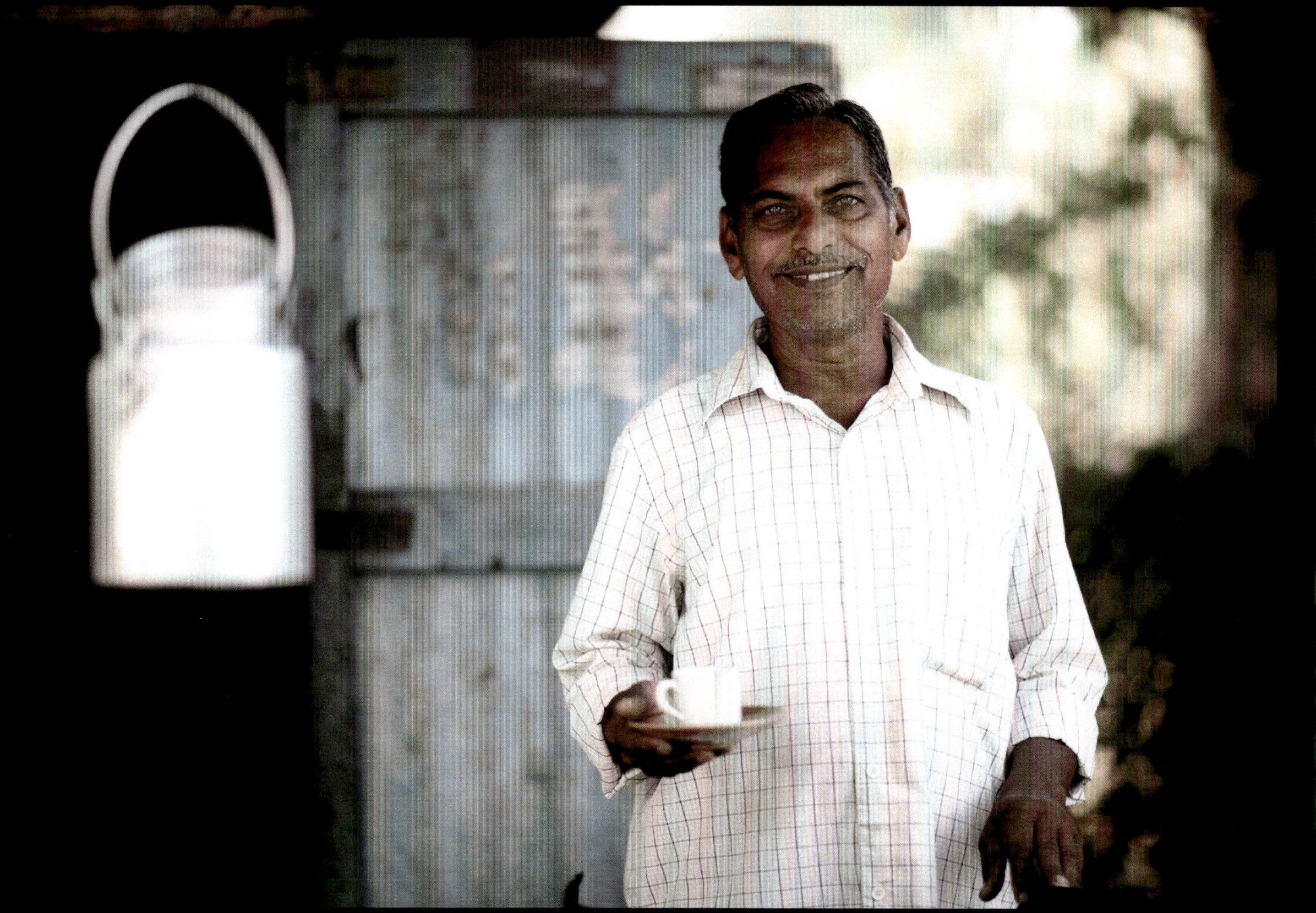

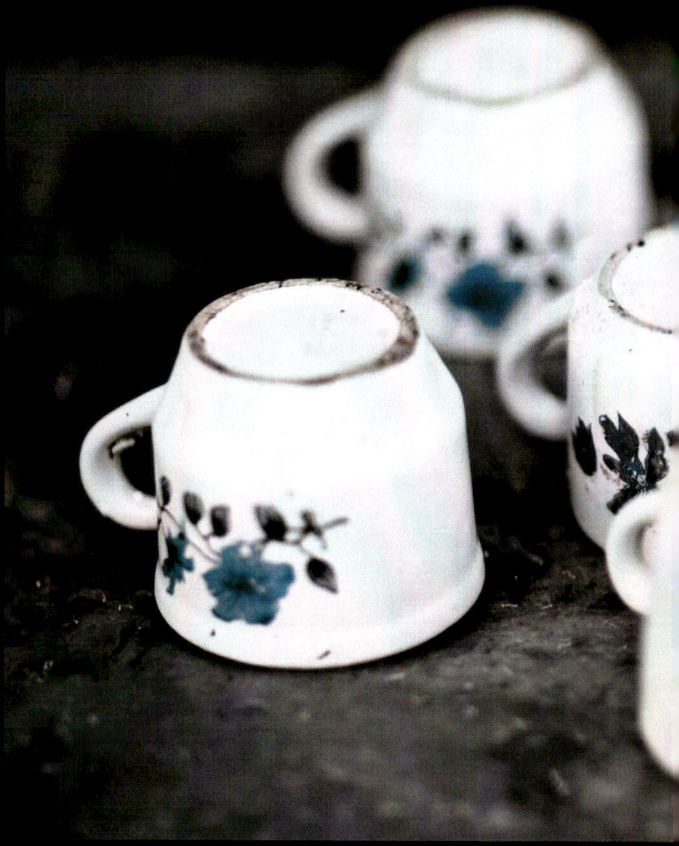

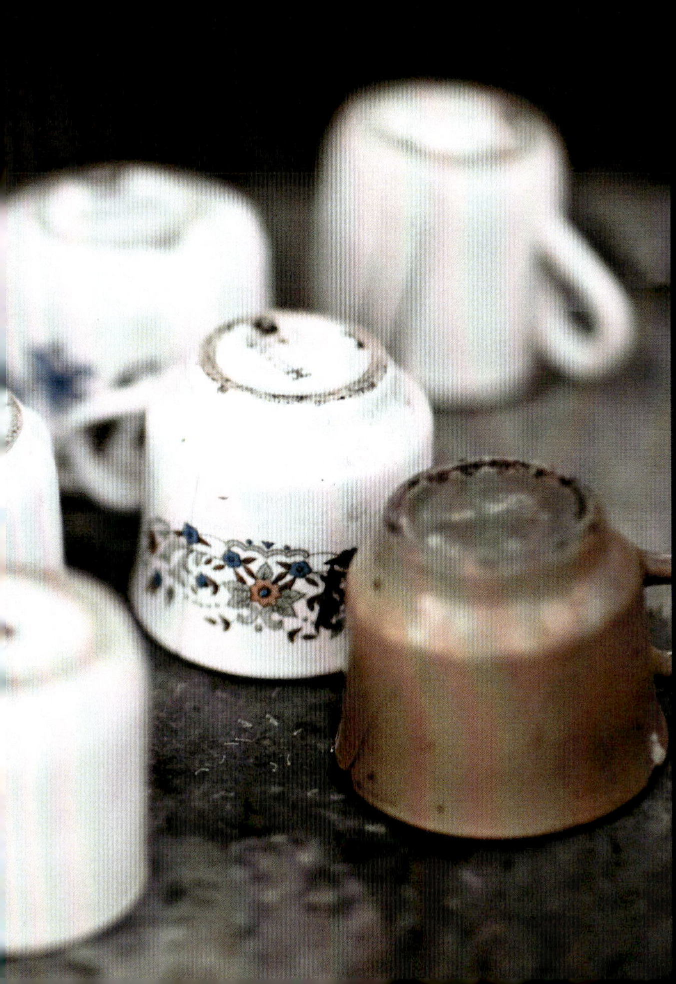

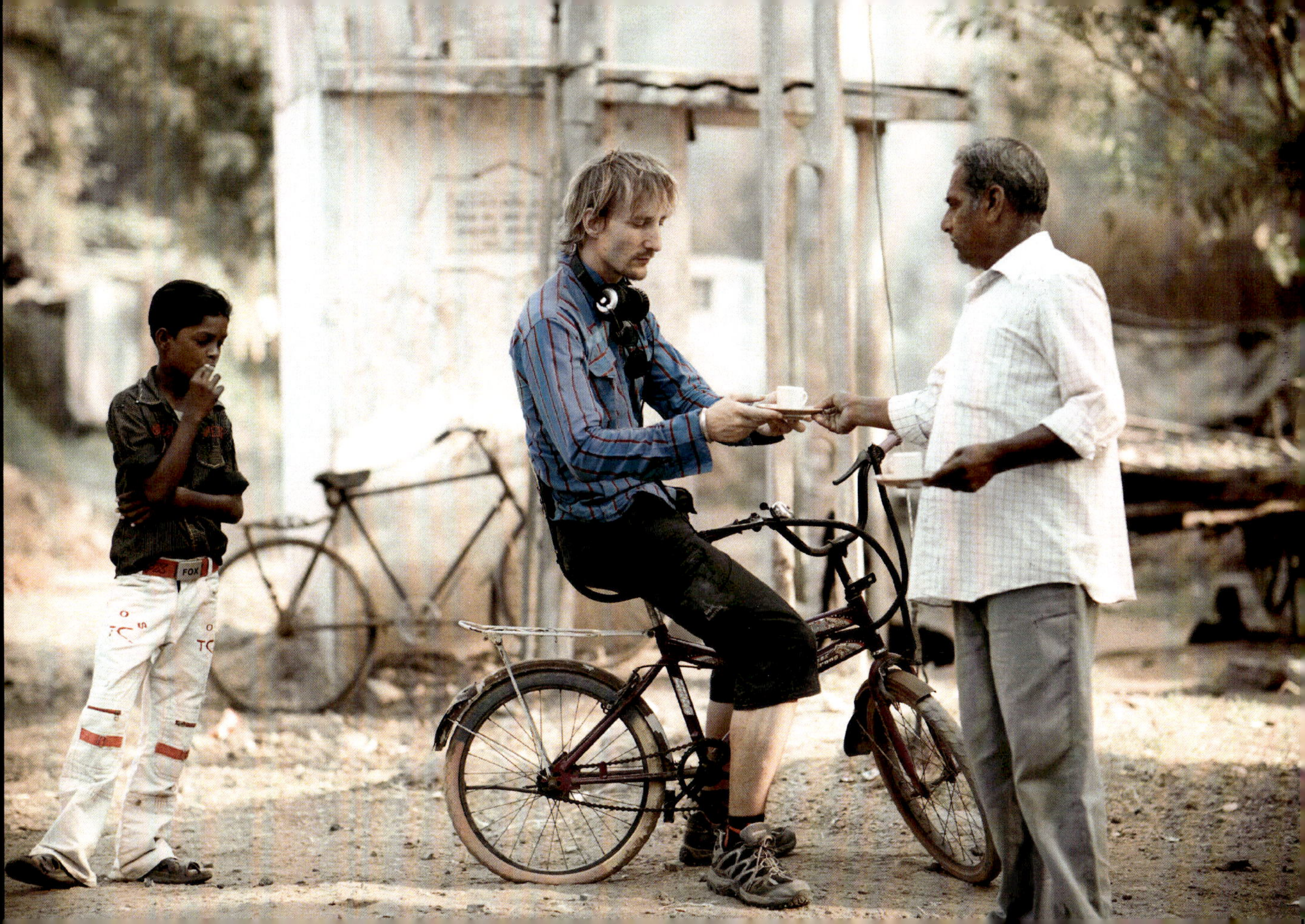
FOX

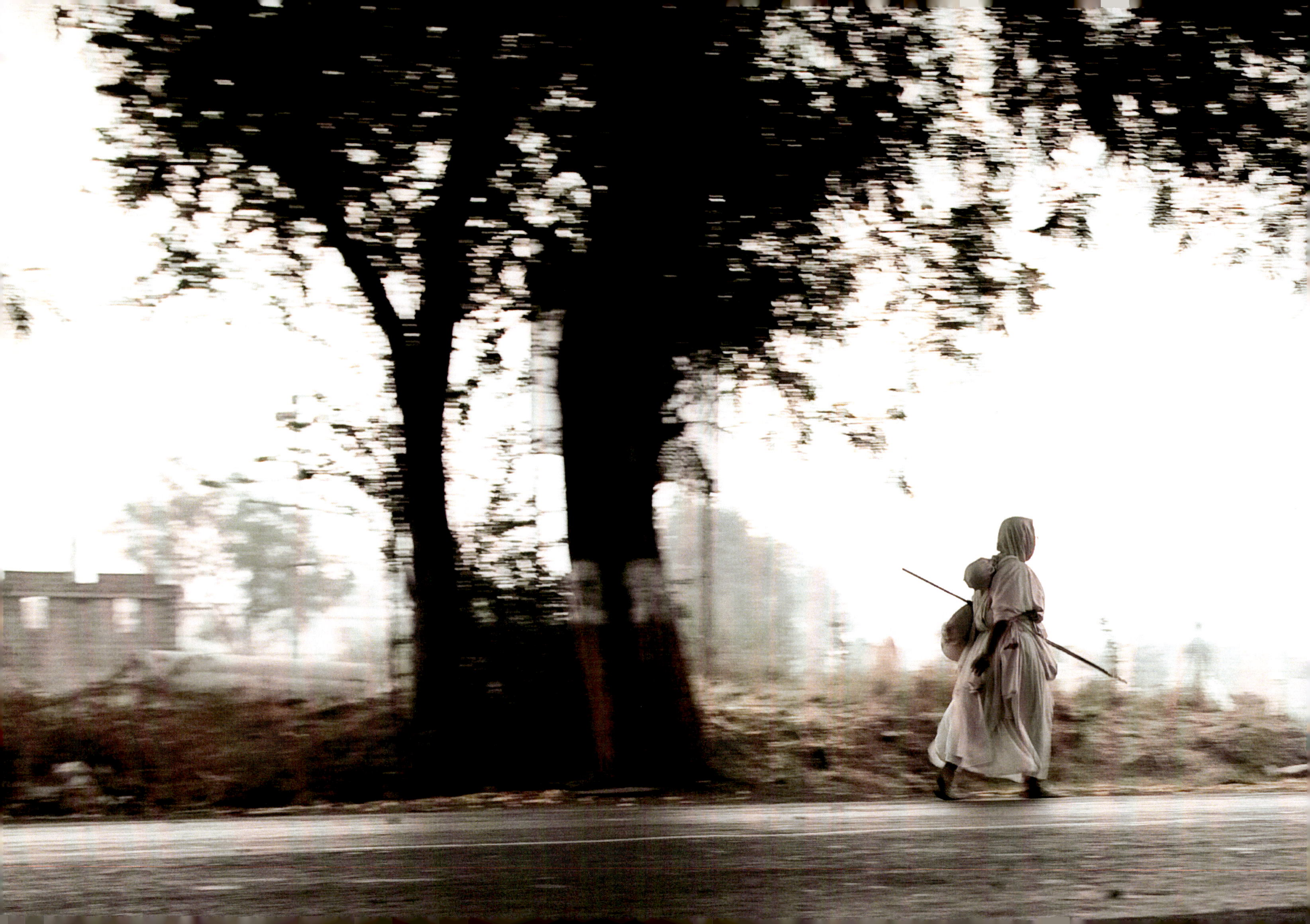

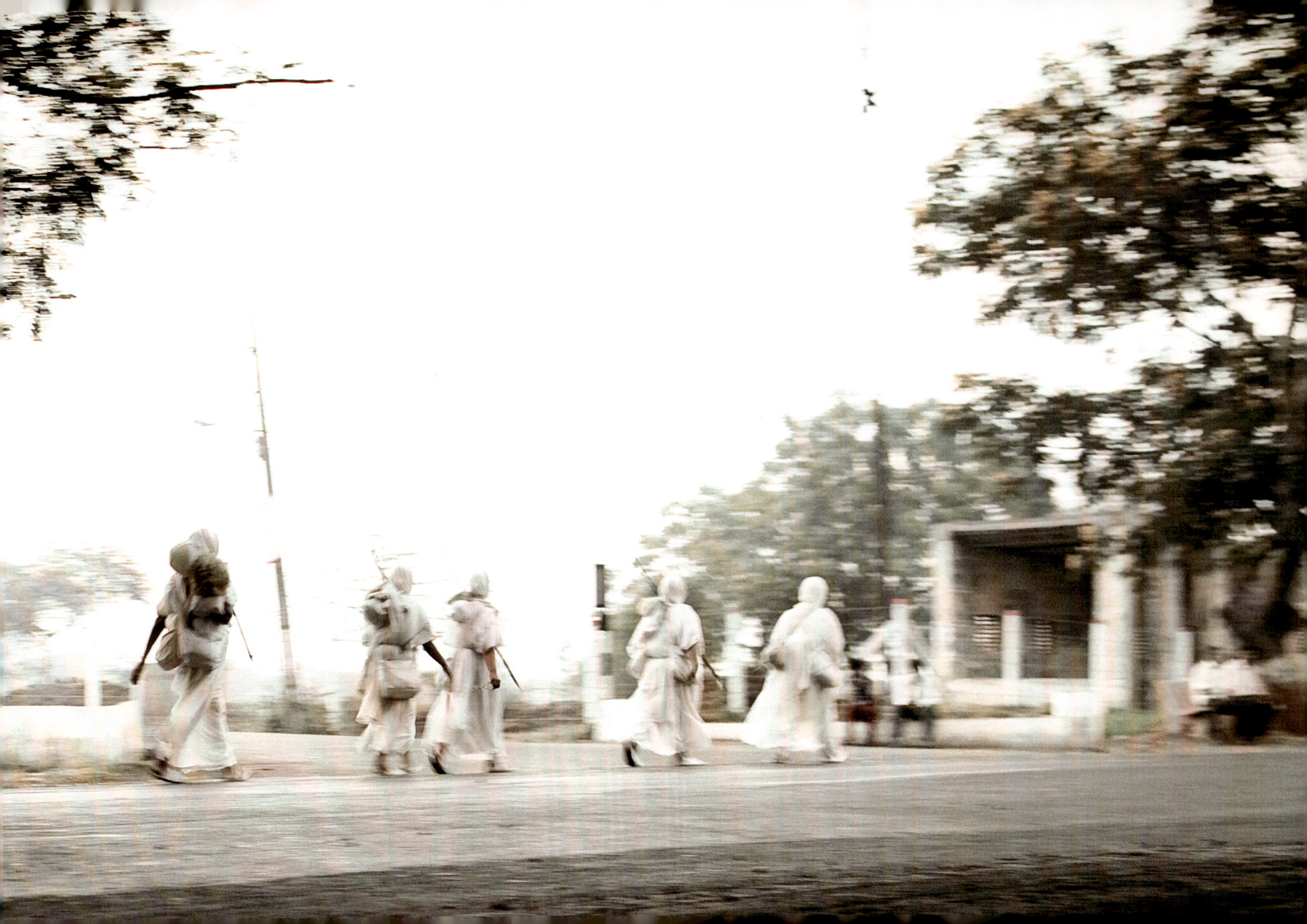

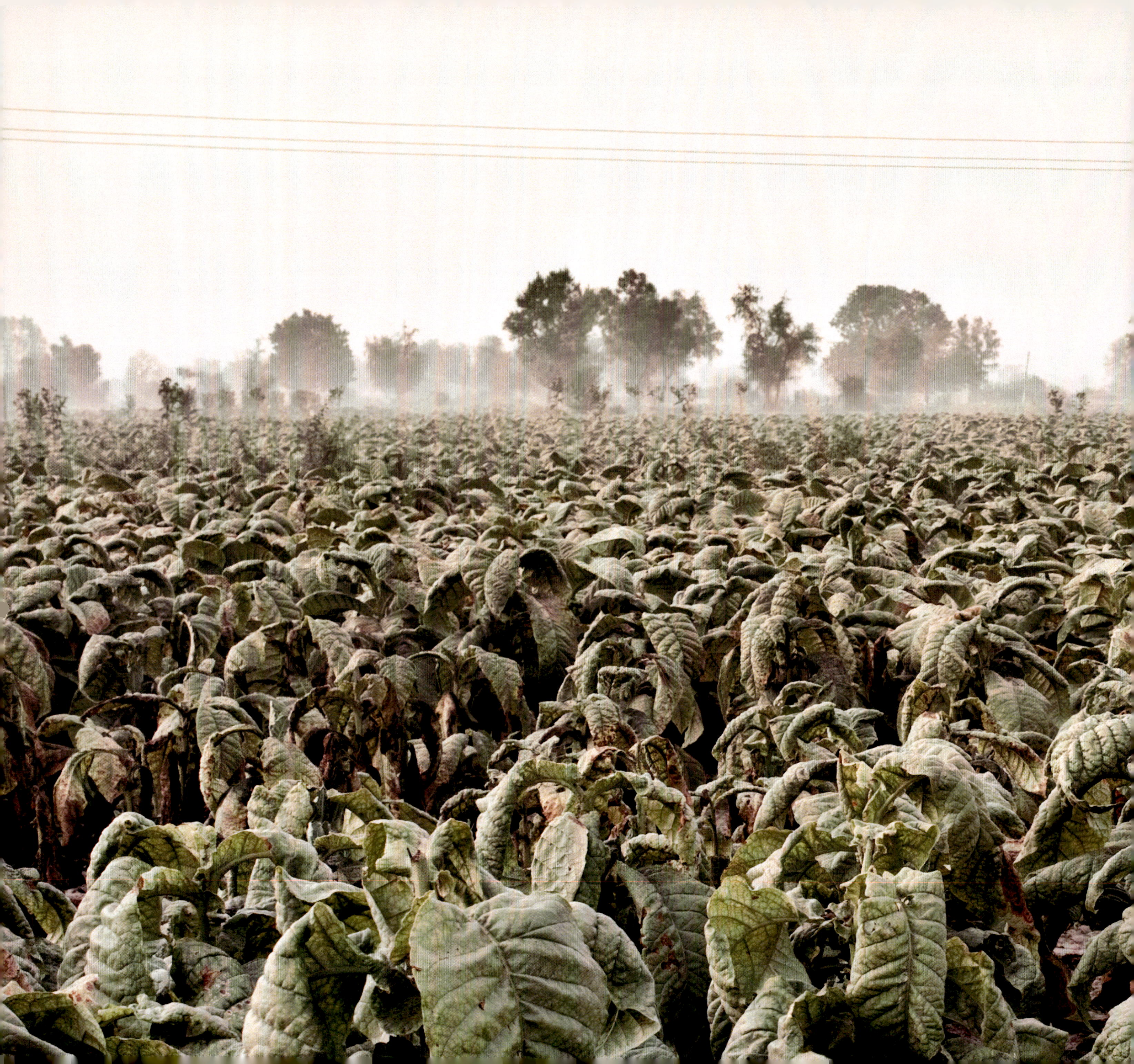

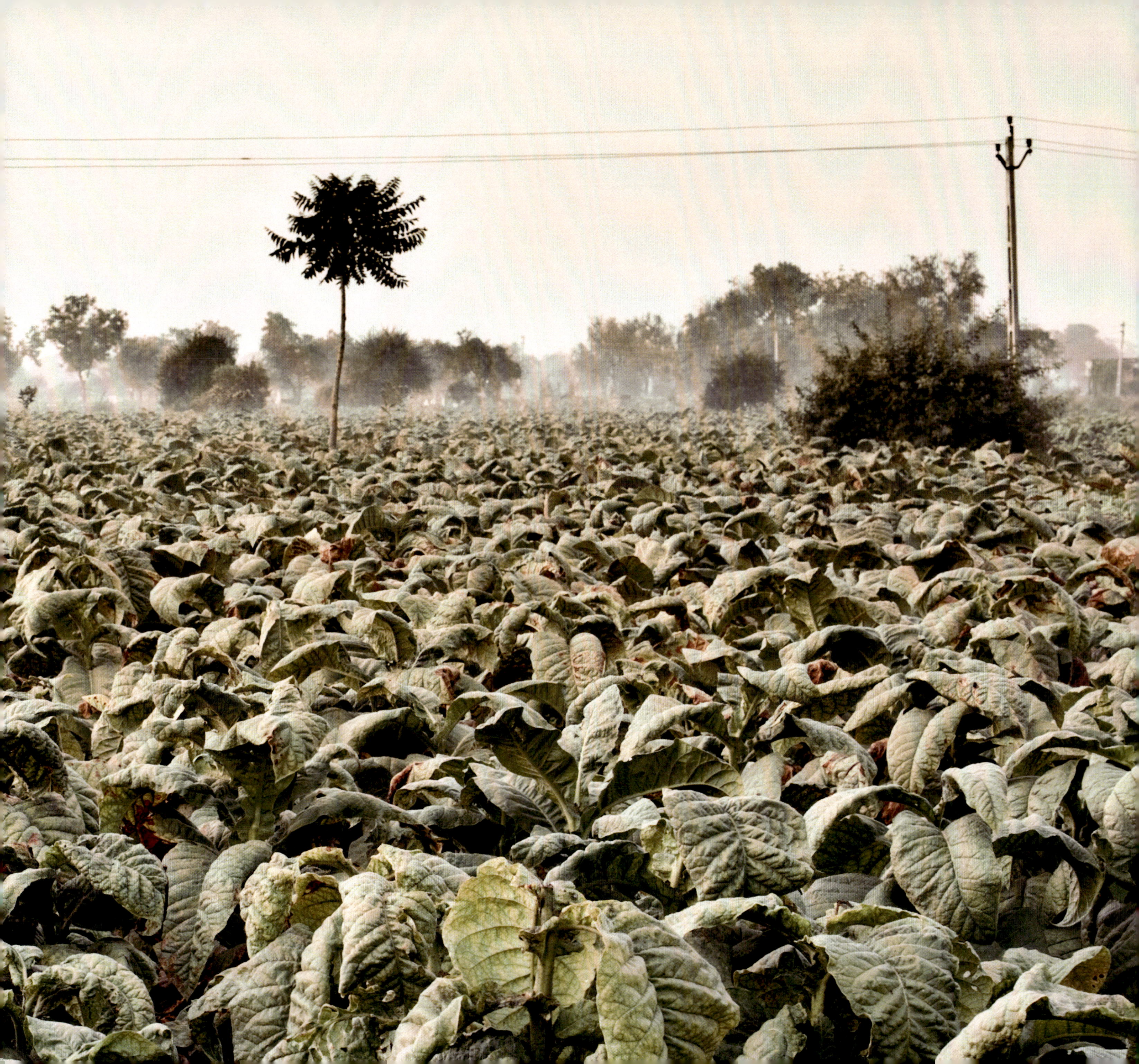

GOVERNMENT OF ANDHRA PRADESH
Revenue Divisional Office,
MAHABUBNAGAR Dist.
CERTIFICATE
This is to certify that, Sri MOHD GULAM RASOOL SHAH MASTHANI AJMERI S/o MOHD.ISMAIL, Aged about 58 years, Caste: Muslim, Resident of H No.1-6-73/1, Subashnagar, Mahabubnagar town, Mahabubnagar Dist, Andhra Pradesh is one of the devotees of "Hazrath Khaja Ghareeb Nawaz". He intends to go Ajmeer Shareef of Rajasthan State by walk.
Hence, this certificate for his identity during his journey.
TAHSILDAR
Mahabubnagar Mandal
Mahabubnagar Dist

Viramgam
Sabarmati Ashram
Ahmedabad
Aslali
Bareja
Navagam
Basma
Matar
Nadiad
Boriavi
Anand
Napa
Borsad
Ras
Khambhat
Kankapura
Vadodara
Kareli
Gajara
Jambusar
Amod
Bharuch
Ankleshwar
Mangrol
Bhatgam
Surat
Vaz
Dhaman
Navsari
Dandi

Anand

Ein Mann, der den weiten Weg von 2500 Kilometern auf sich nahm, um den heiligen Schrein in Ajmer zu erreichen. An seinen Füßen ein paar ausgetretene Sandalen, am Finger ein Ring mit einem grünen Stein – der Farbe des Islam. Selten hatte ich einen Menschen getroffen, der so viel Energie mit seinen sanften, jedoch auch kritischen Augen ausstrahlte. Sein ganzes Wesen drückte Zufriedenheit und Gelassenheit aus. Er freute sich, uns zu treffen, da wir natürlich in Indien ein Unikat waren. Wann pilgerten Weiße denn schon einmal in dieser Gegend? Nach dieser Begegnung jammerten wir etwas weniger über die Blasen an unseren Füßen, die uns der Sand vom ersten Tag an unter die Haut gescheuert hatte.

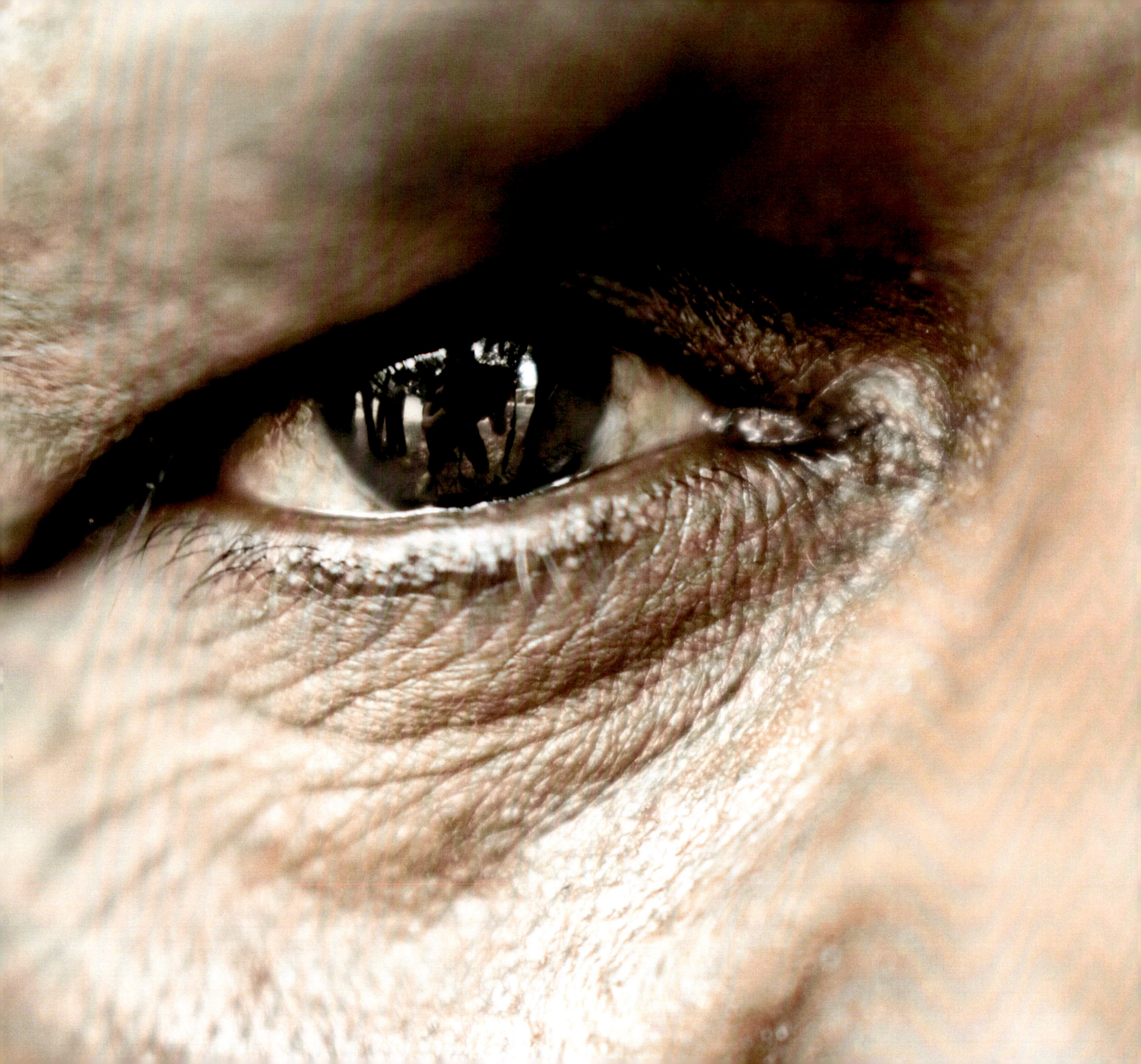

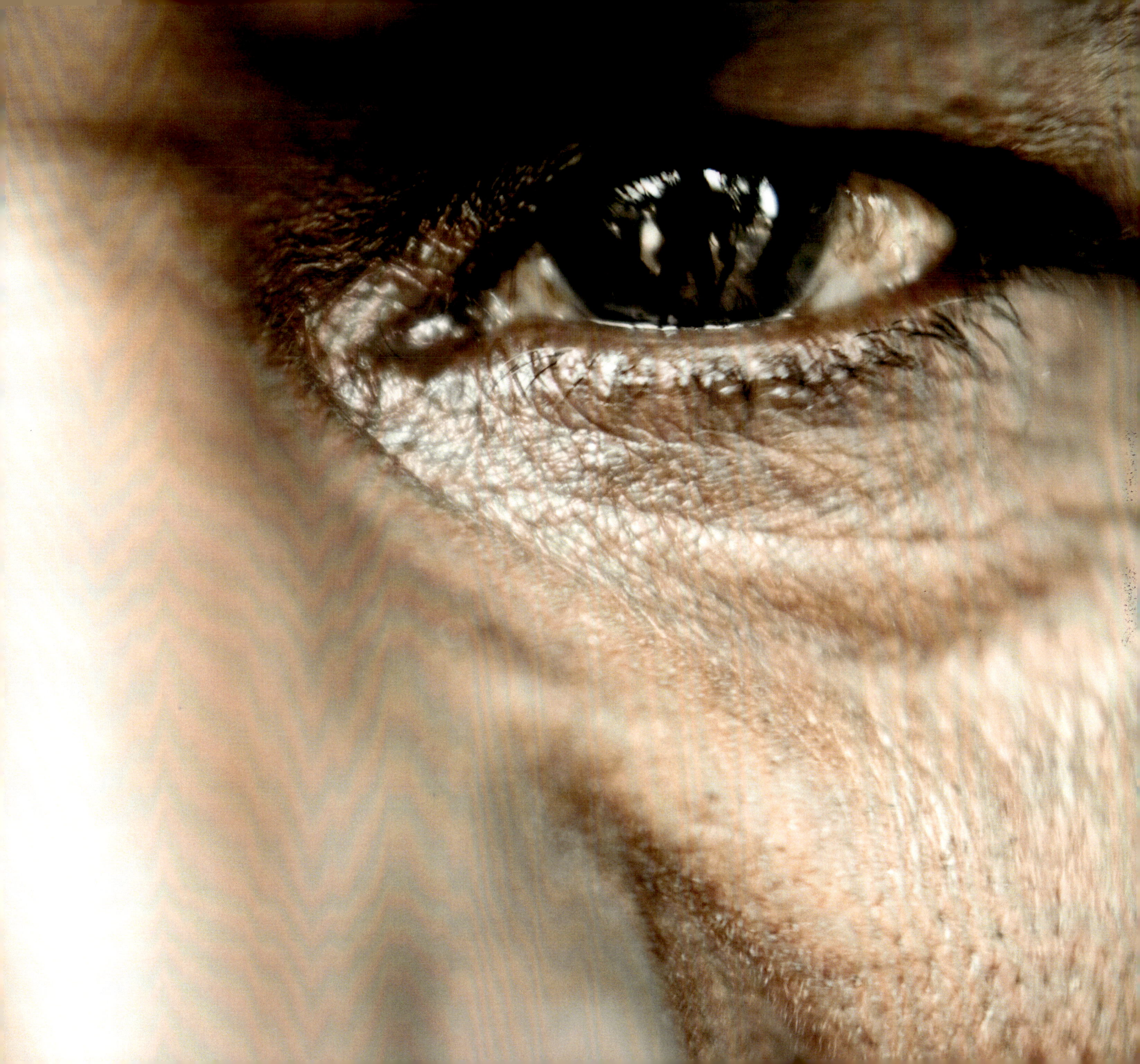

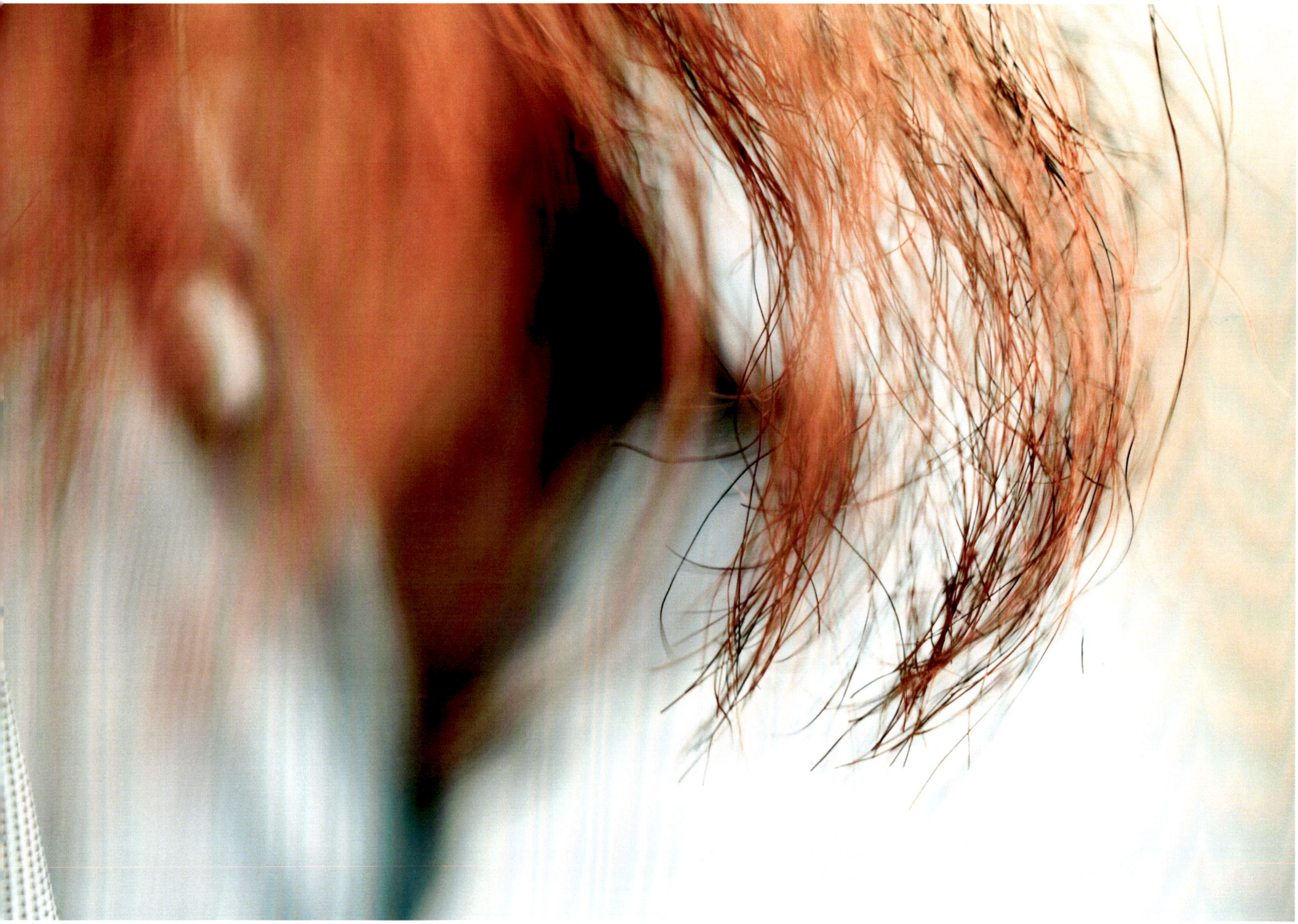

97

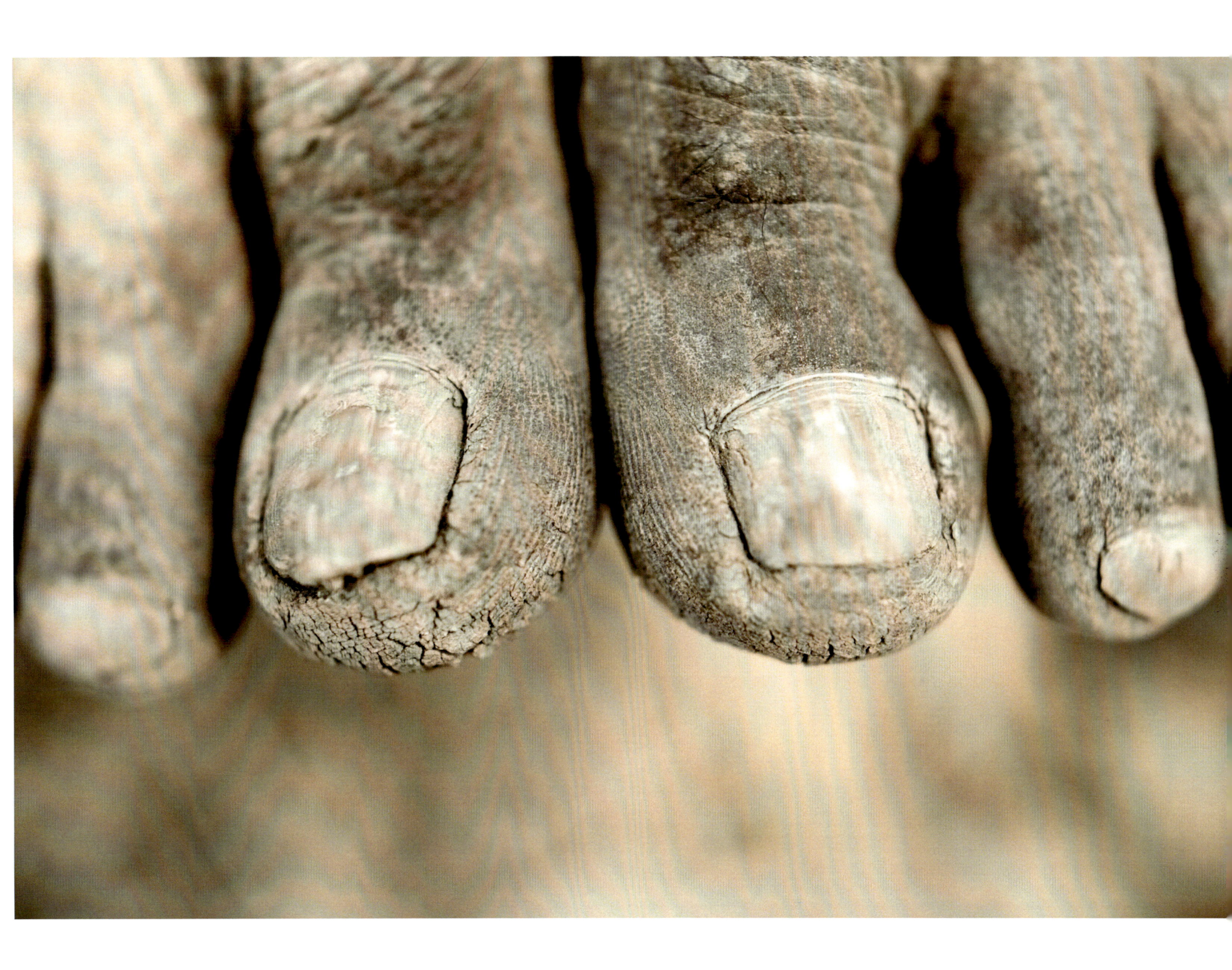

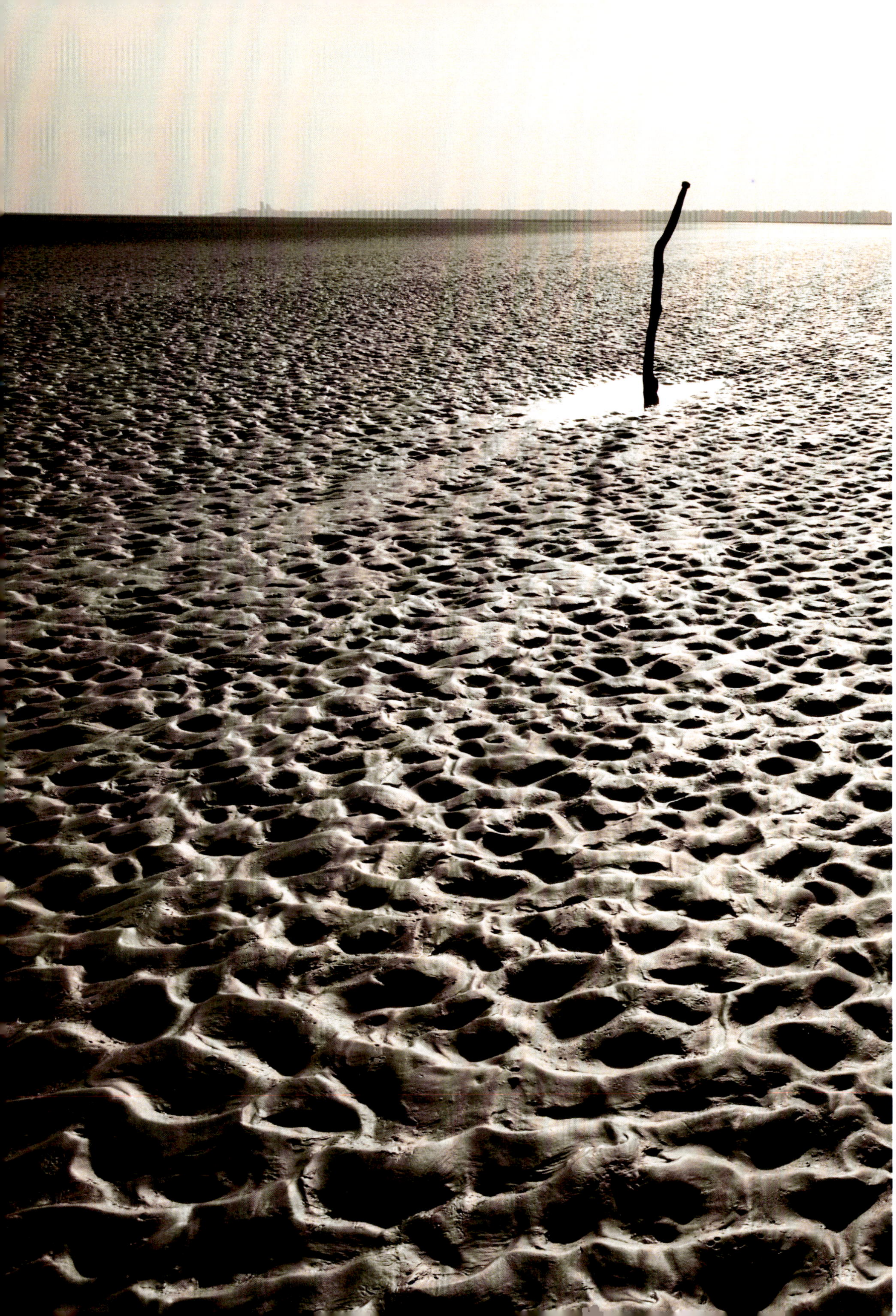

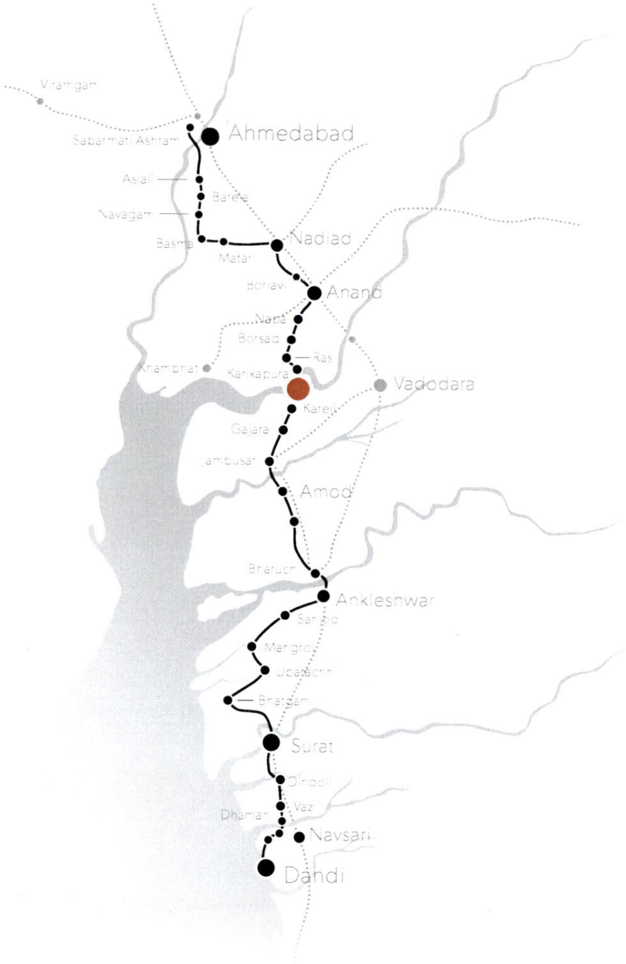

Mahi Sagar

An Tag sechs konnten wir auf unserer schemenhaften Karte erkennen, dass wir ein Flussbett zu überqueren hatten. Da wir mit keiner topografischen Karte ausgestattet waren, wussten wir nicht genau wie lange die Strecke sein würde. Unsere Regel besagte, dass wir alle Informationen von den Menschen vor Ort einsammeln mussten. Dazu gehörte demnach auch das Erfragen des Weges.

„Es gibt eine Brücke." „Nein es gibt keine Brücke über den Fluss." „Ja, man kann durch das Wasser waten." „Zu Fuß durch das tiefe Wasser?" „Nein, das geht nicht." „Ein Boot bringt Euch über den Fluss."

Meinungen über Meinungen. Wie so oft widersprachen sich die Aussagen. Da wir nicht wussten, wem wir glauben sollten, blieb uns nichts anderes übrig, als uns ein eigenes Bild zu machen und unserer Intuition zu folgen. Leider gab es keine Brücke. Der Blick auf die andere Seite fühlte sich an, als ob man in die Wüste schaute ohne ein Ende zu sehen. Schwach am Horizont konnten wir erahnen, dass sich dort unser Tagesetappenziel befinden musste.

So machten wir uns auf den Weg und vertrauten darauf, dass Wasser und Optimismus ausreichen würden, um die Ödnis zu durchqueren. Würden wir vor Sonnenuntergang das Dorf erreichen? Hier gab es nichts außer matschigen Sand. Mit jedem Schritt wurde es mir ein wenig unwohler, da sich die Landschaft partout nicht verändern wollte und wir keine Menschenansiedlung erspähen konnten. Der Boden war wegen des Wassermangels aufgerissen und sah aus wie die zerfurchte Haut eines alten Elefanten. Nach ca. einer halben Stunden trafen wir glücklicherweise an einer riesigen Wasserpfütze auf Fischer. Wir gaben ihnen zu verstehen, dass wir auf ihre Hilfe angewiesen sind. Sie verstanden nicht so ganz, dass wir den Weg zum nächsten Dorf nicht kannten, wo sie doch diesen jeden Tag liefen.

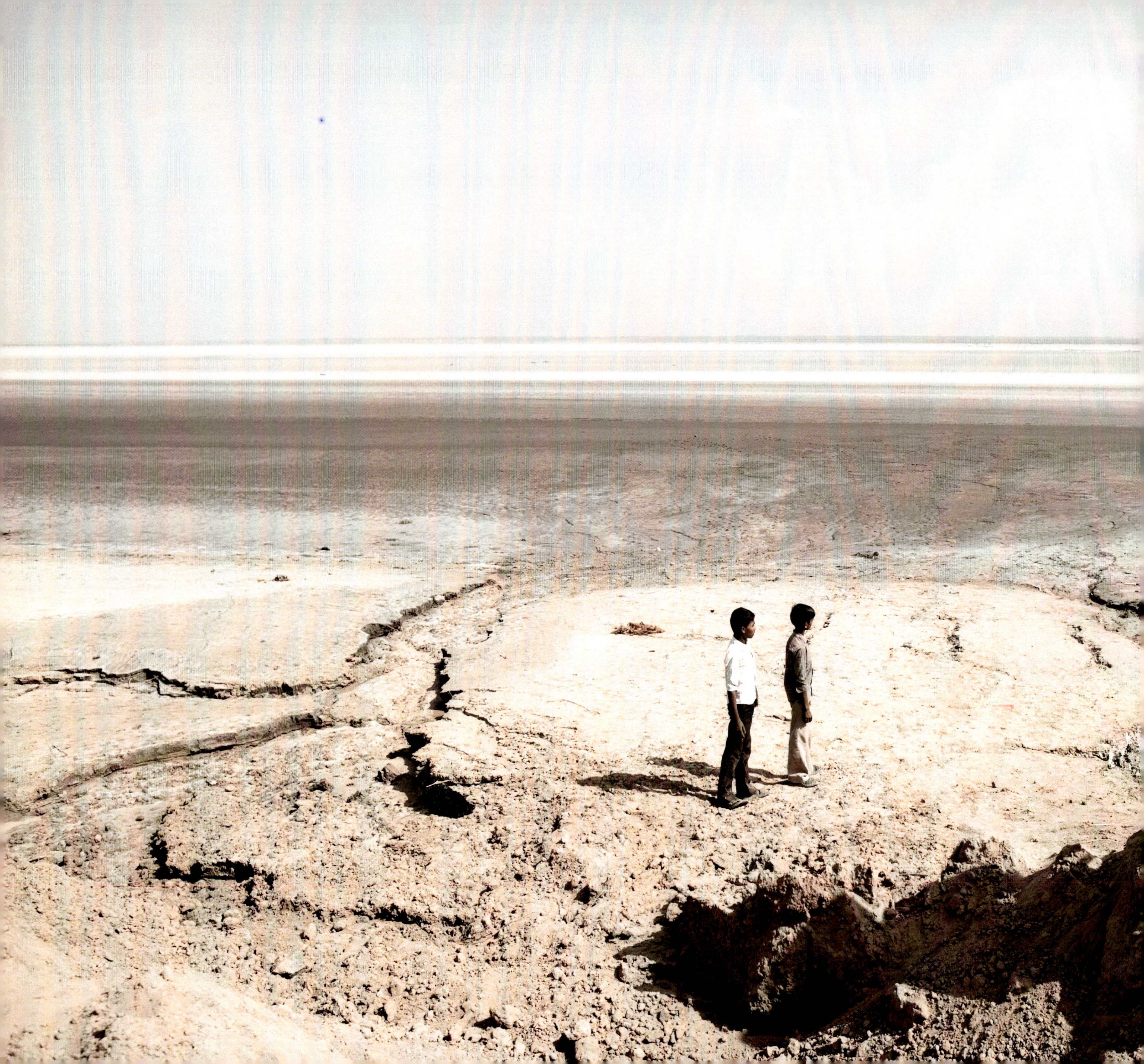

Dazu kam, dass wir sie wohl beim Fischen ihres Abendbrotes gestört hatten. Da sie weder Hindi noch Englisch sprachen, konnten wir sie nur zum Helfen bewegen, indem wir mit Trinkgeld etwas nachhalfen. Etwas widerwillig aber dennoch wegessicher führten sie uns den Weg. Anfangs nur über das Flussbett, dann durch ein Meter tiefe Wasserkanäle und schließlich bei Sonnenuntergang über spitze Dornen. Einer unserer Fischer beklagte sich, da er keine Schuhe hatte. Wie konnte er über diese großen Stacheln laufen? Wir baten ihm ein paar Ersatzschuhe an, aber er lehnte ab. Diese Menschen hier haben den Schutzmantel der Natur wohl noch nicht verloren. In der Heimat wären viele an ihrer Stelle wohl bereits umgekehrt.

Es war mittlerweile schon dunkel geworden, als wir endlich Gebüsche und Felder sahen. So war es dann auch Zeit, Abschied von unseren Führern zu nehmen und im nächsten Dorf das „Namasté" erklingen zu lassen. Wir waren gerettet und unsere Reise hatte einen neuen Aspekt dazu gewonnen. Angst. Das erste und einzige Mal war ich mir unsicher, ob wir jemals ankommen würden.

102

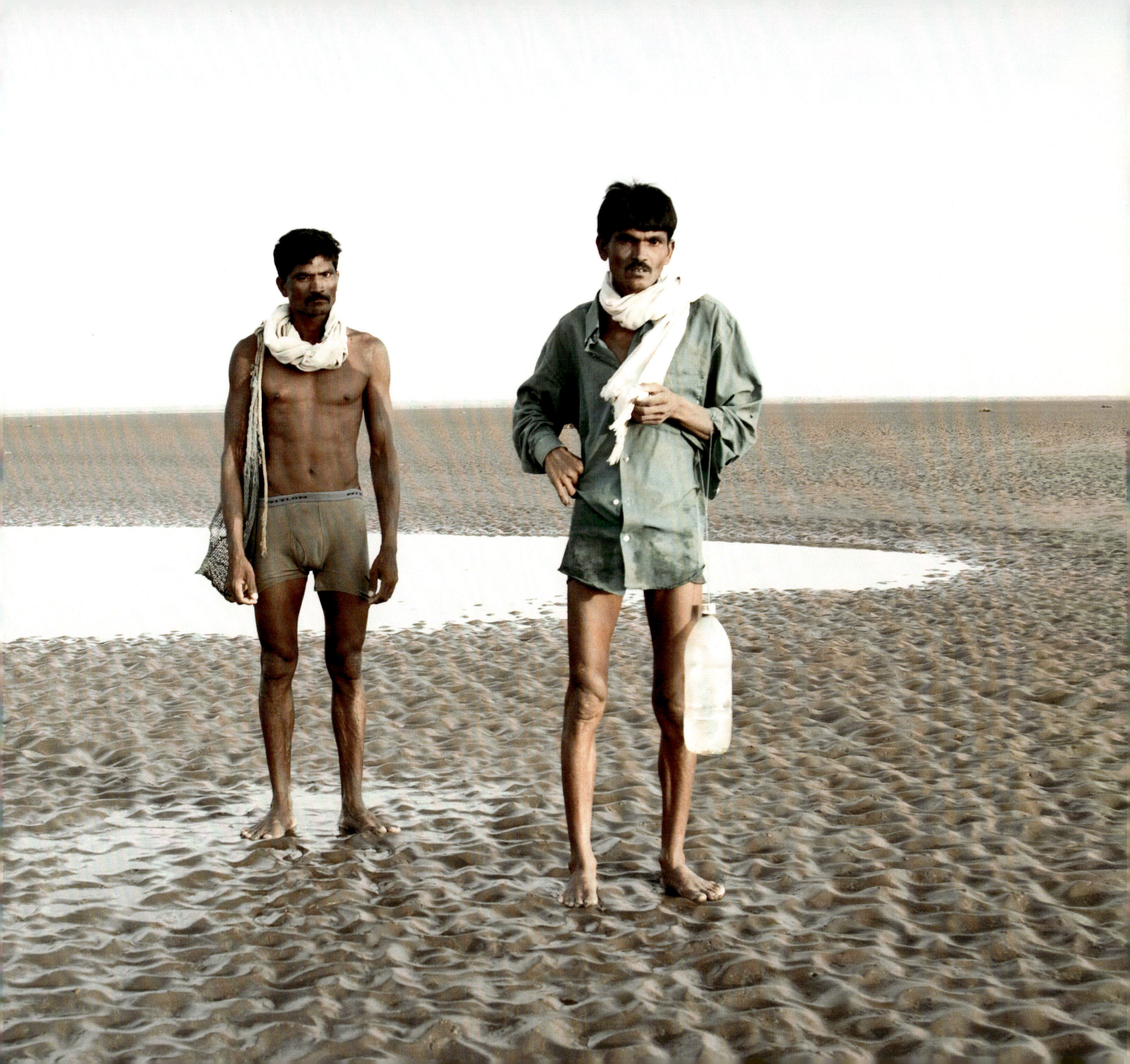

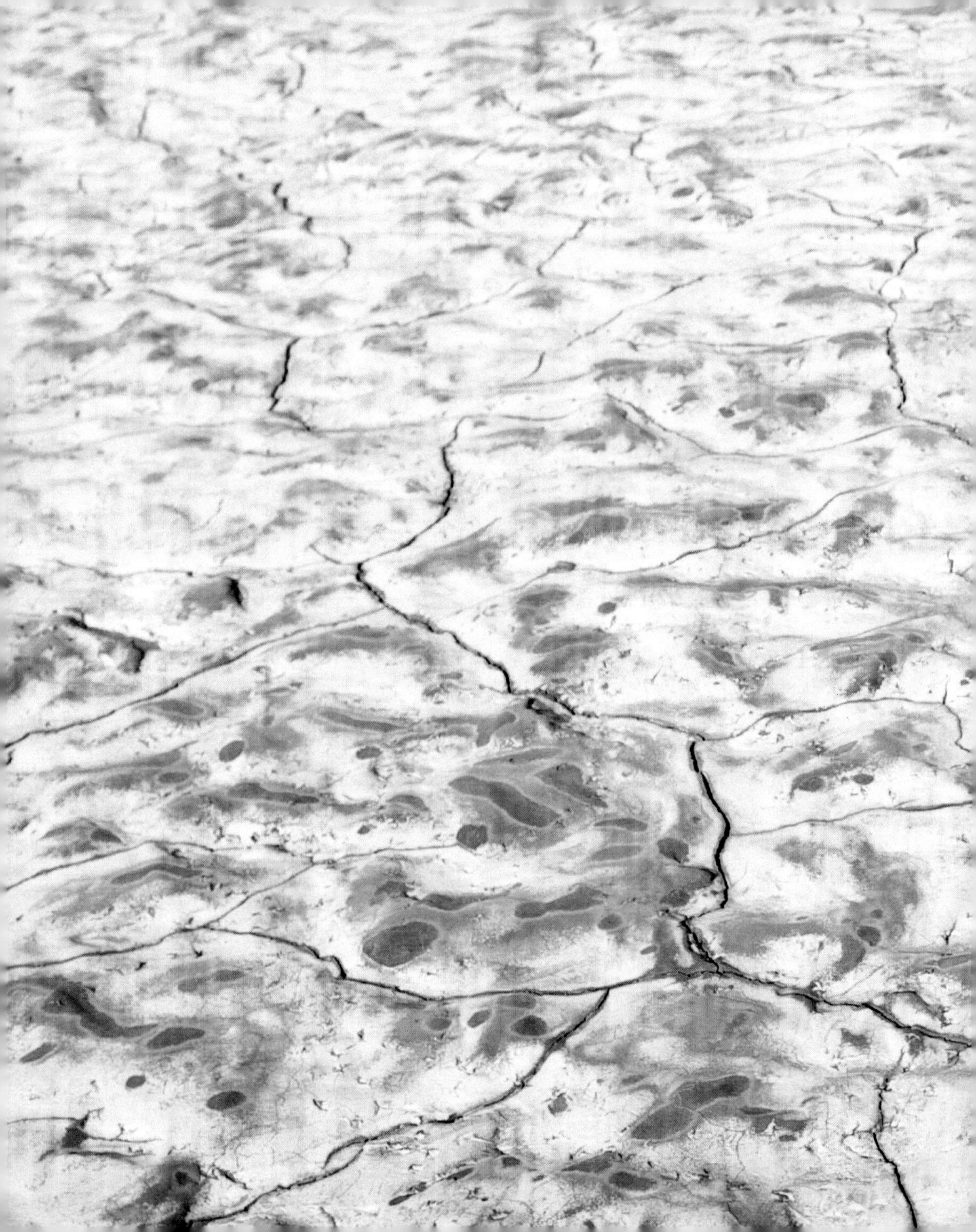

der Fluss ist das Meer wir sehen
die Gischt den Strand den Horizont den
Trugschluss ein ausgetrocknetes
Flussbett
brüchig
wie ein endloses Schachbrett
Salz unter den Füßen den Schlamm
sinkend das traurige Meer
Scheideweg
ein Streifen Wasser Fischernetze
aufgespannt an der flirrenden Luft wie
eine Fata Morgana der Schmerz
unerträglich
Scheideweg
wie ein Messer haarscharf
am Aufgeben vorbei

Dasein
Da sein
Die Fischer
schöne Seelen
das Wasser
leuchtend
warm
leer

Was gibt es hier zu fischen?
überflutete Spuren
der Weg hinter Dir
das Ufer vor Dir
versickert die Gewissheit

die zwei Fischer
unser Trinkgeld in den Taschen
an
gewiesen
Er
kenntnis
am Ufer angekommen
Unruhe
bis
wir
Lichter
sehen

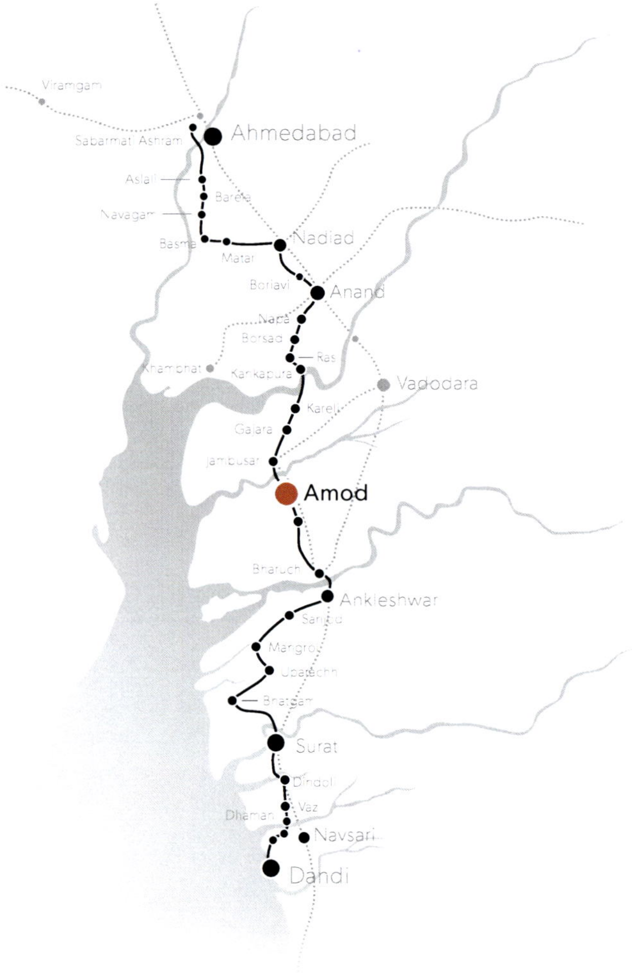
Viramgam
Ahmedabad
Sabarmati Ashram
Aslali
Bareja
Navagam
Basma
Matar
Nadiad
Boriavi
Anand
Napa
Borsad
Ras
Khambhat
Kankapura
Vadodara
Kareli
Gajara
Jambusar
Amod
Bharuch
Ankleshwar
Mangrol
Surat
Dindoli
Vaz
Dhaman
Navsari
Dandi

Amod

Hatten wir gestern noch ausgetrockneten Sand unter den Füßen, fanden wir uns jetzt auf stillgelegten Bahngleisen wieder. Früher fuhren hier Züge und durchbrachen die Ruhe, die uns nach dem starken Verkehr auf den Etappen entlang der Straßen wie ein seltenes Geschenk erschien. Nach ein paar Stunden hörten wir den fernen Gesang eines Jungen. Von den Gleisen aus konnten wir eine Ziegenherde sehen. Die Stimme musste von einem der Hirten kommen. Unsere Neugier wurde erwidert – einige Kinder kamen auf die Gleise und begleiteten uns zur Herde.

Für unseren Dokumentarfilm „Spazieren Gehen" wollten wir den Gesang des jungen Hirten aufzeichnen. Wir schalteten die Kamera und das Tonaufnahmegerät an und ich bat ihn, für uns zu singen. Stille – es fiel ihm schwer, einen Ton herauszubekommen. Erst jetzt wurde ich mir seiner Situation bewusst: Vor ihm stand ein weißer Mann mit einem komischen Gerät in der Hand, der ihn in gebrochenem Hindi bat zu singen. Zu allem Überfluss war da noch jemand, der filmte, und aus dem Gebüsch kicherten schon die anderen Kinder. Nur die Ziegen gingen unbeeindruckt davon ihrer Tätigkeit nach und knabberten genüsslich Gras.

Zu viele Zuhörer? Zu viele Zuschauer? Würde er singen? Ich nickte ihm aufmunternd zu. Der junge Hirte nahm sich ein Herz und sang uns mit leicht zitternder Stimme zwei Lieder vor. Es handelte sich um Gottesgesänge, die er Tag für Tag auf dem Feld sang.

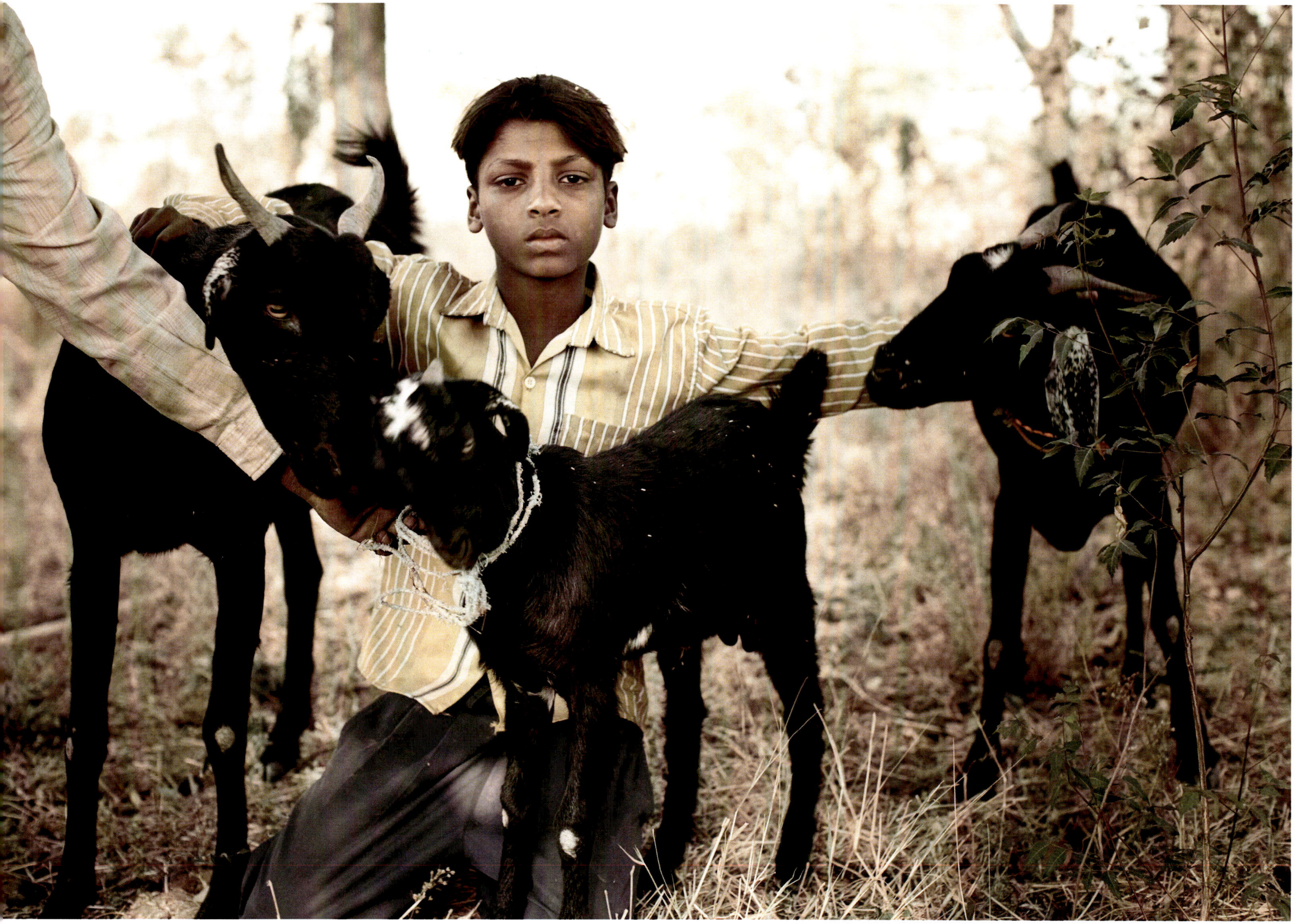

109

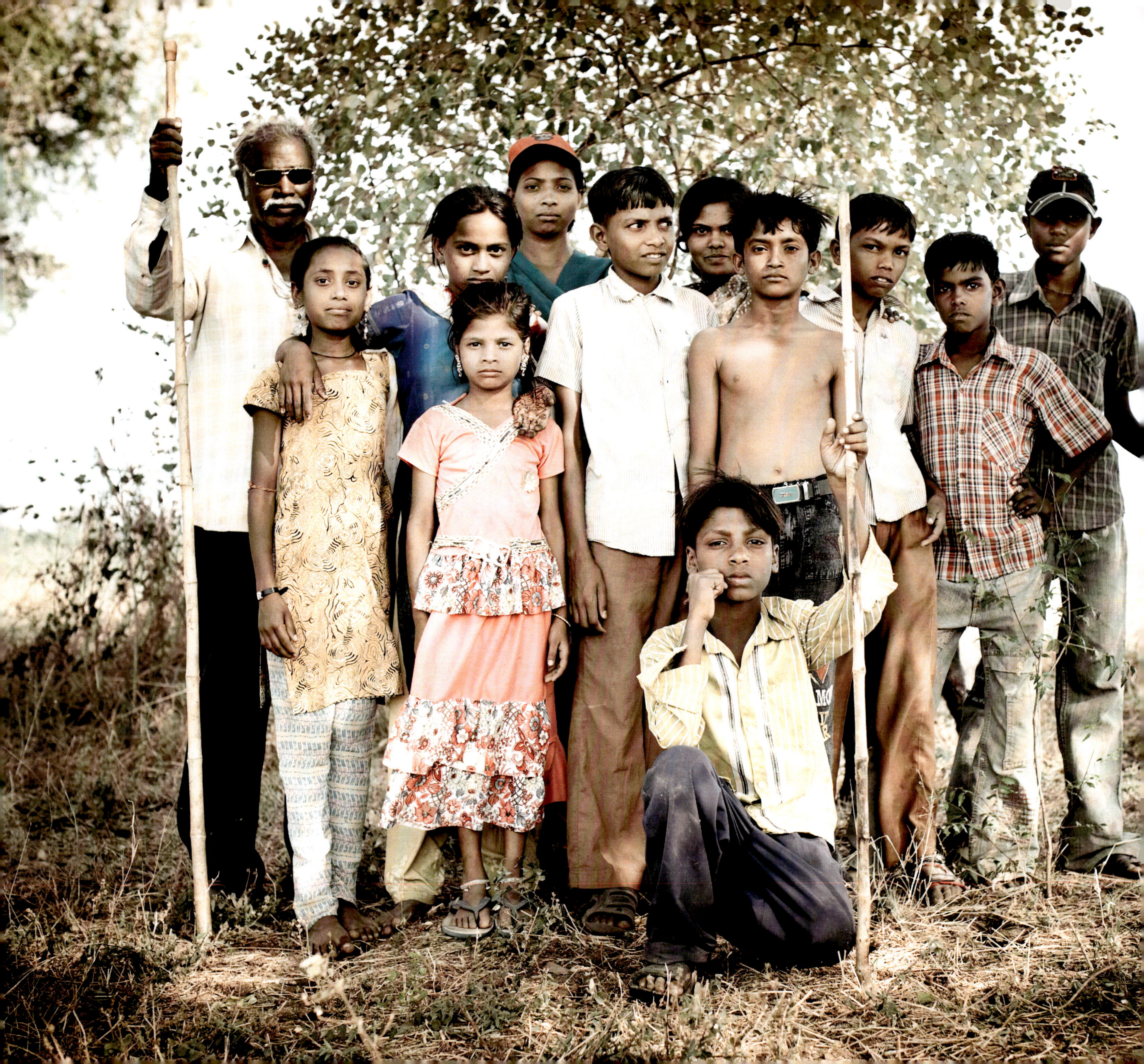

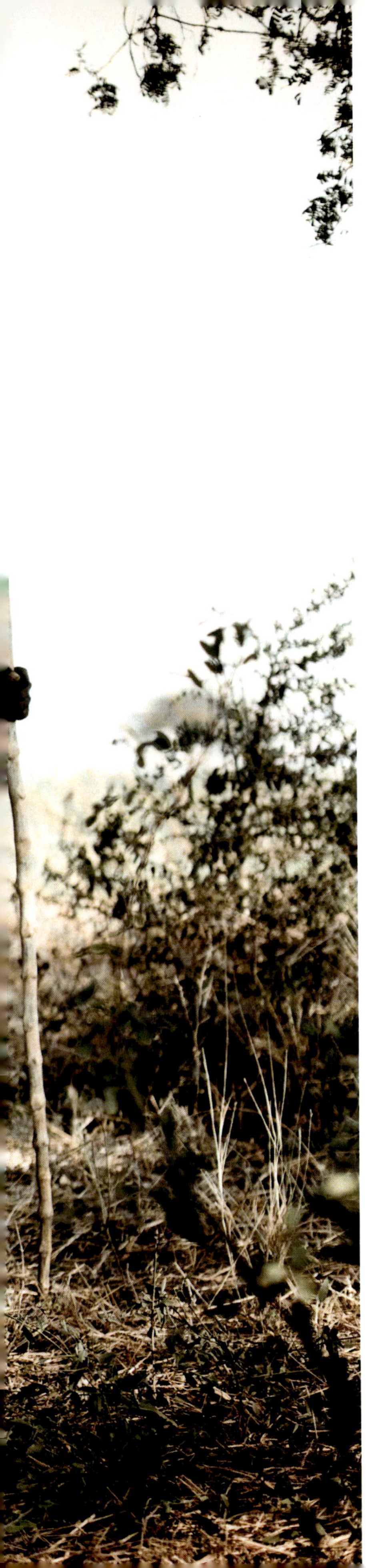

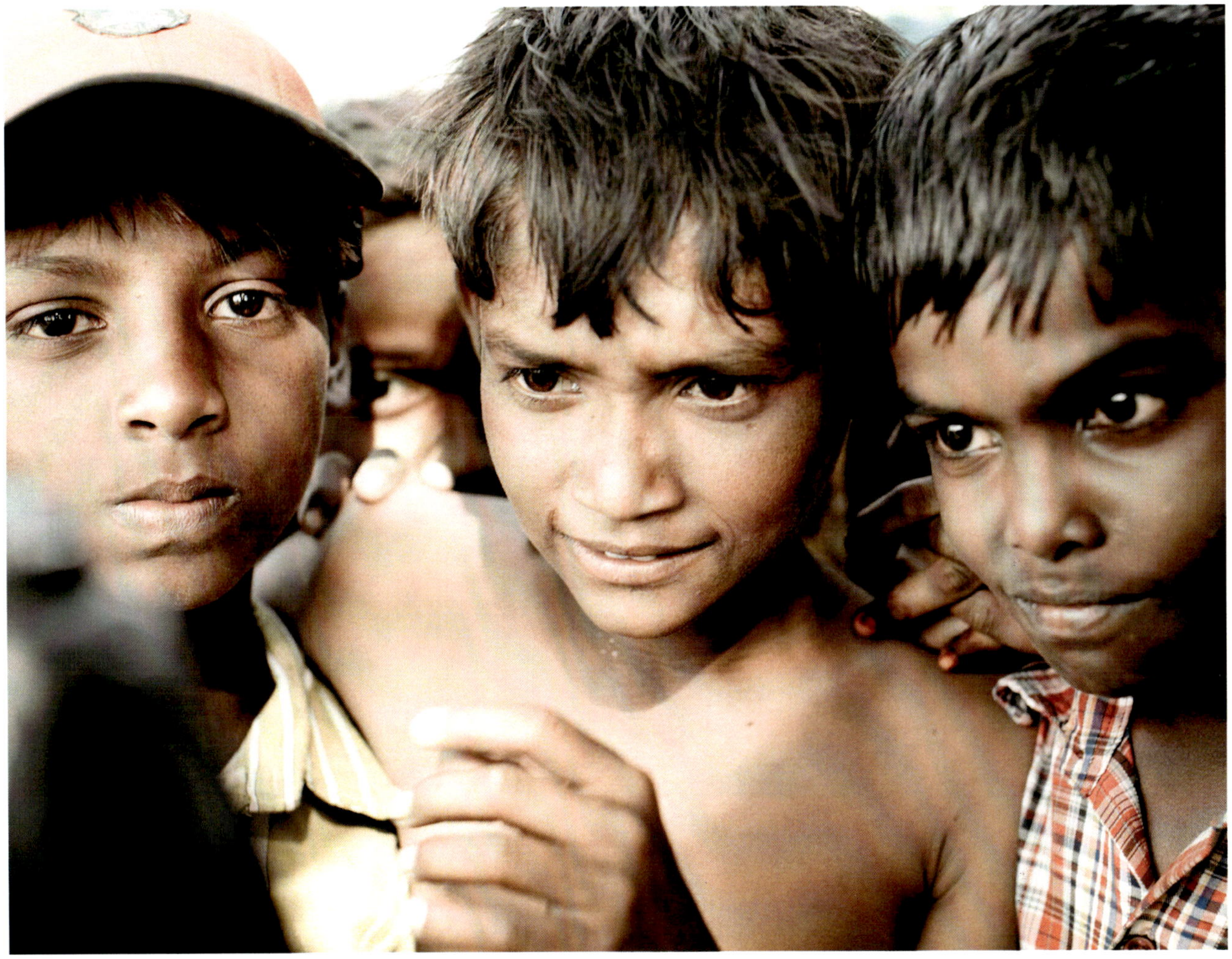

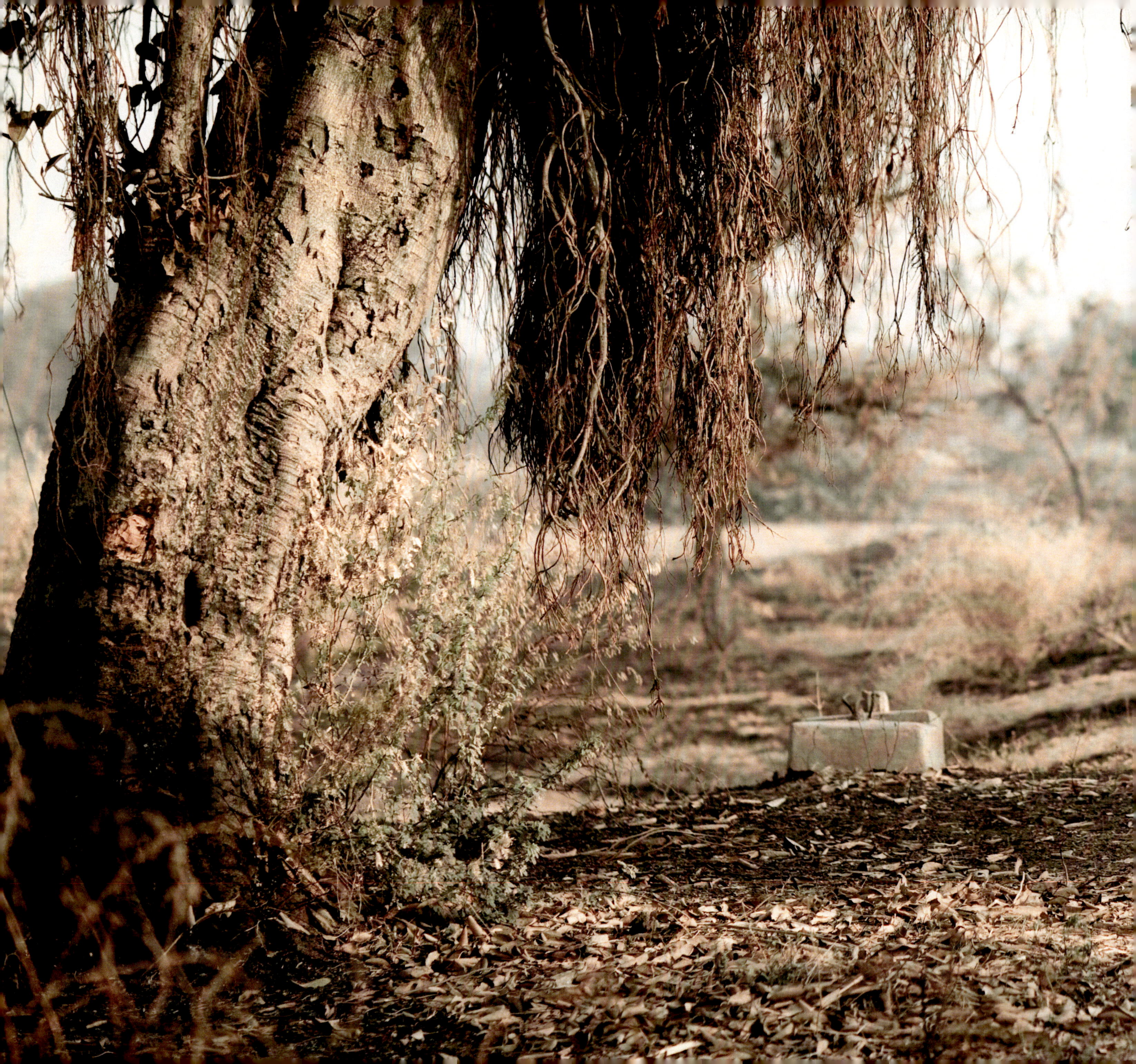

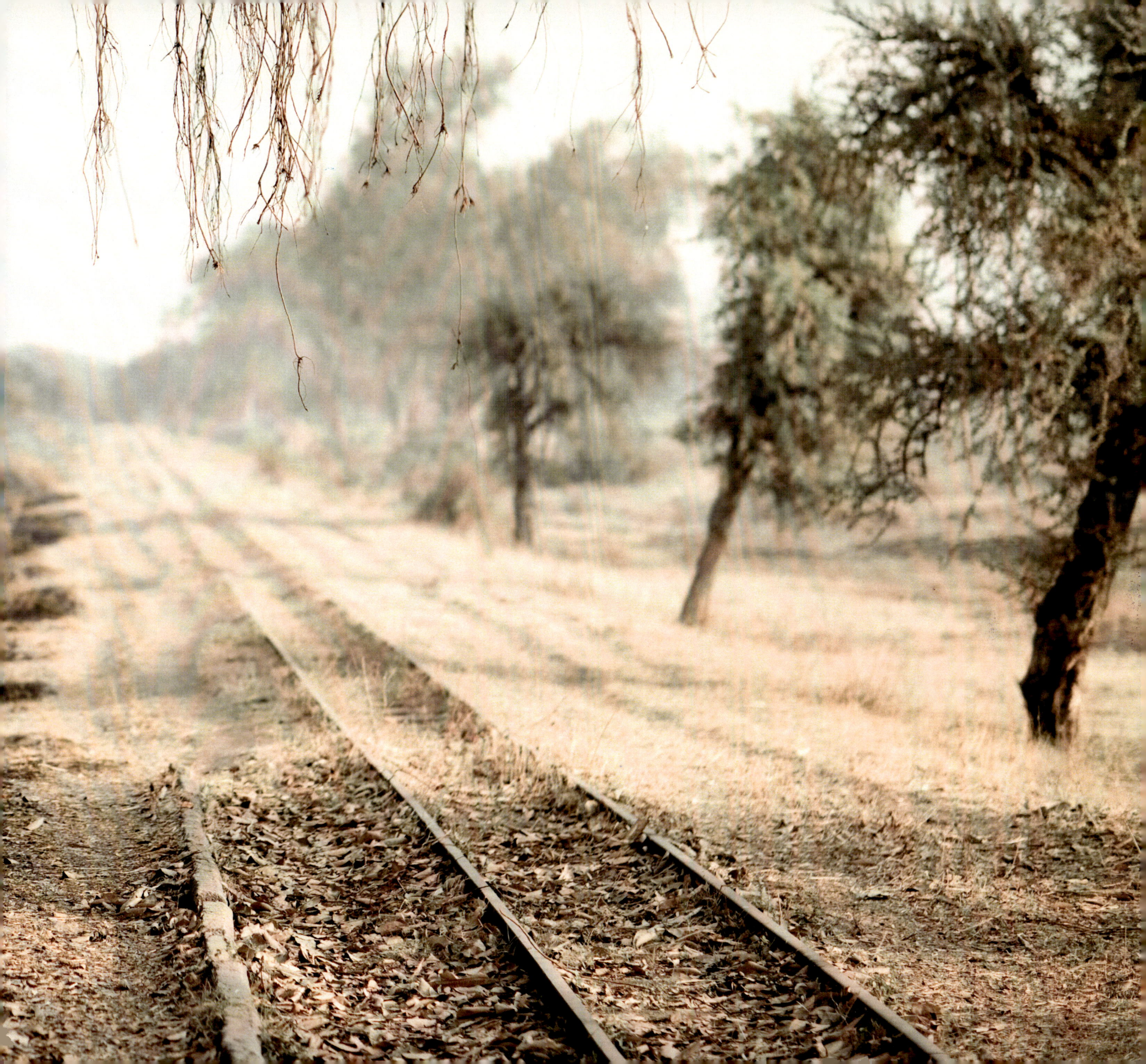

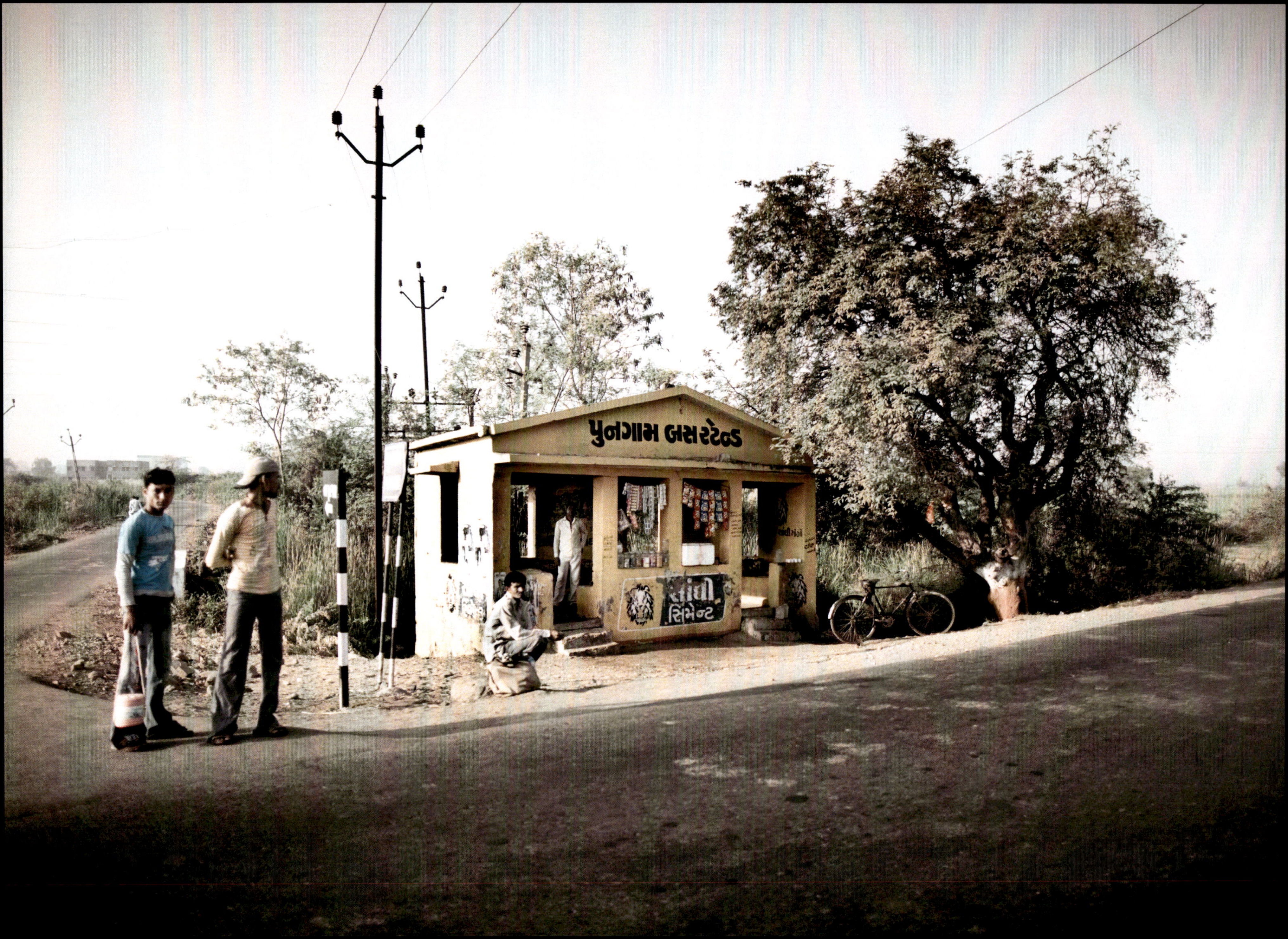
પુનગામ બસસ્ટેન્ડ
સિમેન્ટ

12.15

fünfzehn Minuten
im Schatten eines Dachs
Augen zu
der Schlaf senkt Dich
unter den Blicken der
Menschen

der Andere
unterhält sich fragt
nach dem Weg
dann gilt es nur
sich für eine
Richtung zu
entscheiden

15.30

die Hitze lässt
Dich in Randnotizen
im Tagebuch
verlieren

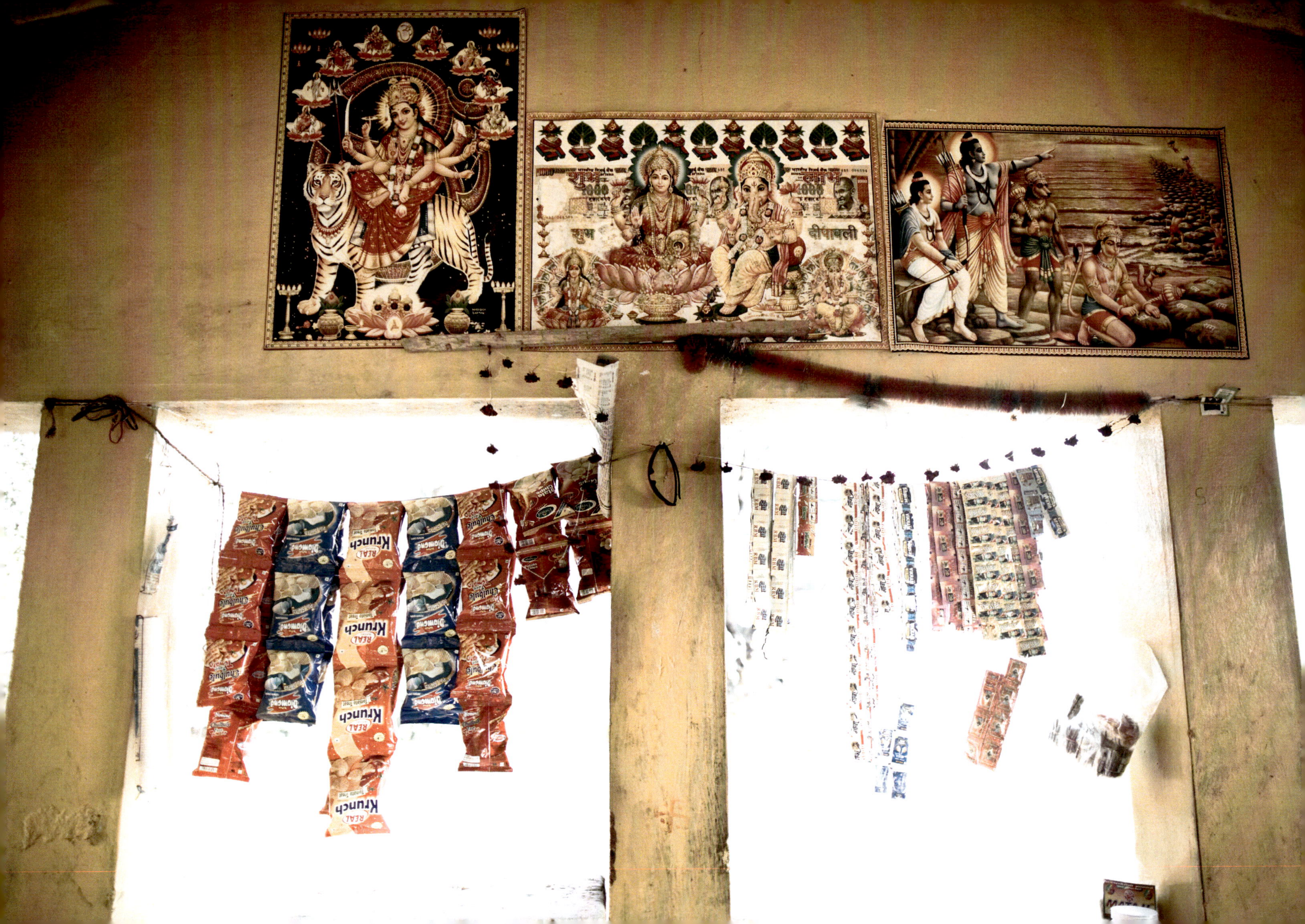
शुभ
दीपावली
REAL
Krunch

સાદી નહીં, સાંધી માંગો

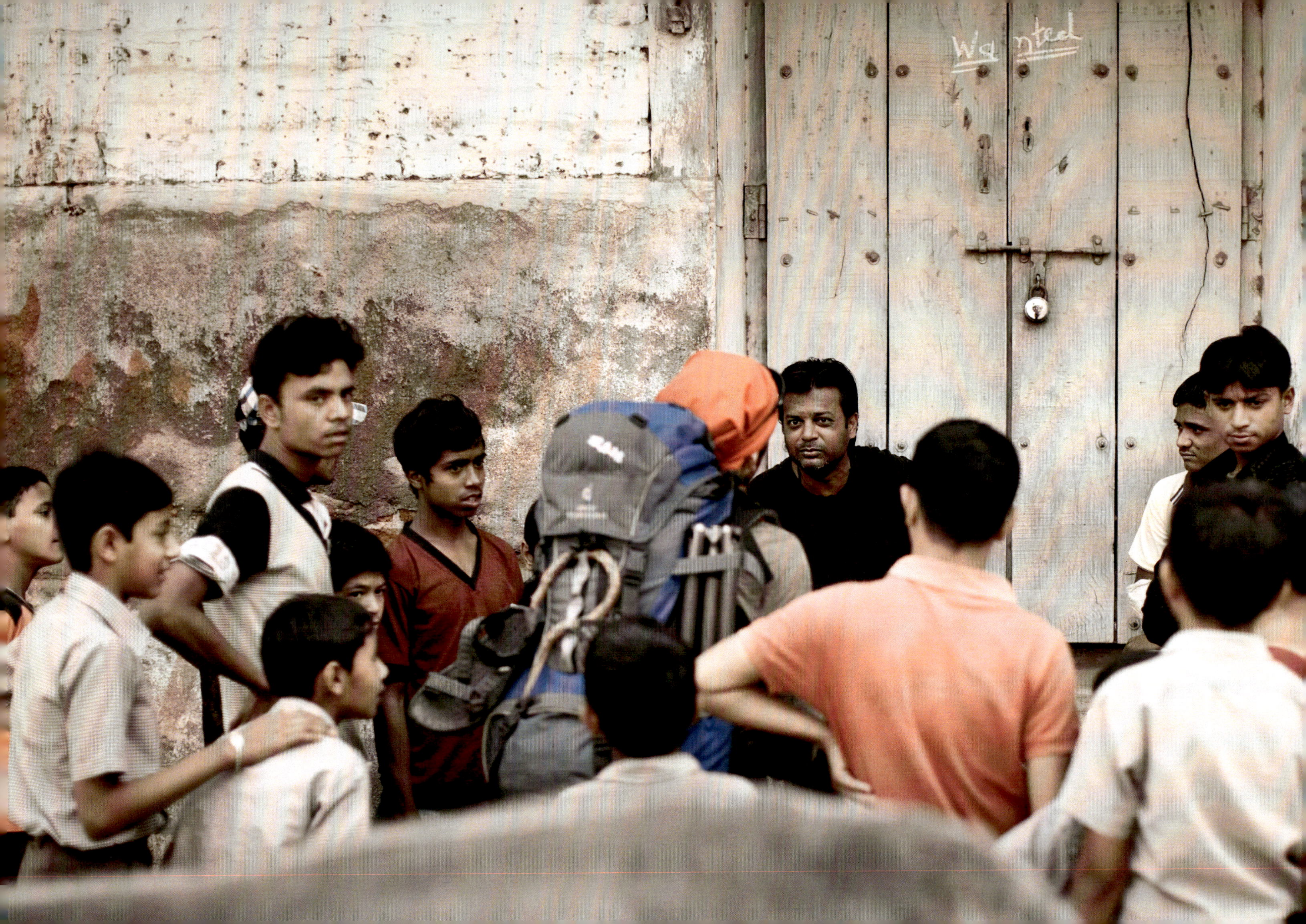
Wanted

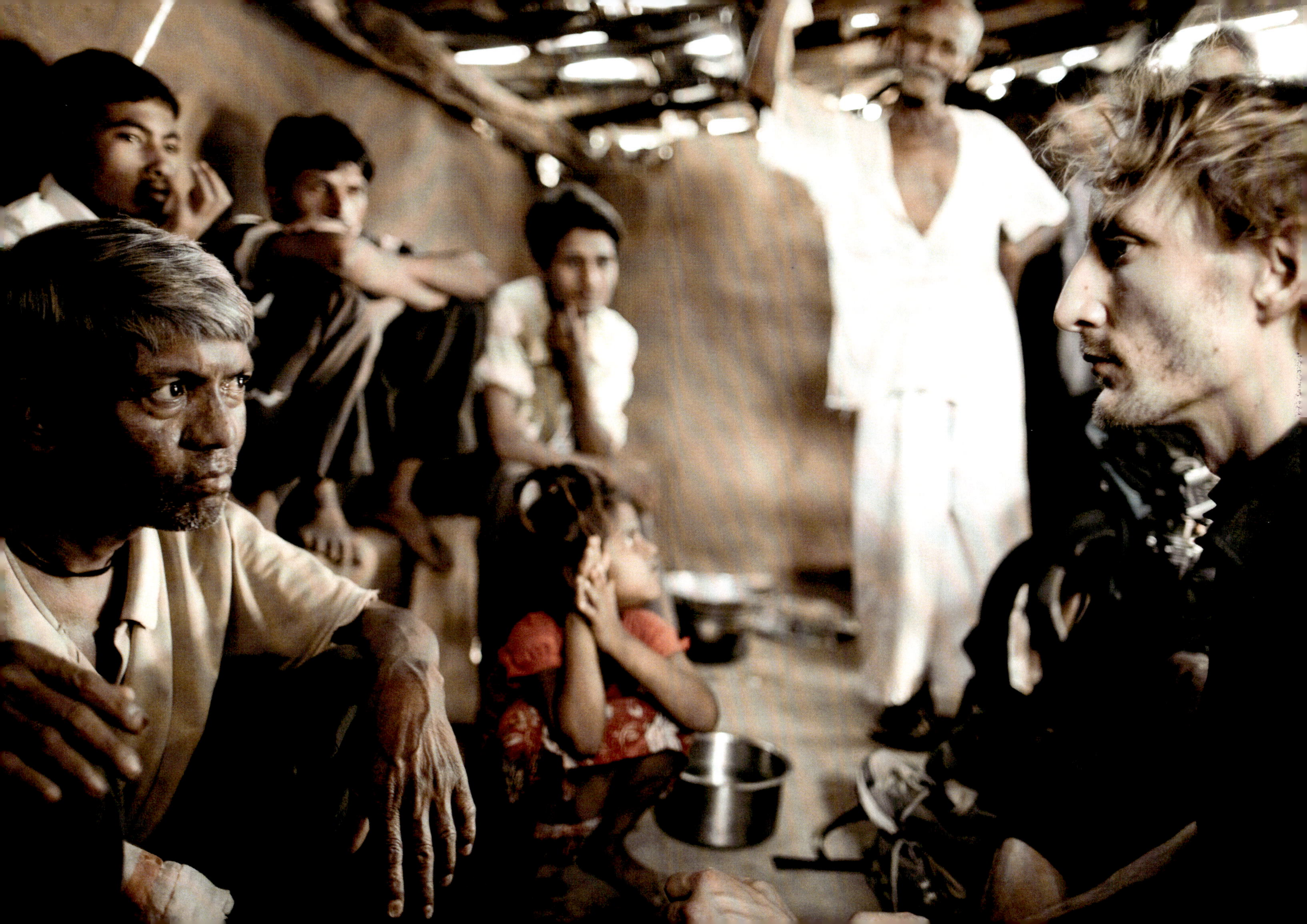

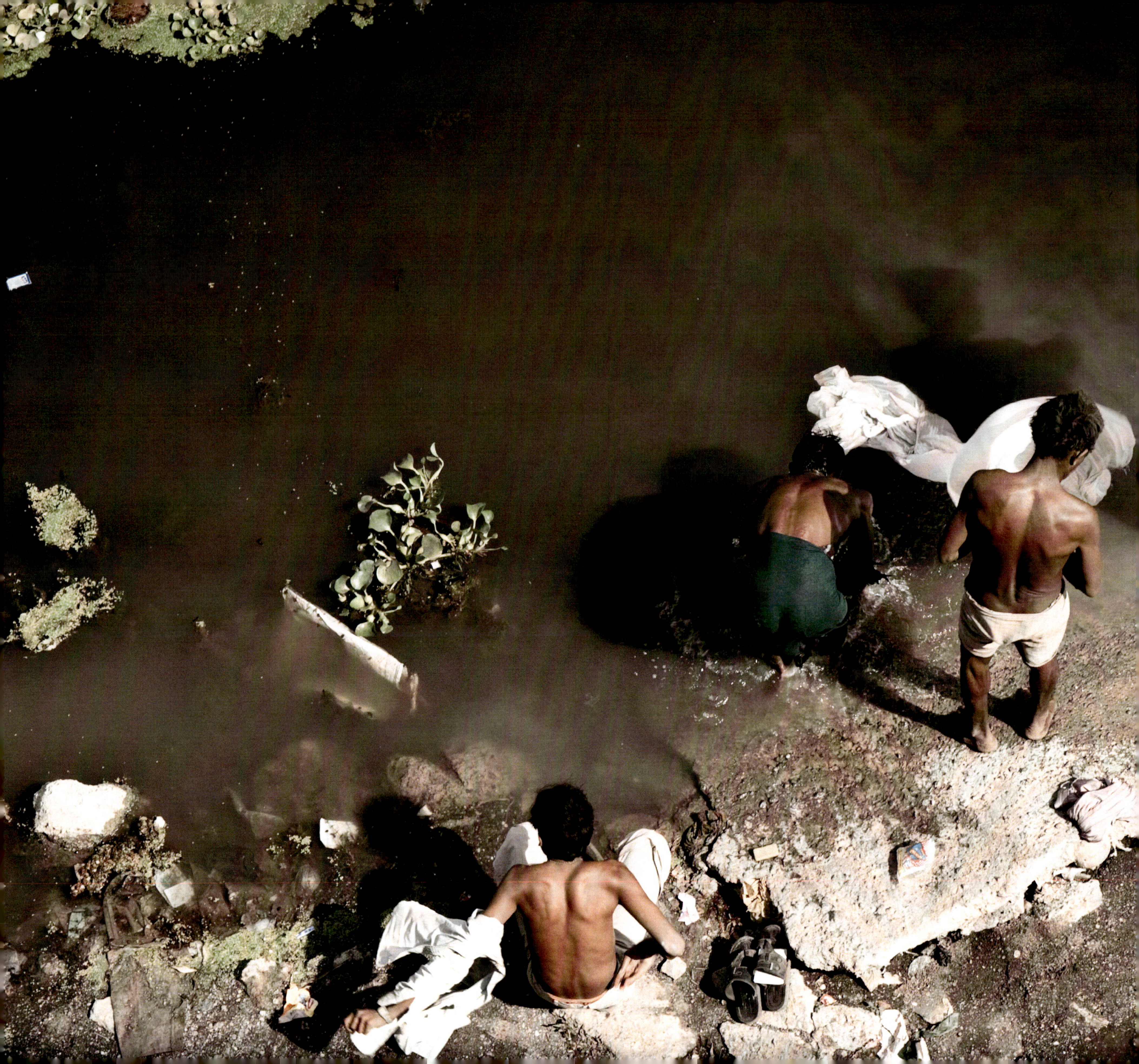

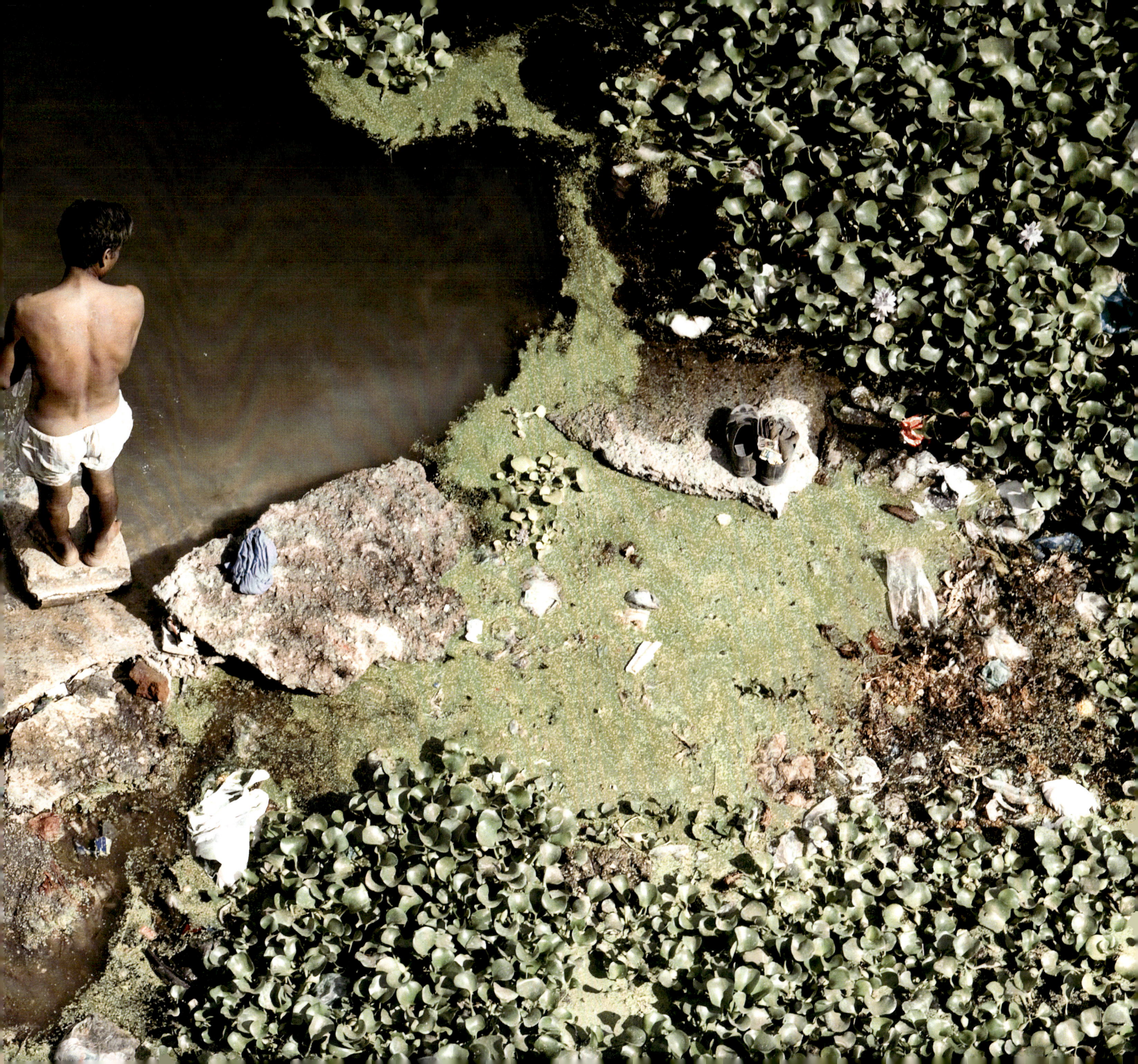

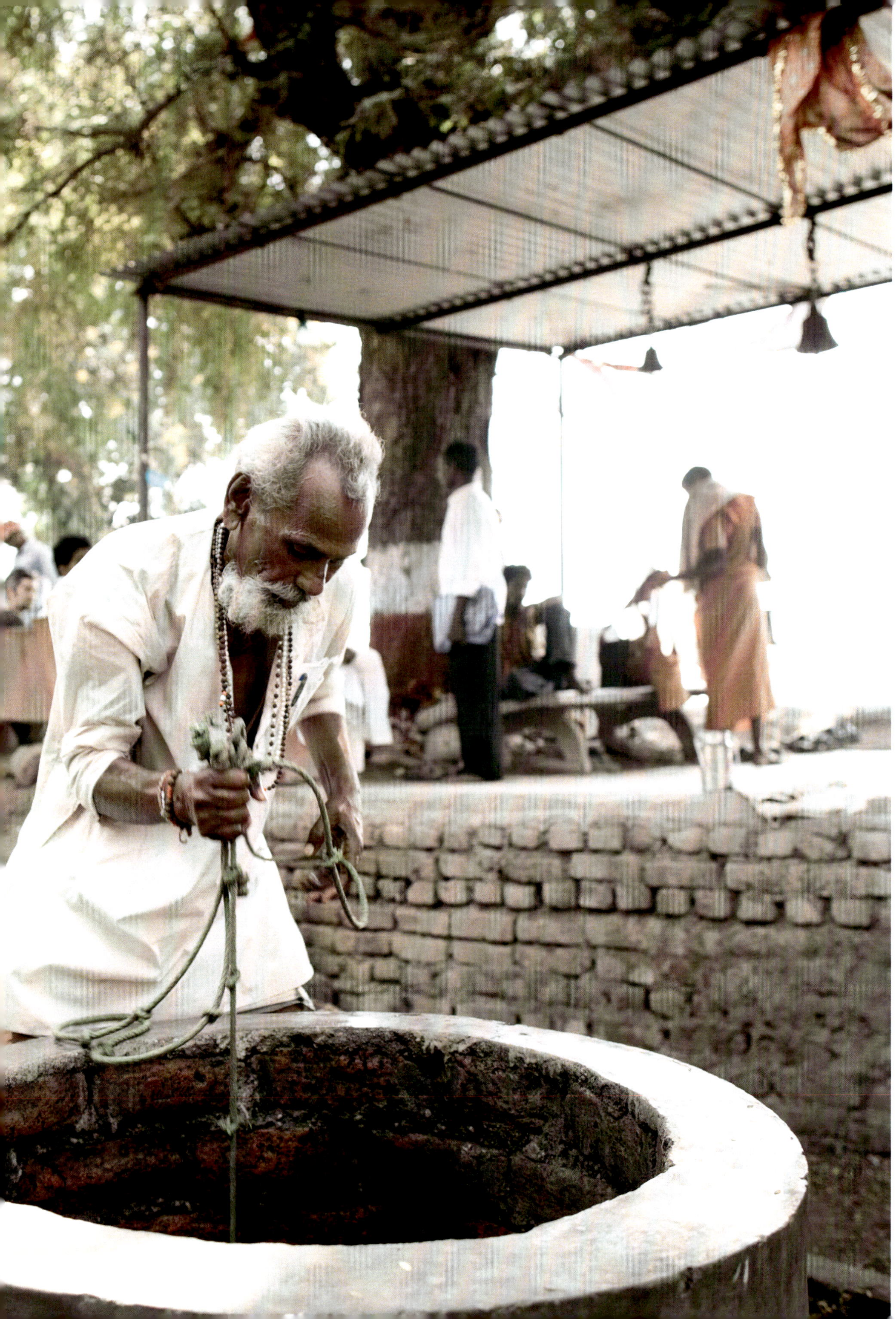

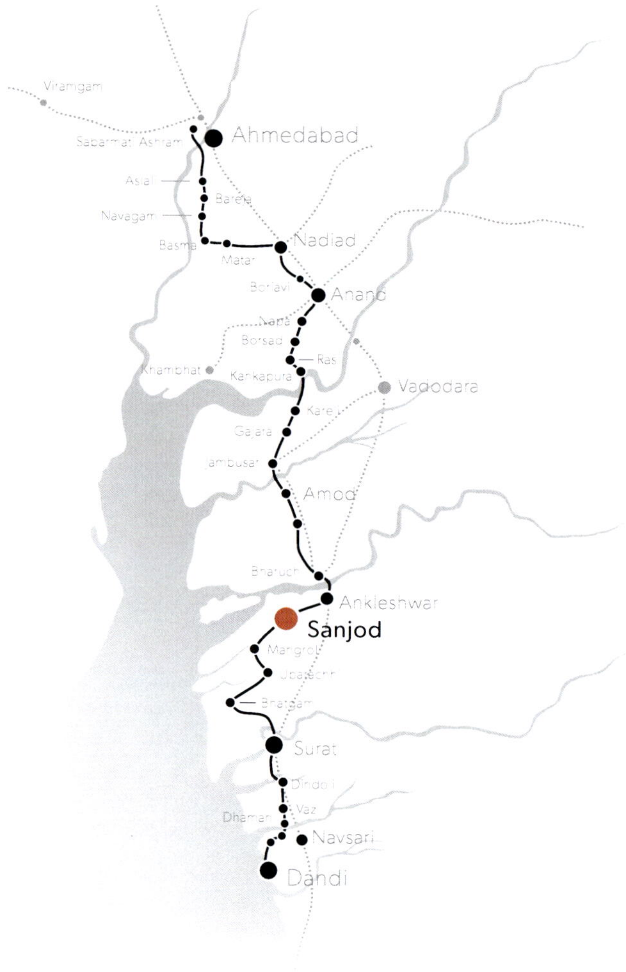

Sanjod

Wir waren schon seit Stunden unterwegs und sind den ganzen Vormittag an keinem einzigen Kiosk oder Teestand vorbeigekommen. Auf einer Bank neben einem kleinen Tempel machten wir Rast. Die freundlichen Männer, mit denen wir ins Gespräch kamen, organisierten sofort Tee aus dem nächsten Dorf für uns. Währenddessen kam ein älterer Pilger am Tempel an. Er bereitete sich auf die *Pooja*, die rituelle Ehrerweisung, vor. Sein Pilgerweg führte ihn für drei Jahre und drei Monate weg von seinem Zuhause in Maharashtra.

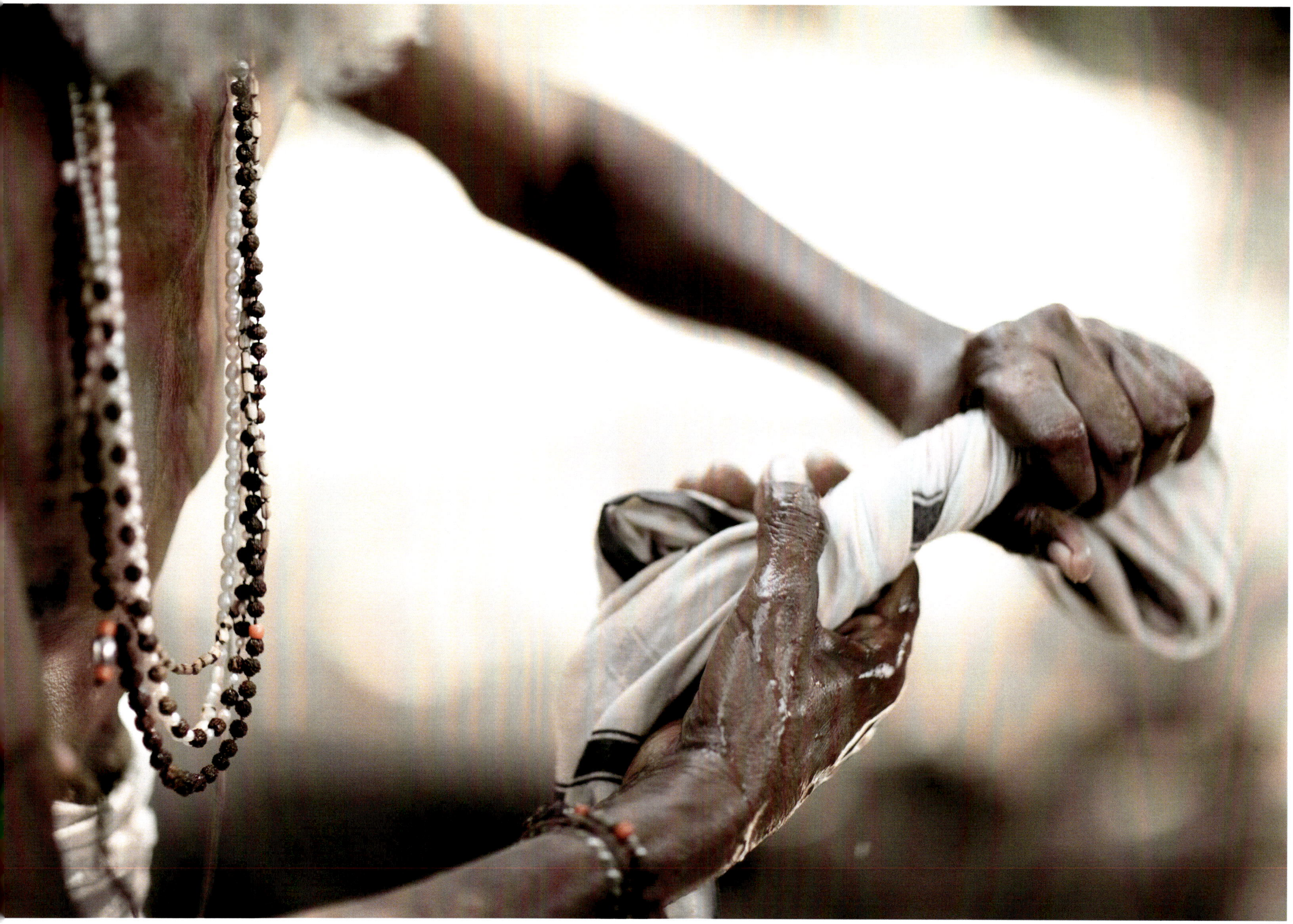

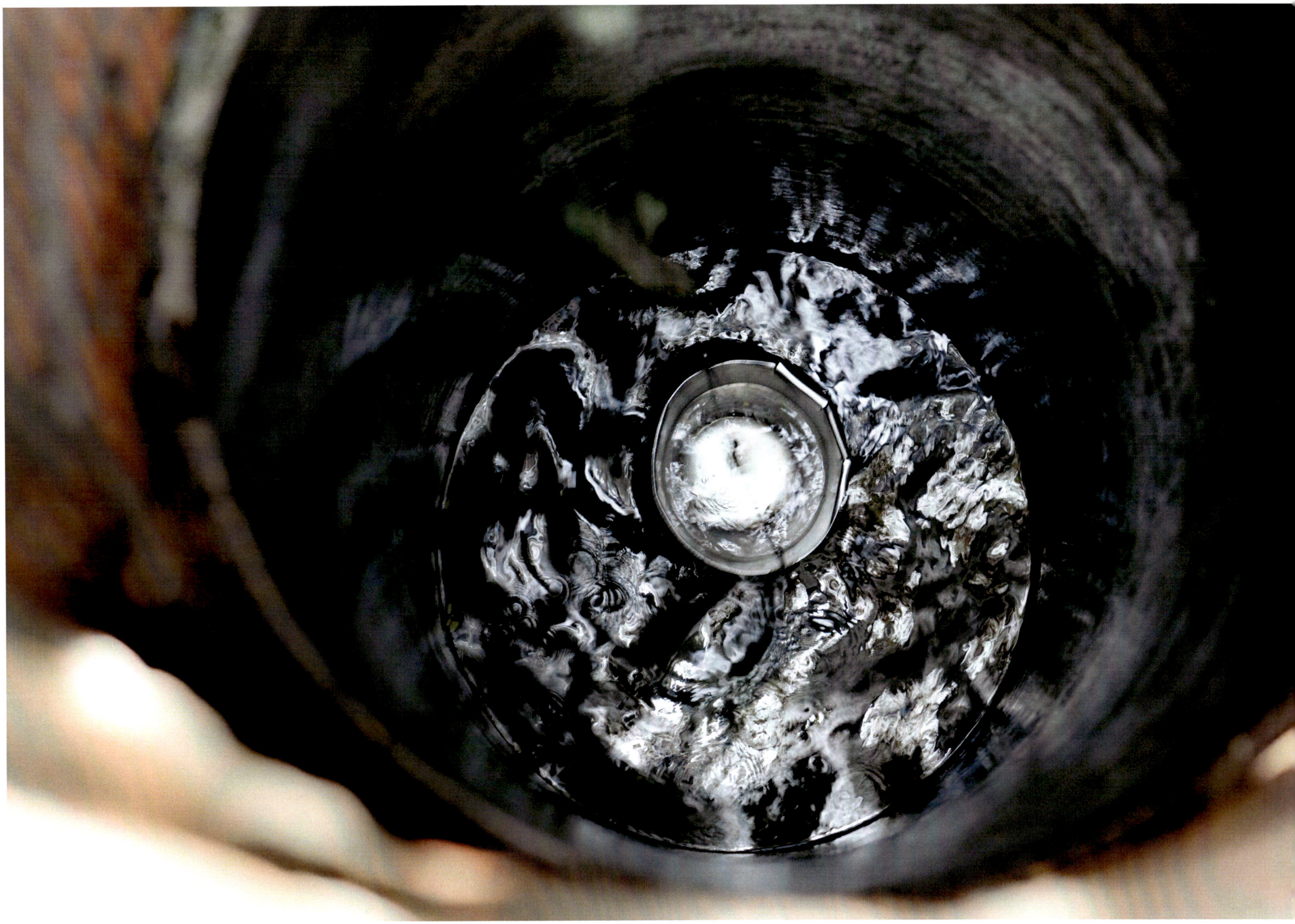

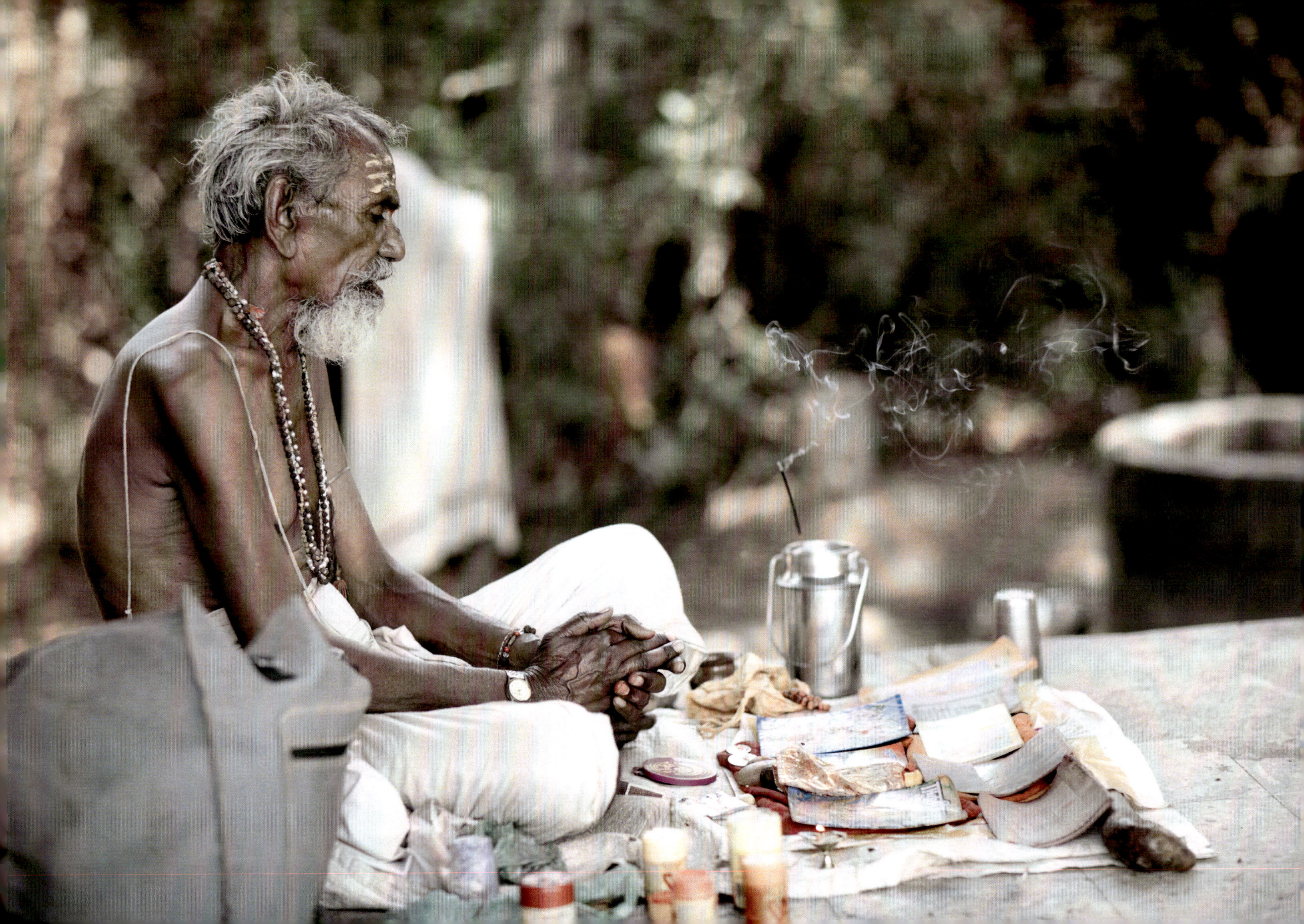

der Pilger
einfache
Abfolge
das Hemd ablegen
im Brunnen
schöpft er sein Spiegelbild
aus den Blicken
an die Oberfläche

Reinigung
das Bild zerfließt
zum Bildnis

Ort der Pooja
aus dem Rucksack ausgebreitet
vor dem Tempel
sitzt er auf einer Plane
die Hefte auf dem Wanderstab
leicht schräg gelegt
in der Milchkanne
der Räucherstab
Kerze
Textheft
zum Schluss
unbemerkt
die Zeichen der Gottheit
auf der Stirn

drei Jahre
drei Monate
Ritus
Taschenuhr
Zeit
das
Los
des Wegs

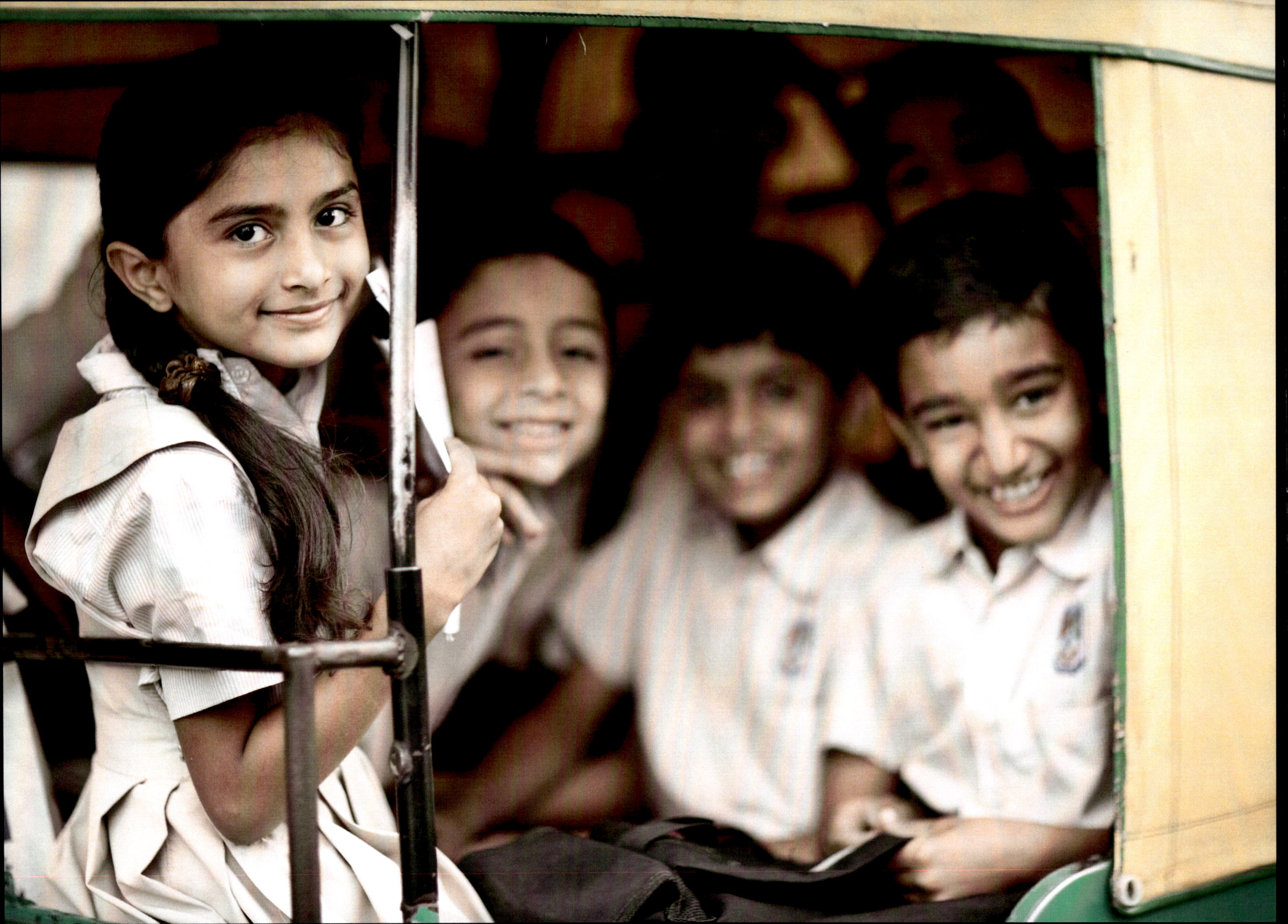

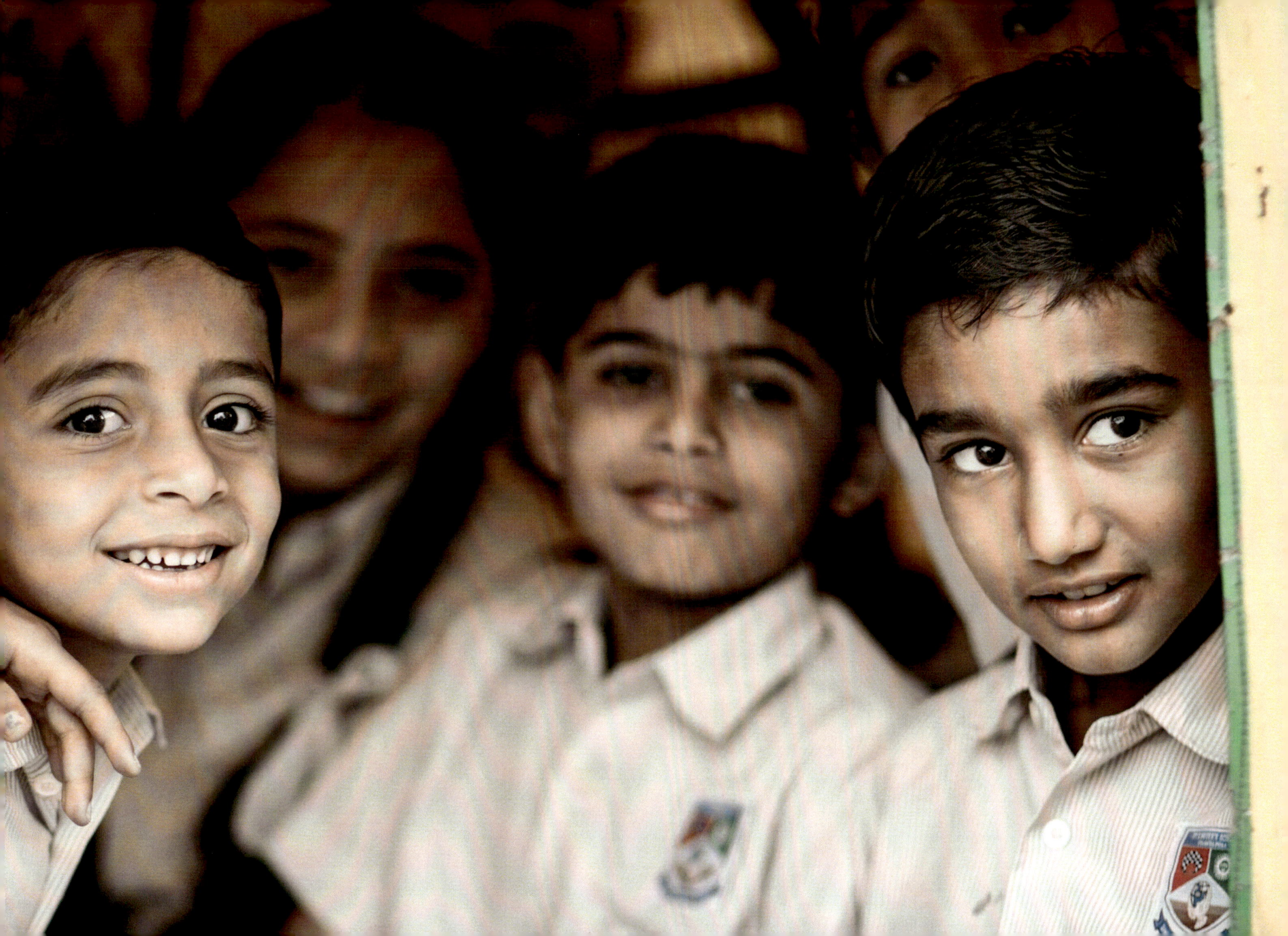

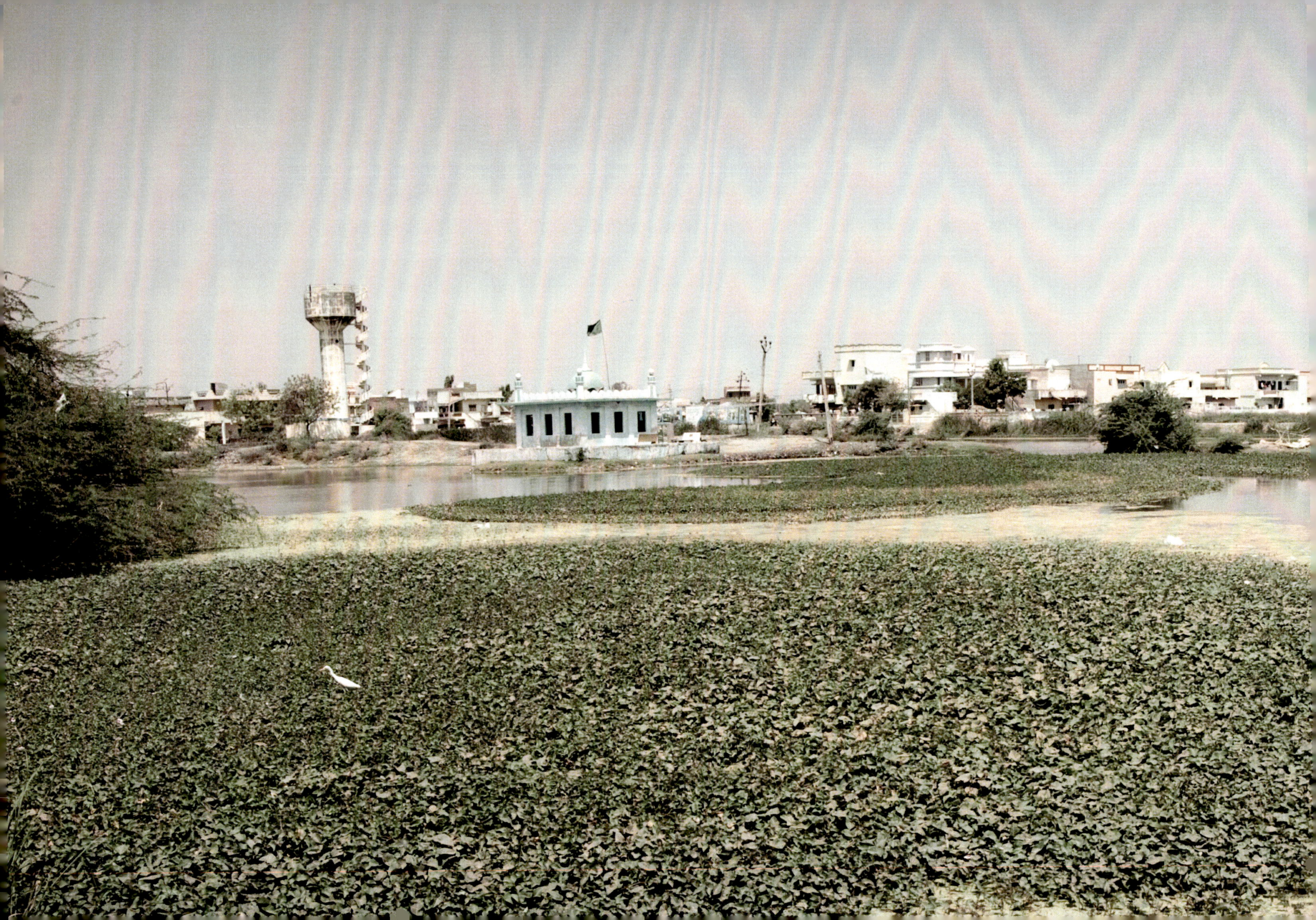

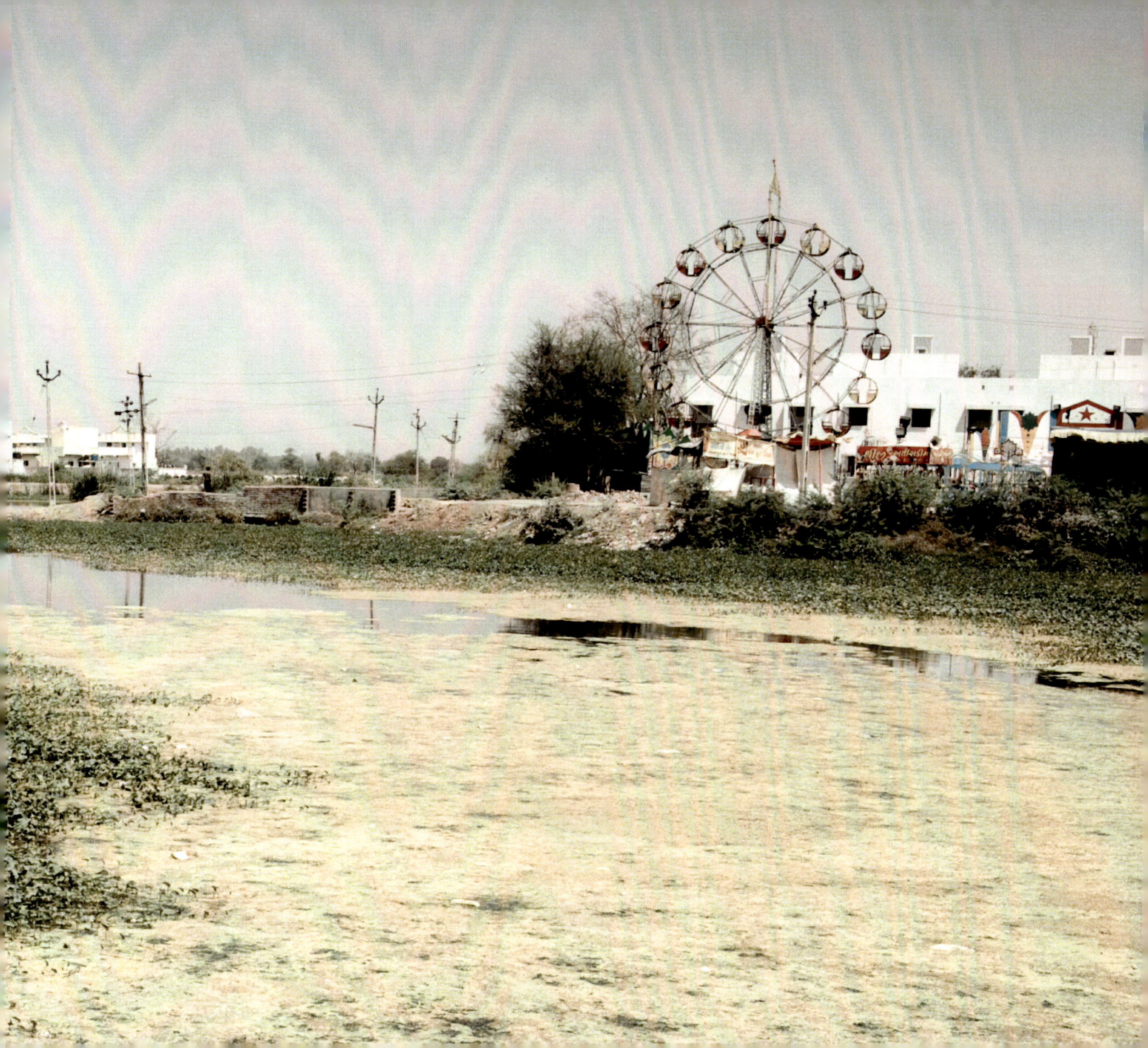

Mangrol

Mangrol

Unser Weg führte uns durch eine trockene Steppe. Ähnlich wie die Landschaft waren unsere Körper fast ausgetrocknet und kraftlos. Endlich kamen wir in ein Dorf. Ein *Brahmane* bot uns den kühlen Boden seines Tempels zum Ausruhen an. Nach unserer Ruhepause erzählte uns der Priester mit leuchtenden Augen, dass er sich jeden Tag um seine Gottesstatue kümmere. Sie sei sein Leben und er hoffe, dass sein Gott ihn immer begleiten werde. Danach lud er uns in sein Haus ein, in dem er mit seiner fünfköpfigen Familie wohnte. Seine Frau kochte für uns, blieb aber sonst im Hintergrund. Neugierig waren die Blicke der Kinder, auch wenn die Mädchen mehr Interesse für uns zeigten als der Junge. Er war vertieft in sein Cricket-Spiel im Fernsehen.

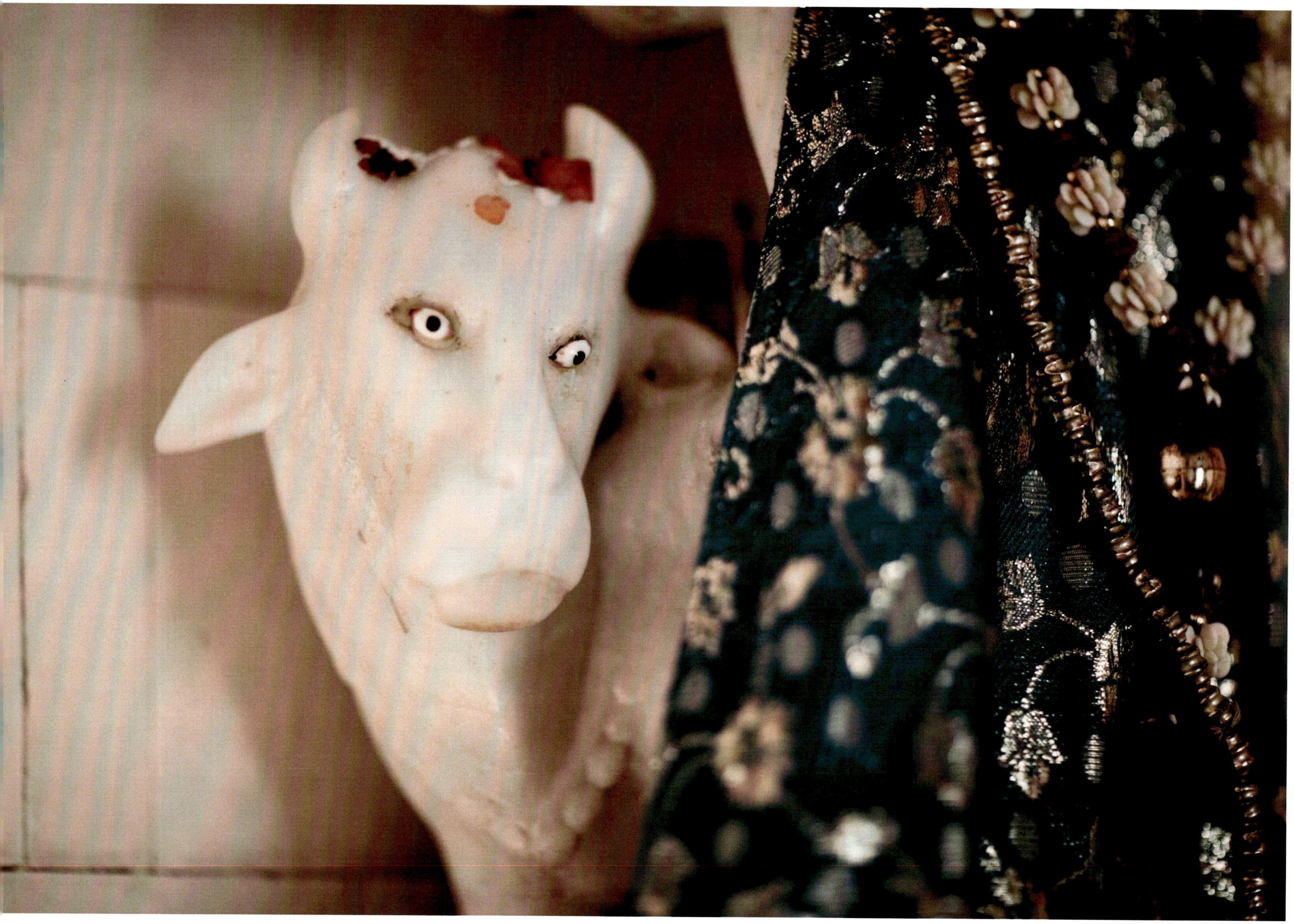

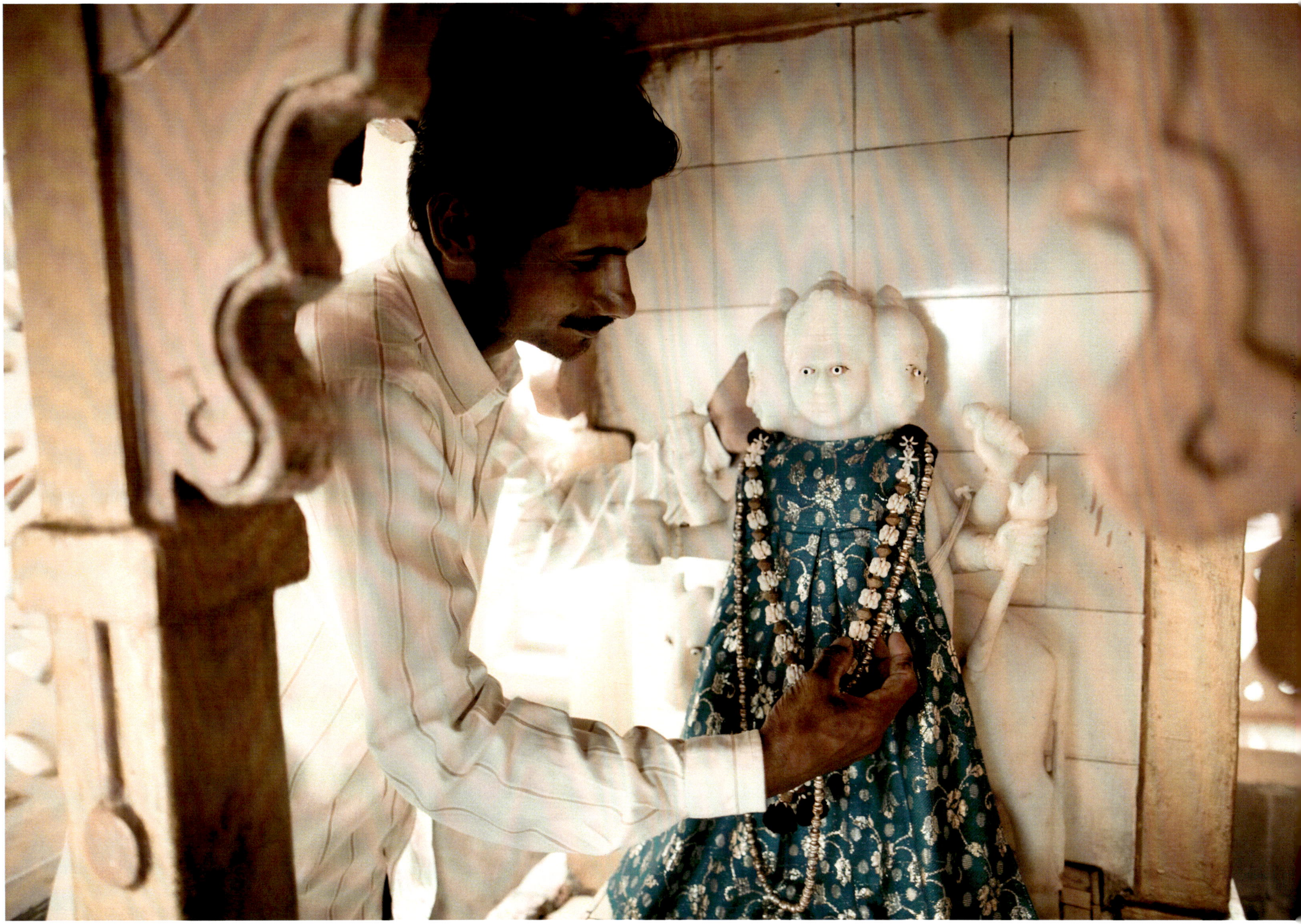

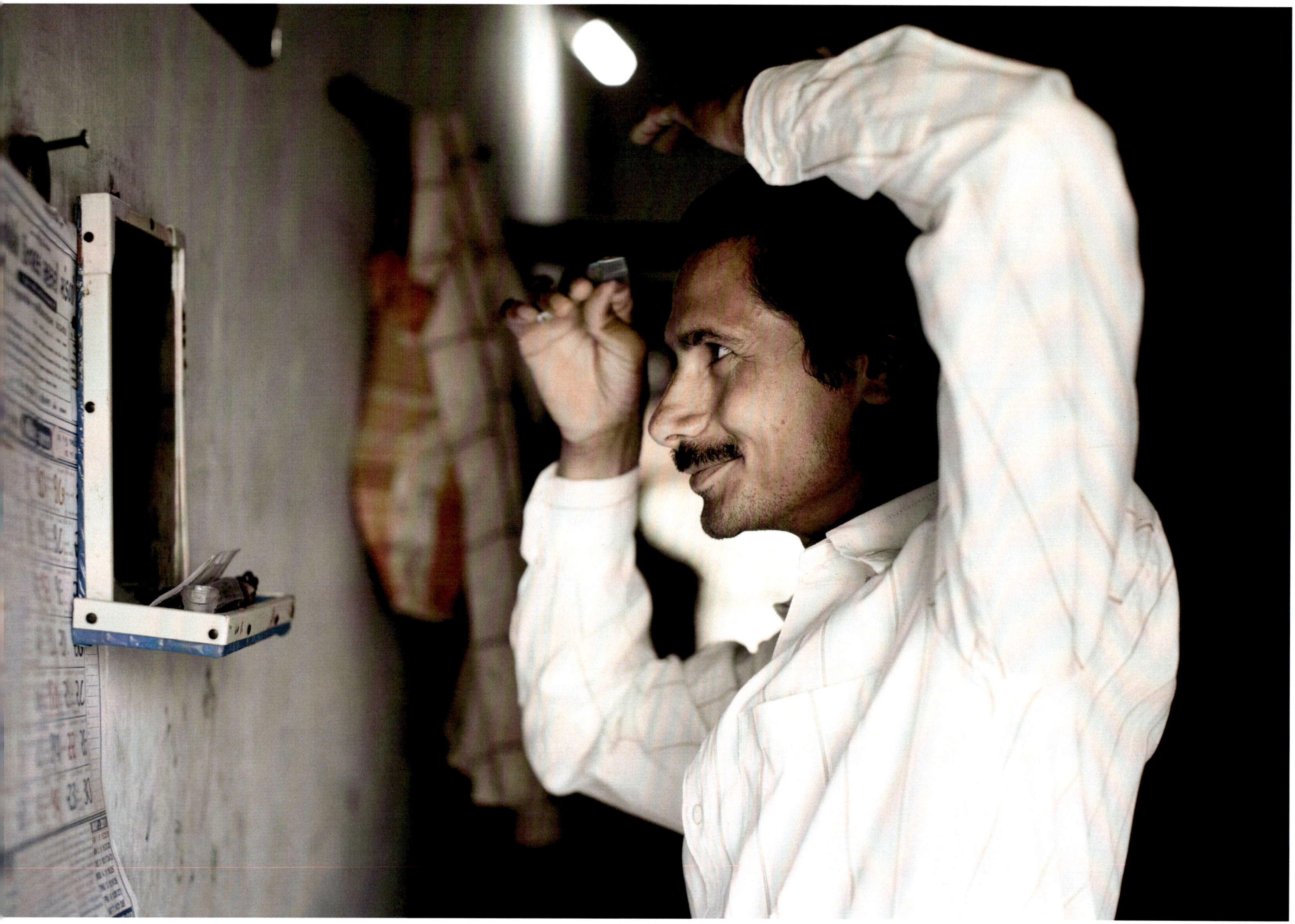

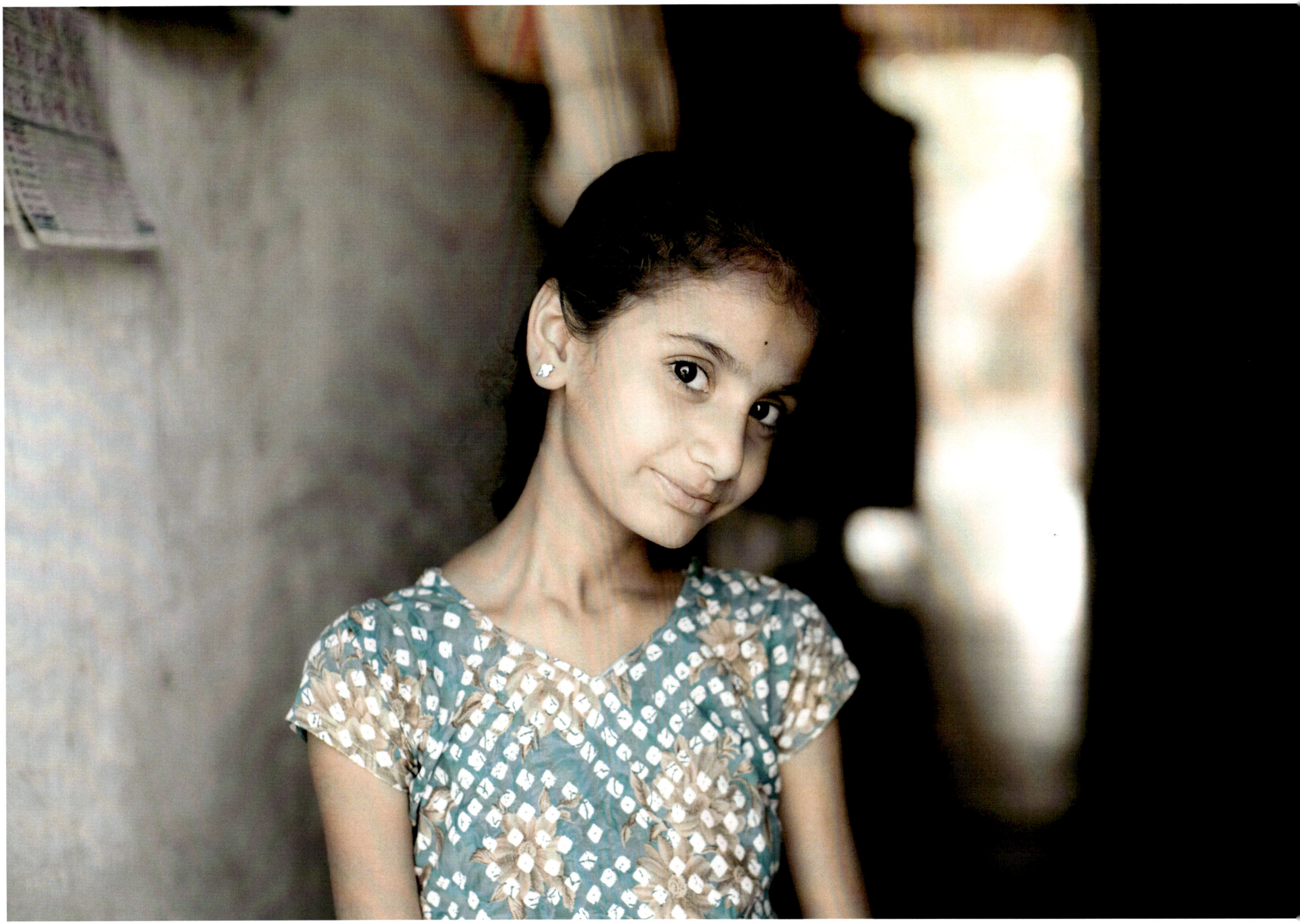

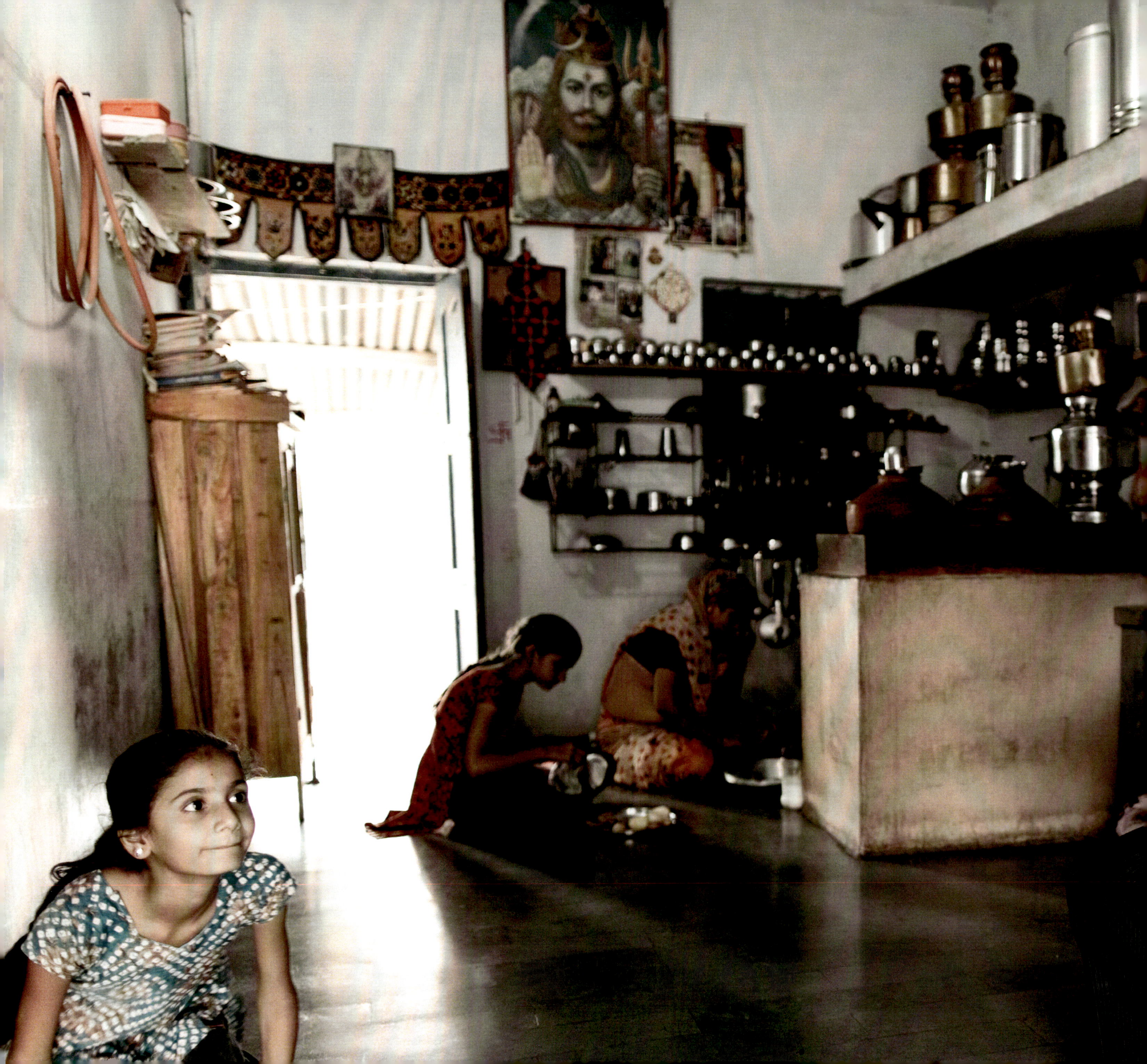

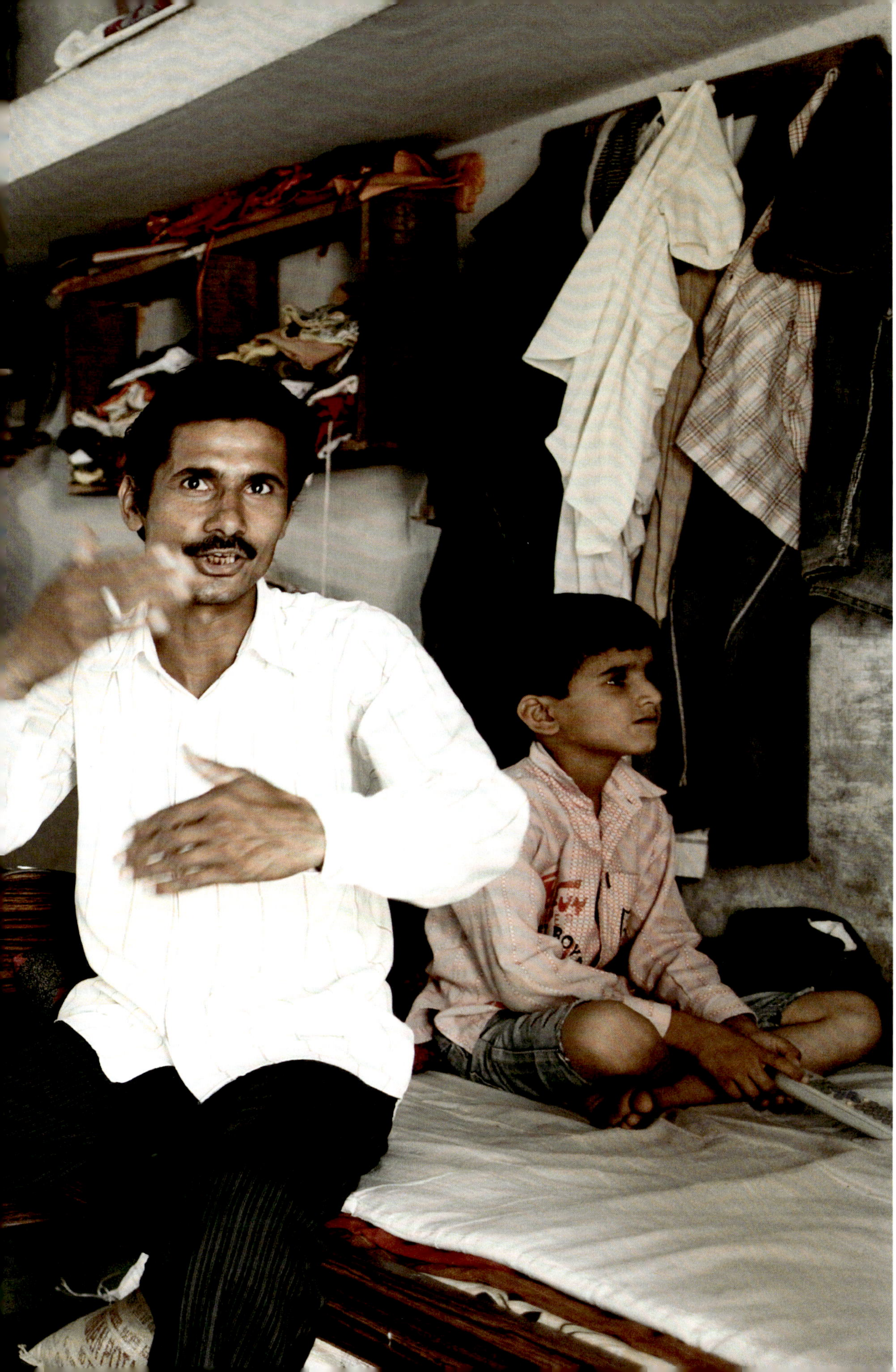

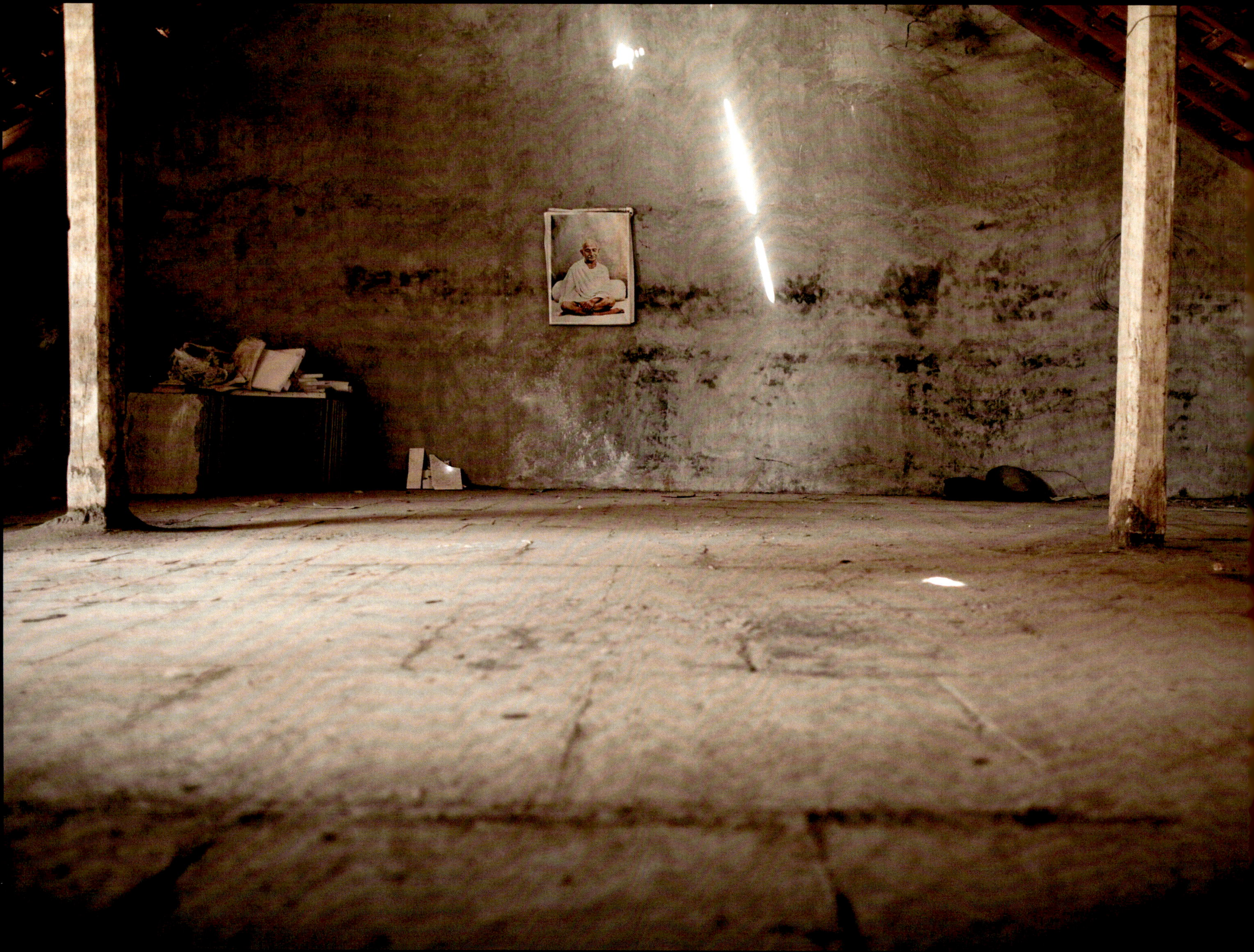

*Der junge Mann meinte
auf meine Frage ob
Gandhi noch präsent sei*

*dass er in den Herzen lebe
aber wenig Platz sei
im Herzen
im Alltag*

*Gandhi
zu Stein geworden
zur Ikone*

*Hat er gezweifelt
auf dem Weg
hat er geweint
hatte er Schmerzen?*

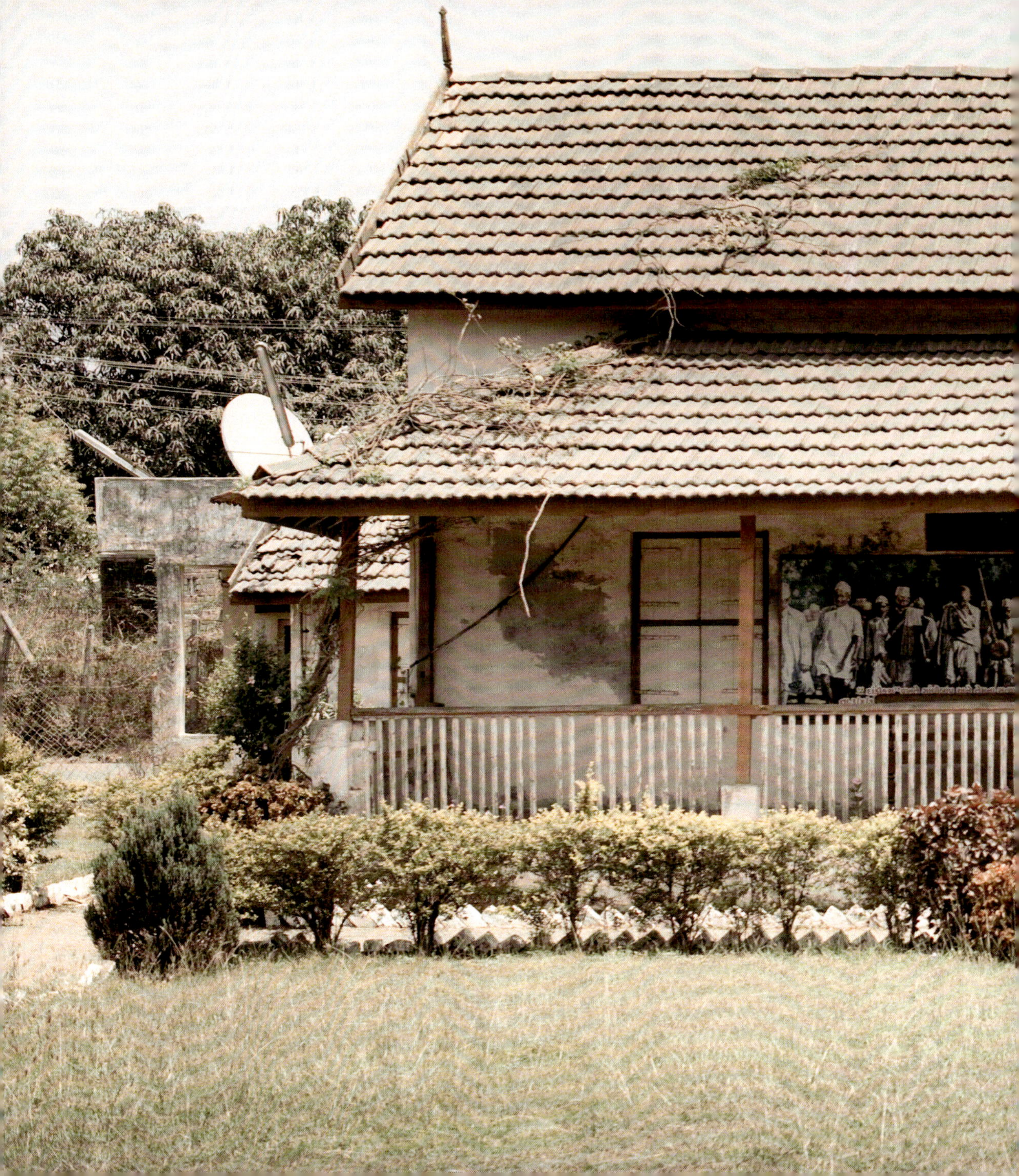

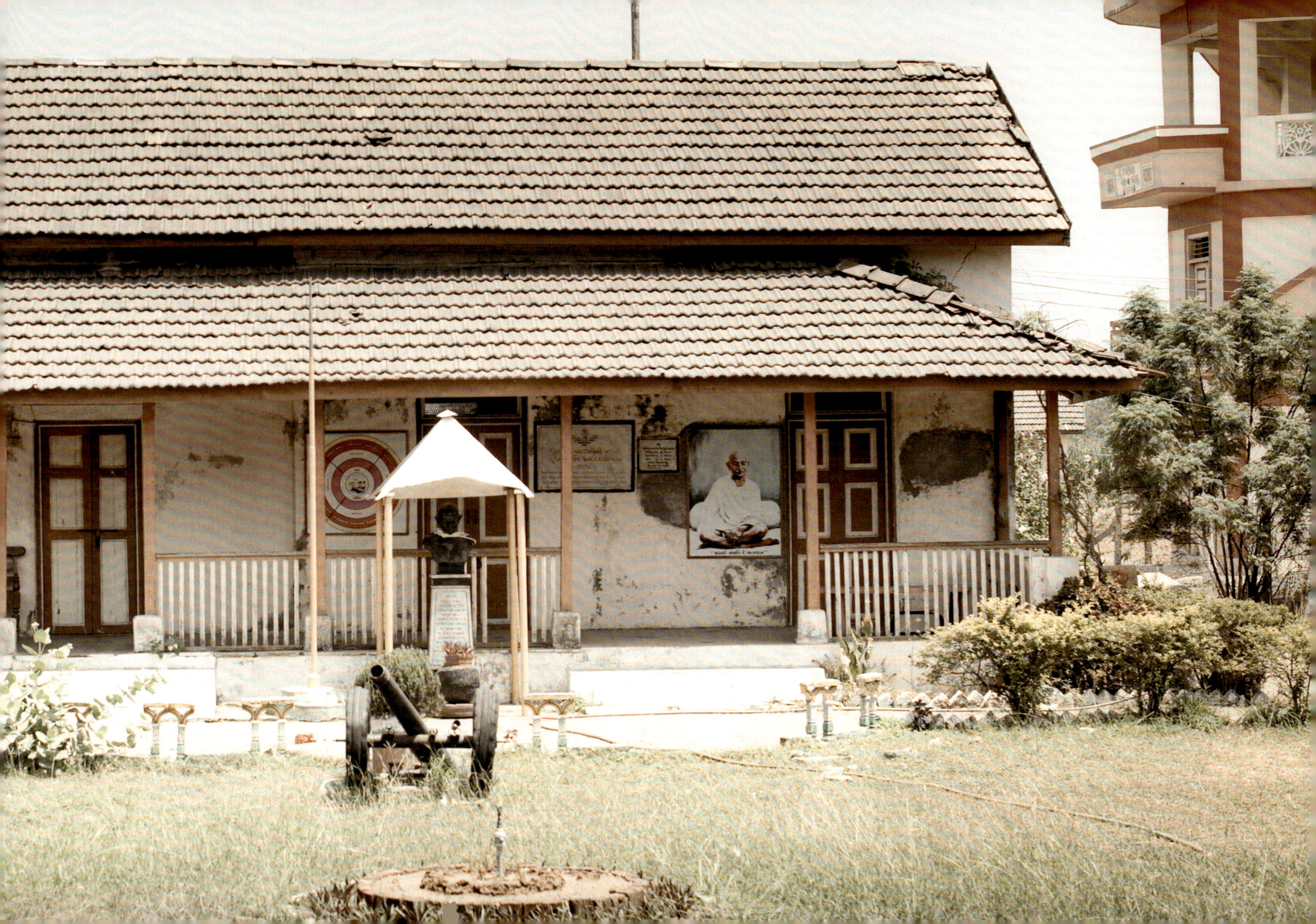

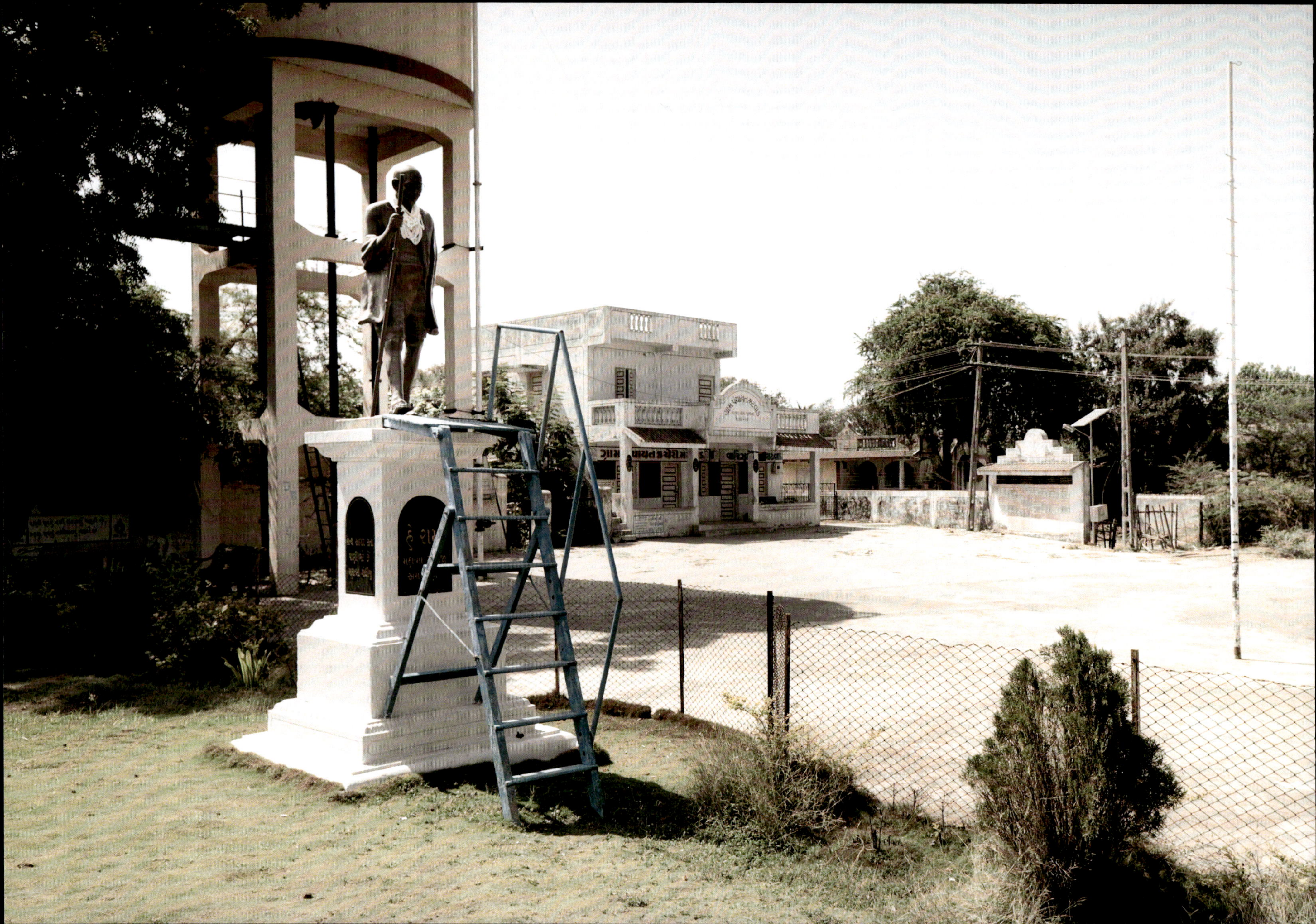

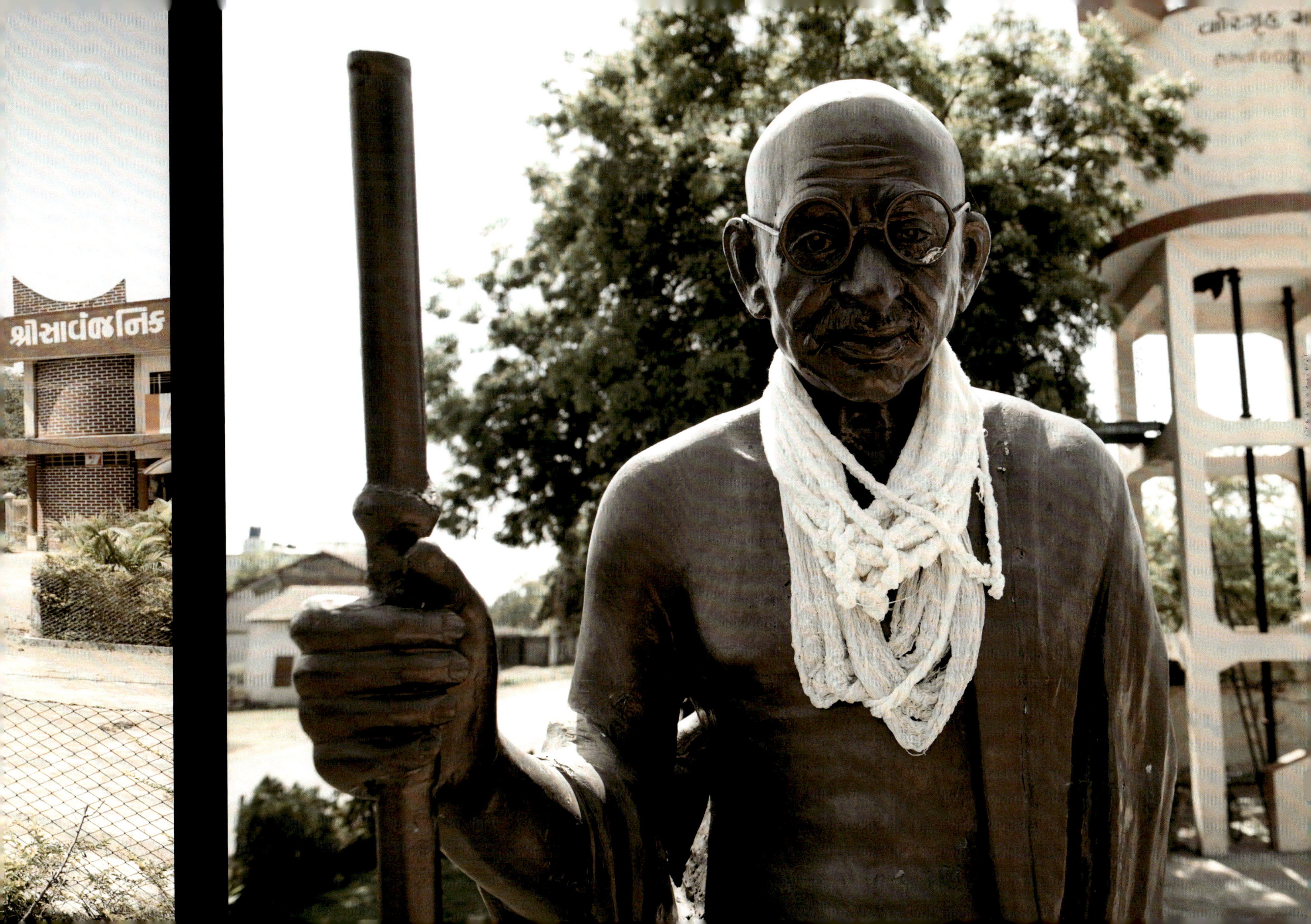
શ્રીસાર્વજનિક

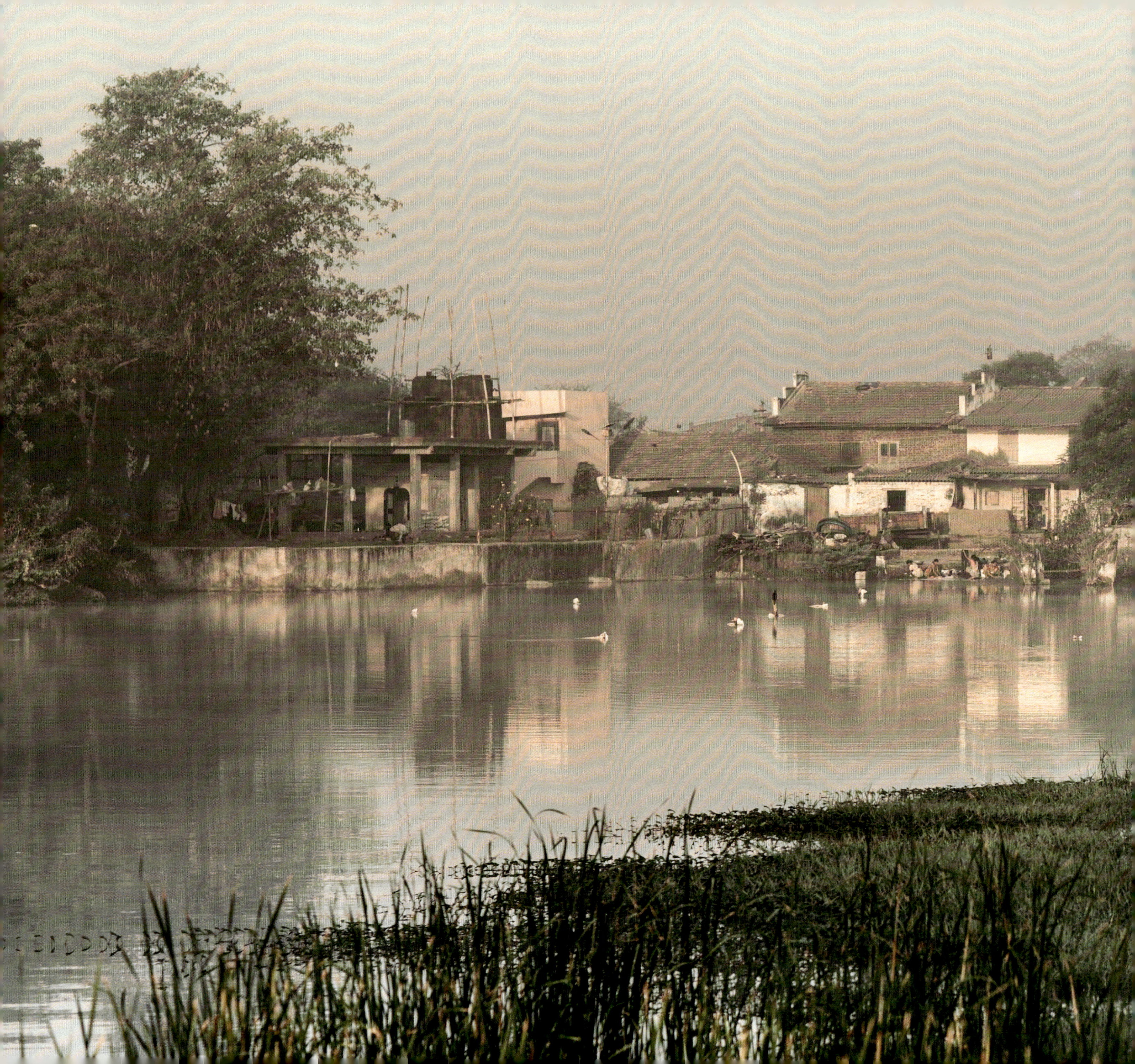

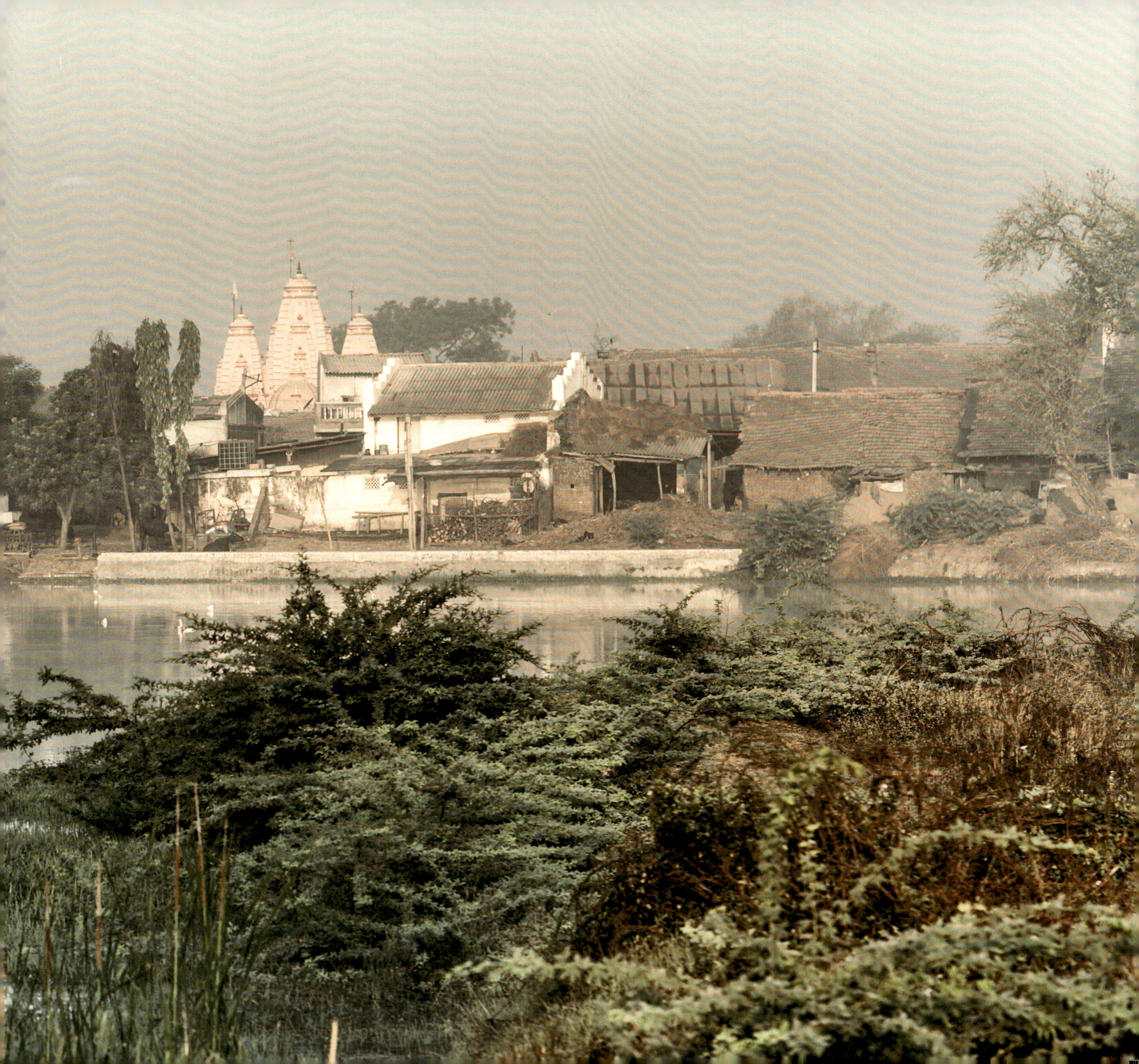

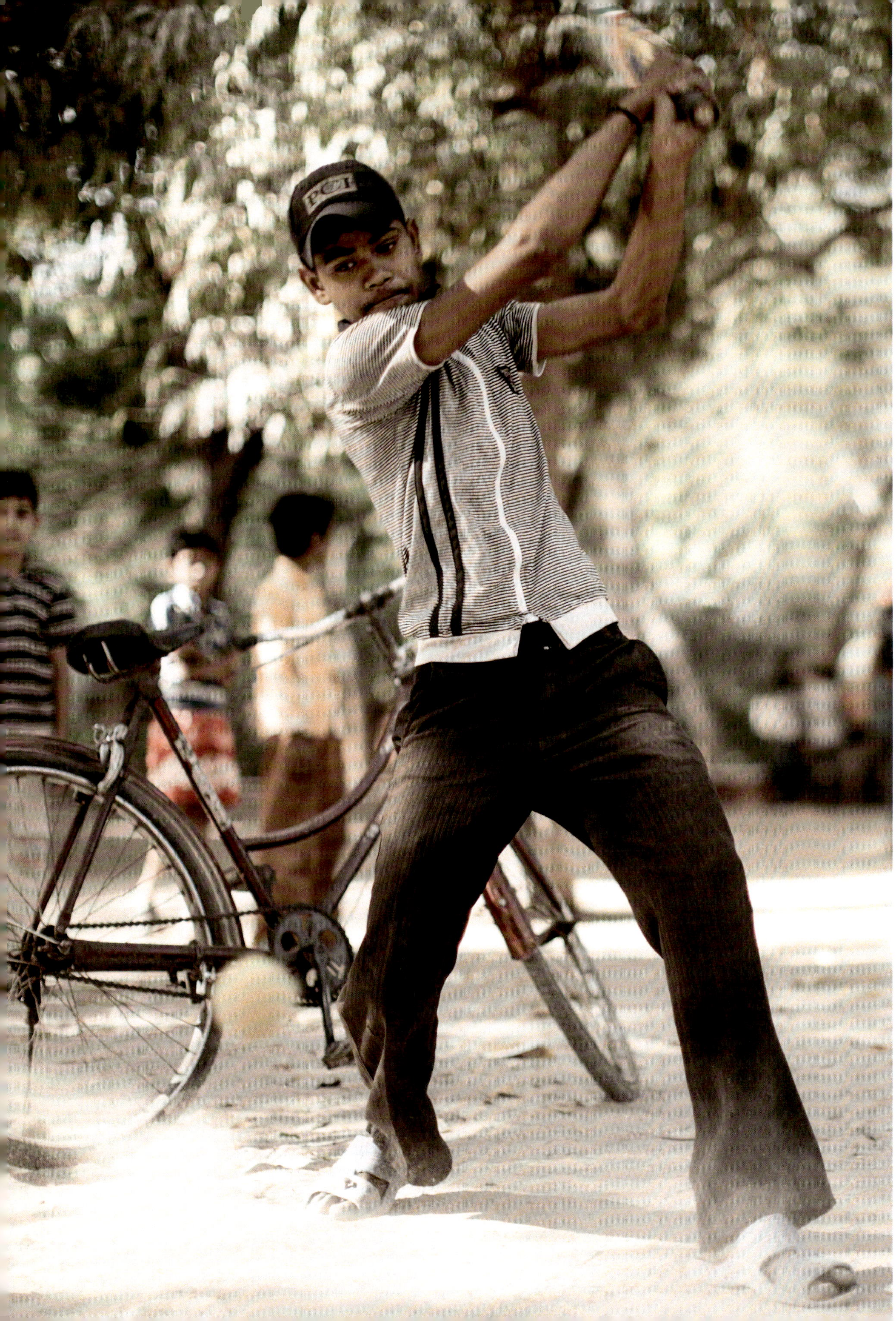

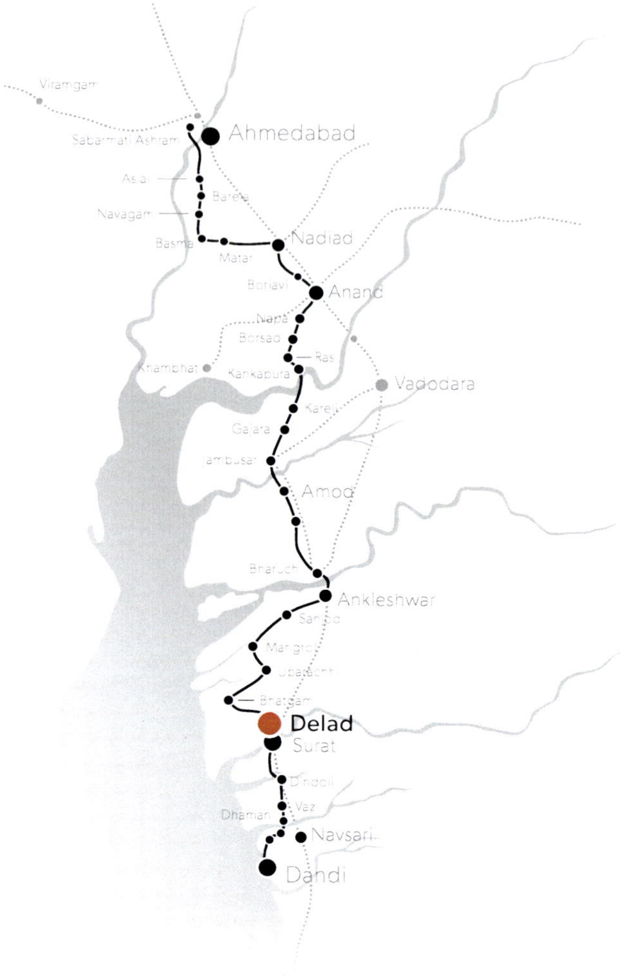

Delad

Indien war im Cricket-Fieber. Das umjubelte Nationalteam gewann am 1. April 2011 das Weltmeisterschaftsfinale gegen Sri Lanka. Egal, ob wir in einem Dorf waren, durch die Großstädte liefen oder mit jemandem Tee tranken – irgendwann kam immer das Thema Cricket auf.

Mir war es ein Anliegen, dieses Hochgefühl der Inder zu dokumentieren. Aus einer Tageszeitung hatte ich ein Poster der Siegermannschaft mitgenommen. Mit diesem machte ich Gruppenfotos von Männern beim Teestand und Kindern auf dem Cricket-Platz. Mein Ziel war es, auch ihnen das Gefühl zu geben, Stars zu sein.

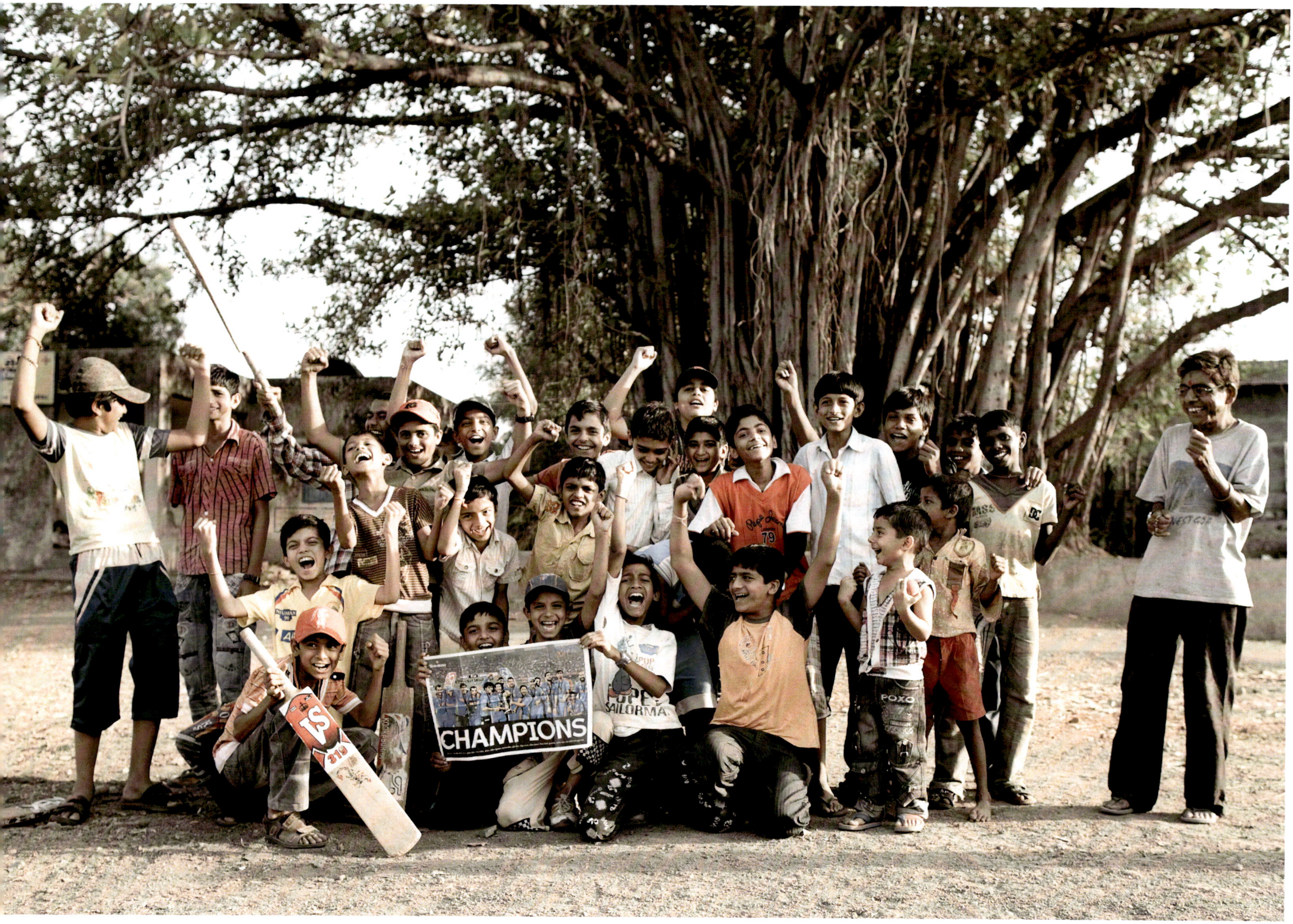
CHAMPIONS

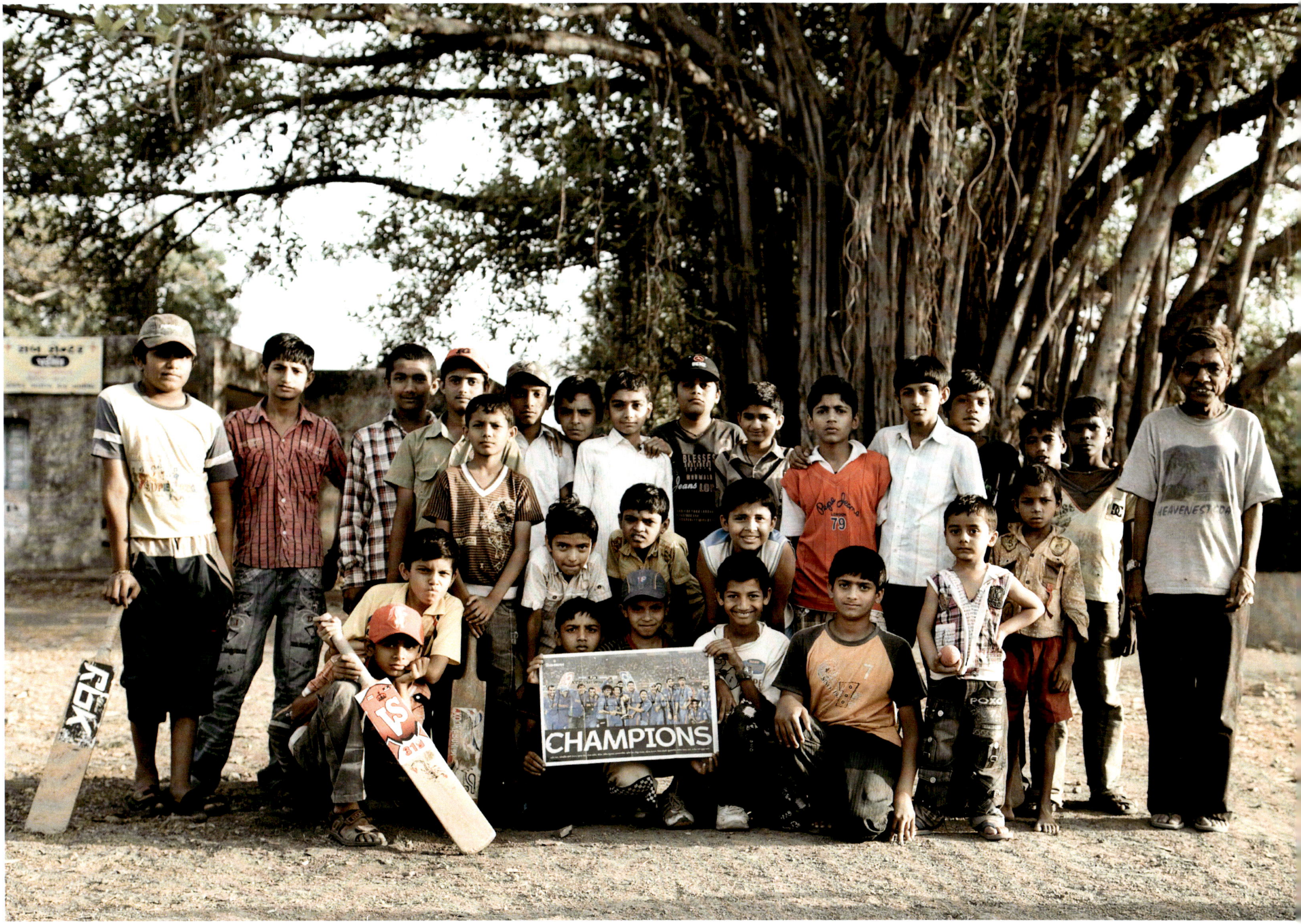
CHAMPIONS

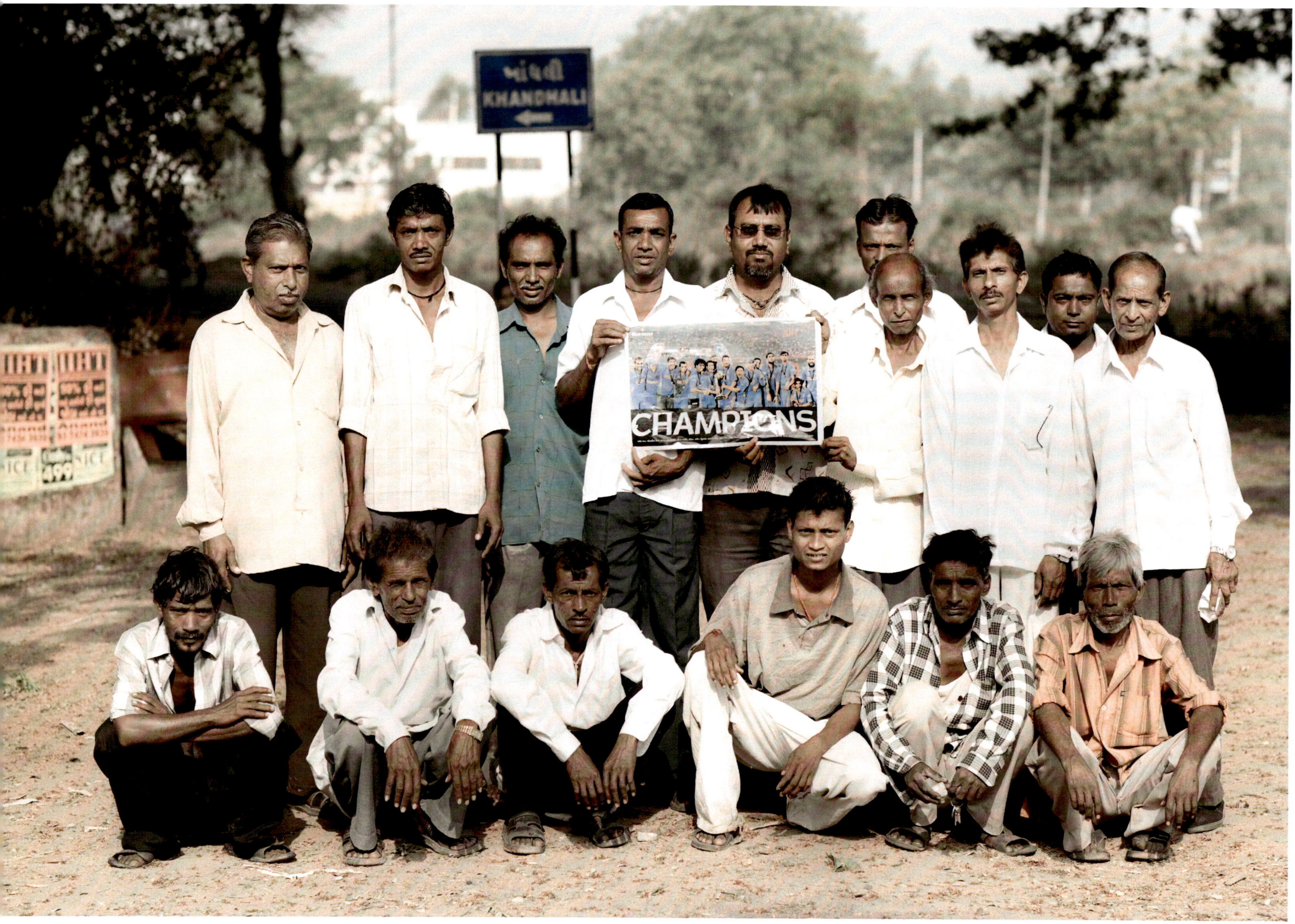
KHANDMALI
CHAMPIONS

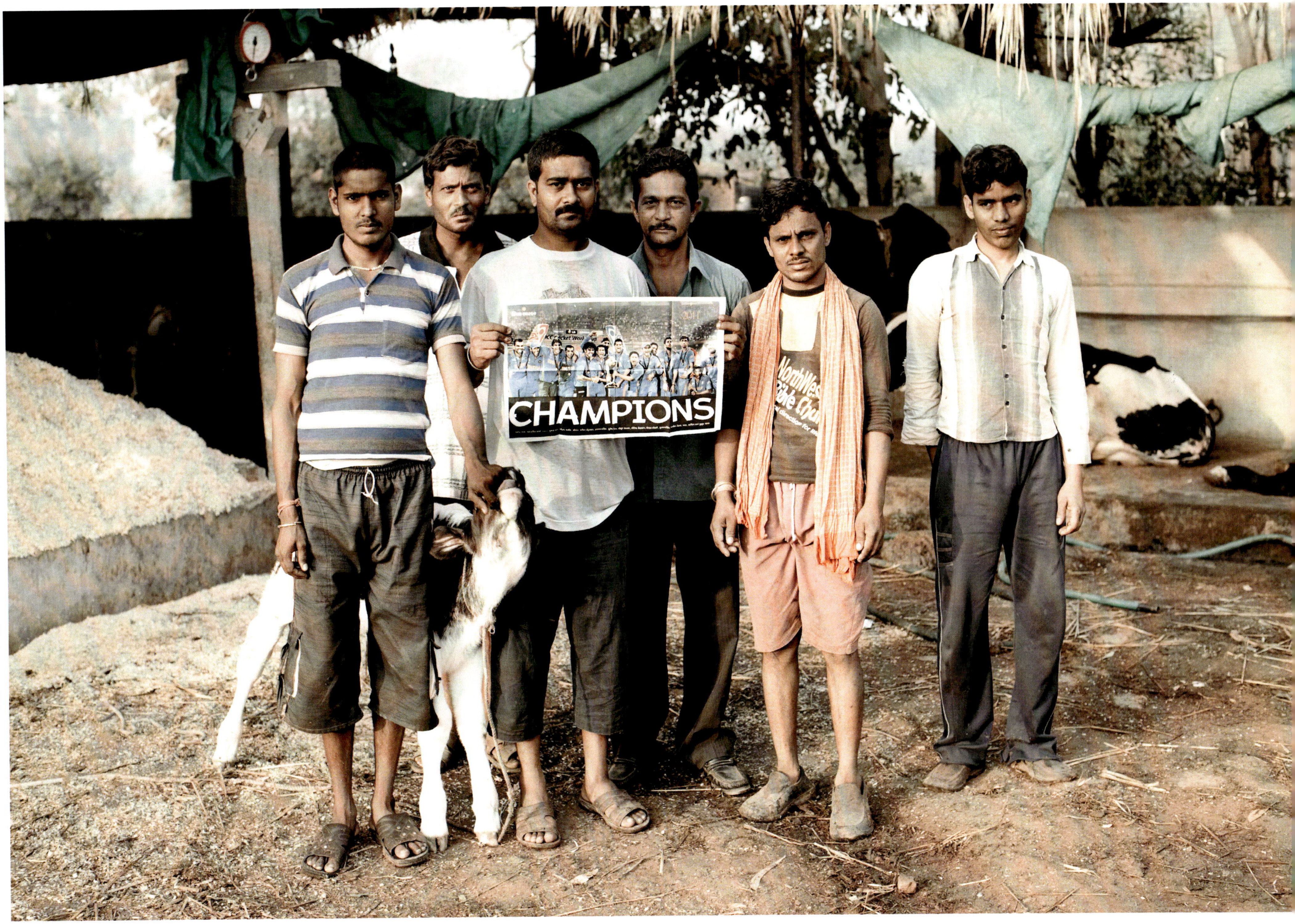
CHAMPIONS

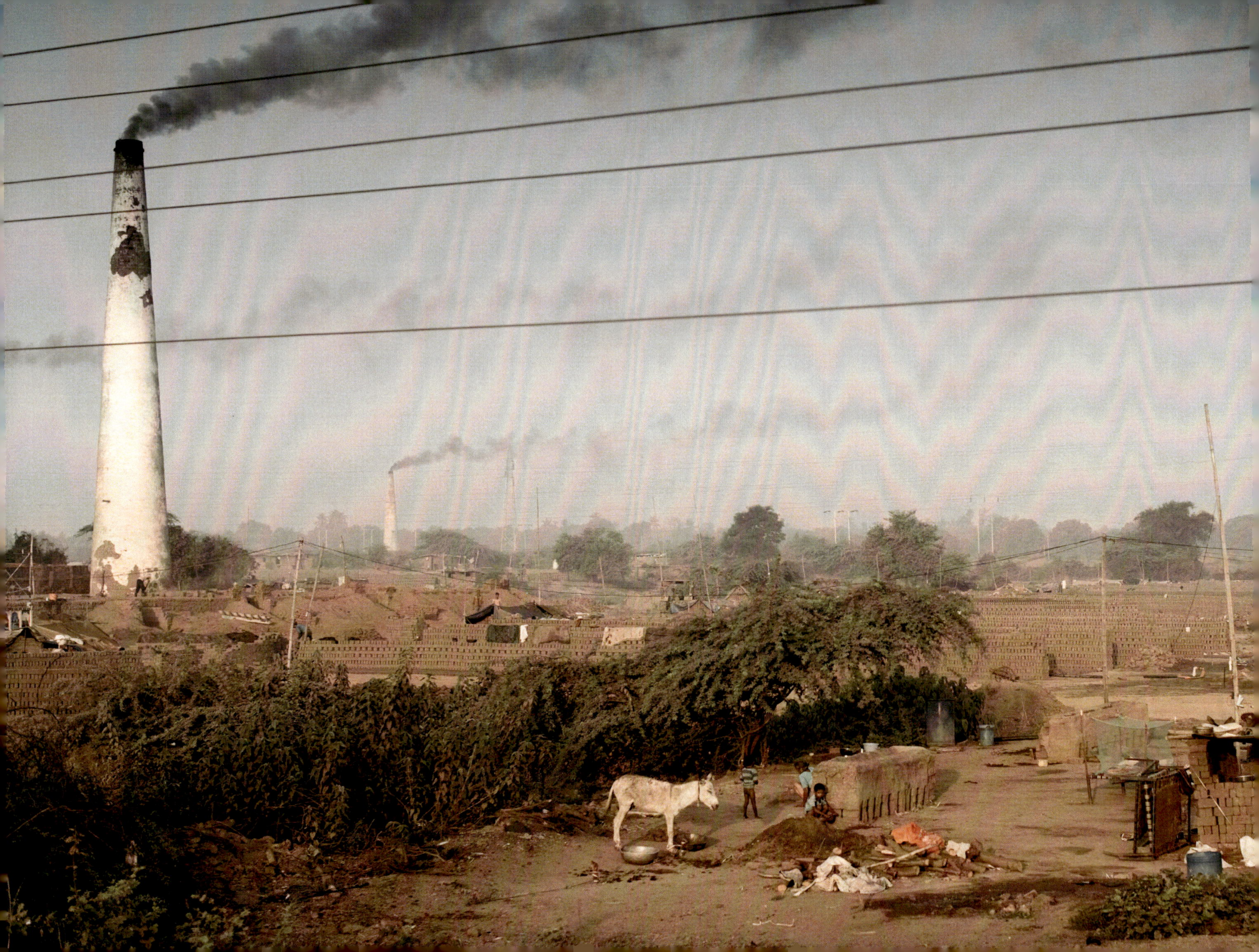

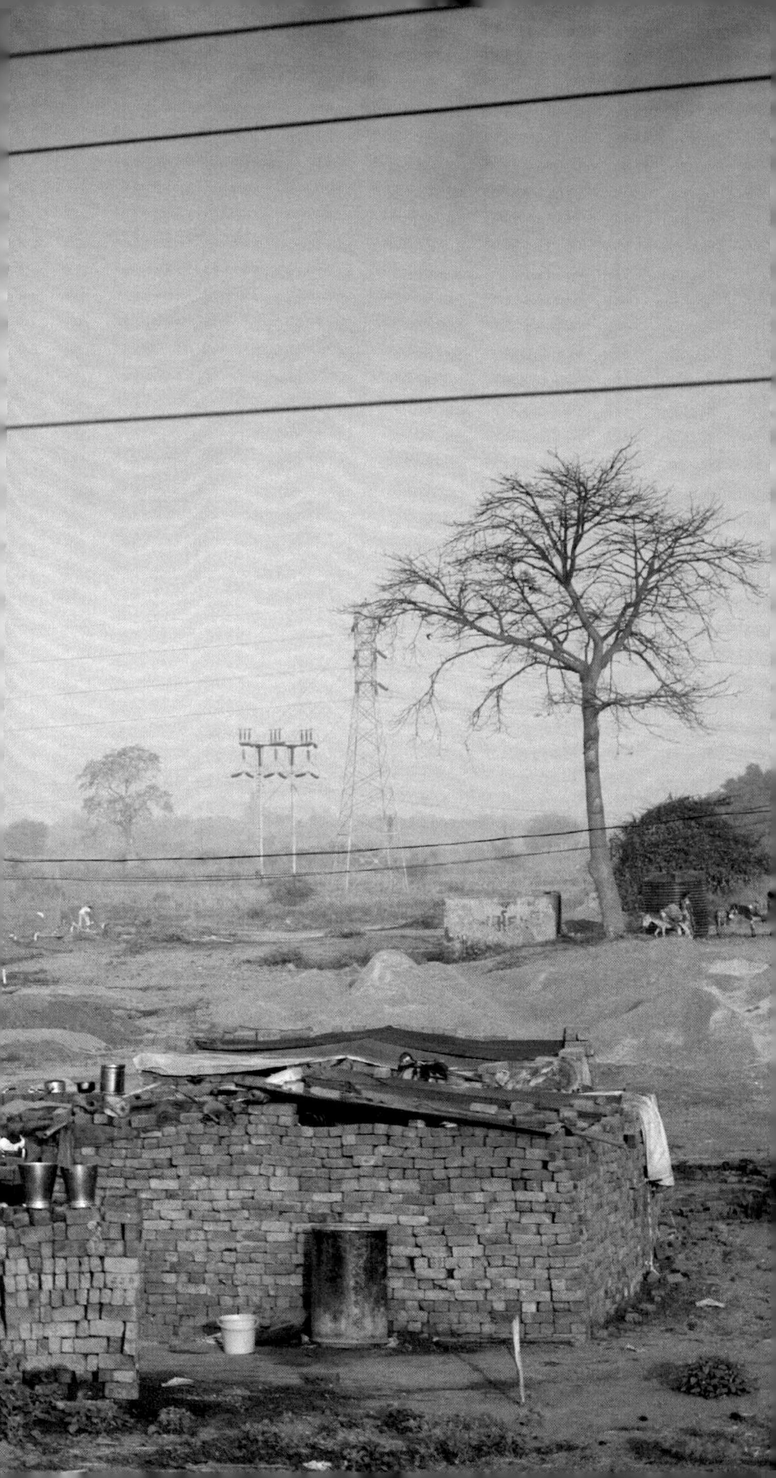

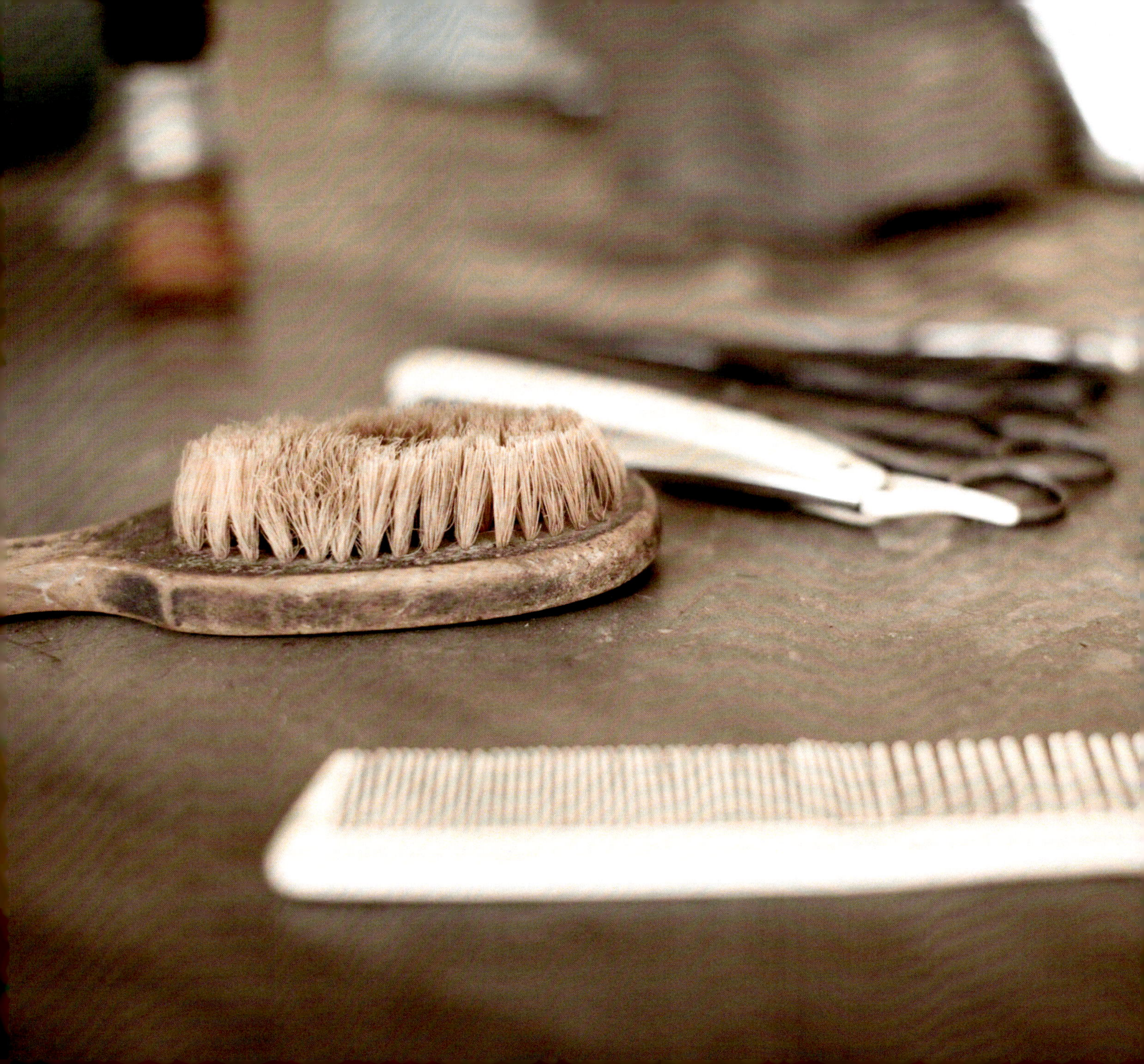

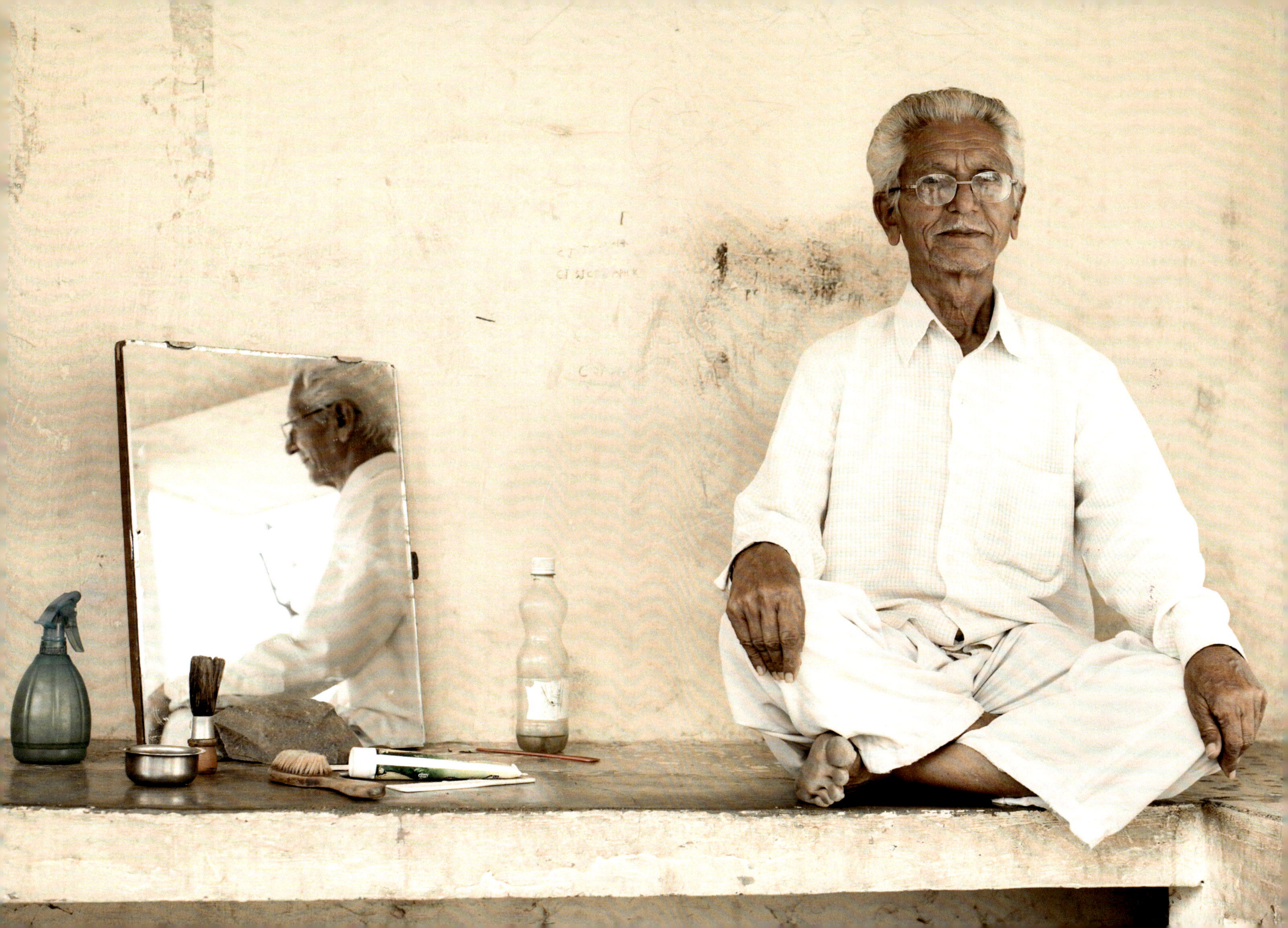

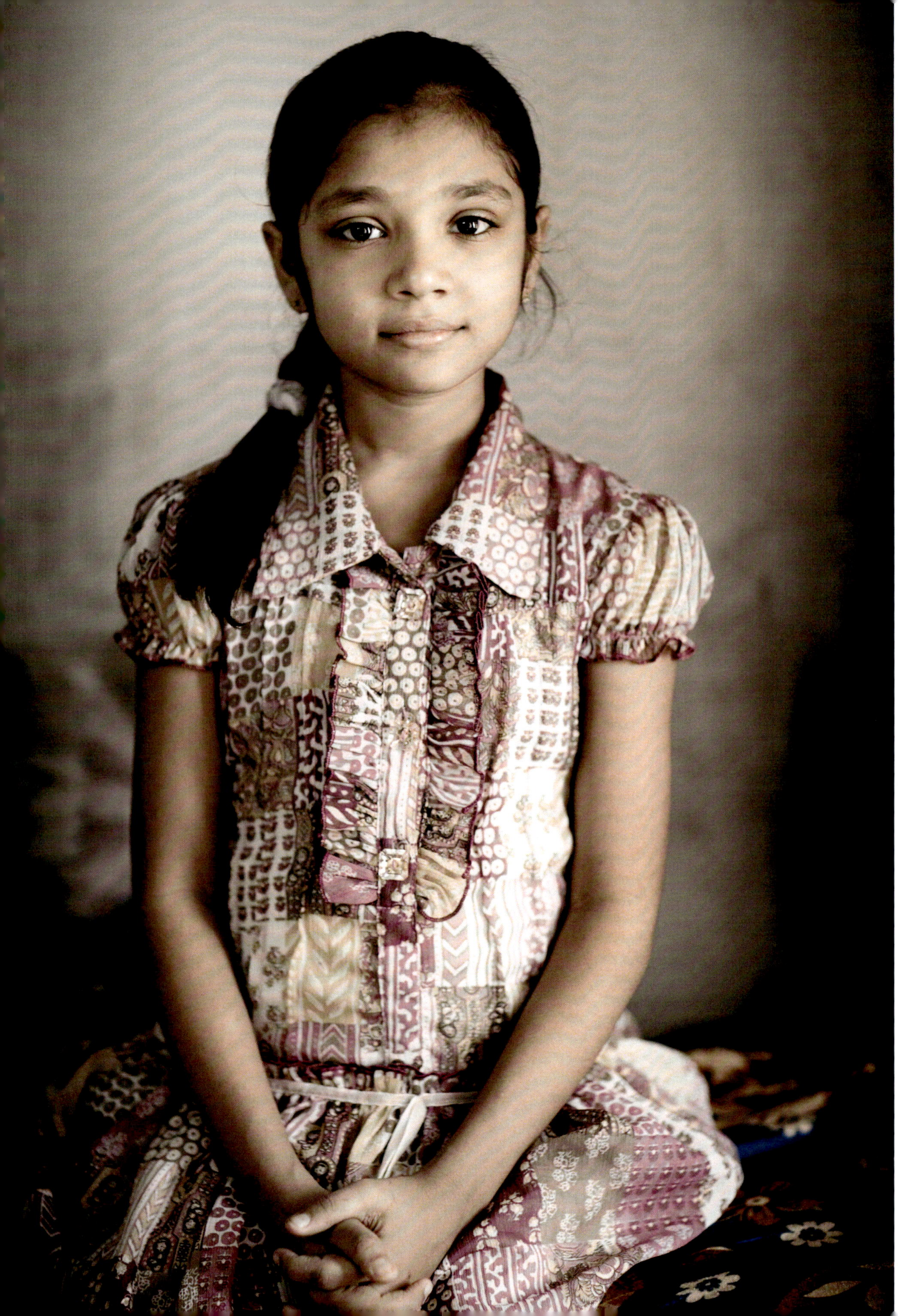

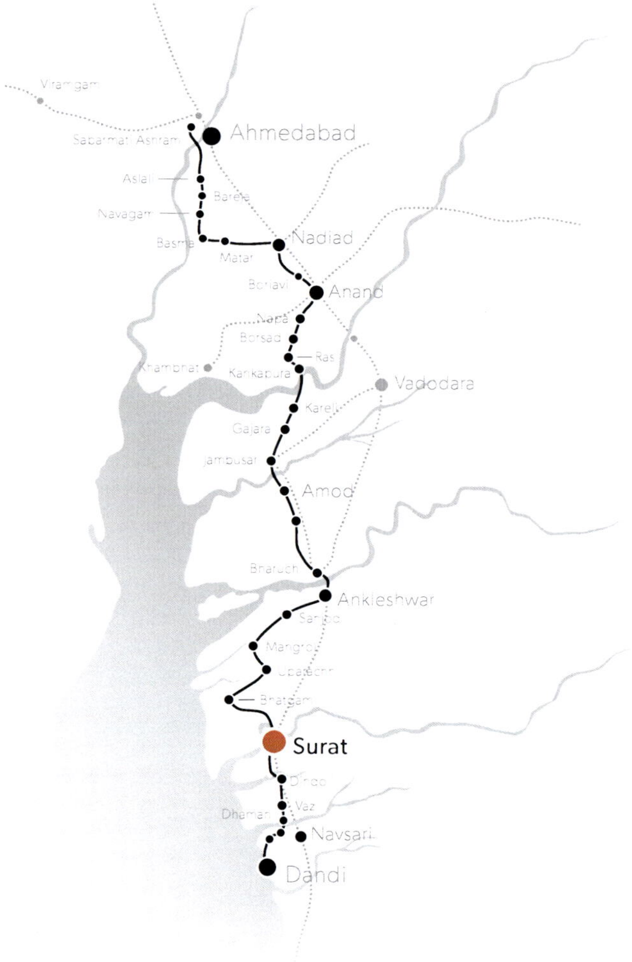

Surat

Wenige Tage vor dem Ziel mussten wir noch die größte Stadt unseres Weges durchqueren: Surat. Sie ist bekannt für ihre Stoffmanufakturen. Hinzu zum üblichen Verkehrslärm kam hier das Klappern der Webmaschinen. Entnervt von dem Lärm gönnten wir uns eine Pause vor einem Kiosk. Nach wenigen Minuten wurden wir von einem Mädchen gefragt, ob wir nicht auf einen Tee zu ihrer Mutter kommen wollten. Erst lehnten wir dankend ab, aber das Mädchen beharrte so sehr auf ihrem Wunsch, dass wir schließlich mit ihr gingen.

In der Wohnung wurden wir von ihrer Mutter, einer Nachbarin und deren Tochter herzlich empfangen. Im Gespräch stellte sich heraus, dass die Mutter sogar schon in Südafrika gelebt hatte. Ihr Mann arbeitete als Busfahrer und war daher viel unterwegs. Sie selbst verdiente ein wenig Geld mit dem Säubern von Stoffen. Die Kinder wollten später andere Berufe erlernen. Wir nahmen Interviews mit den beiden Mädchen über ihre Zukunftswünsche auf. Die Tochter unserer Gastgeberin erzählte, dass sie Malerin werden wolle, das Nachbarsmädchen Ingenieurin. Zum Schluss hörten sich ihre Mütter die Tonaufnahmen interessiert an.

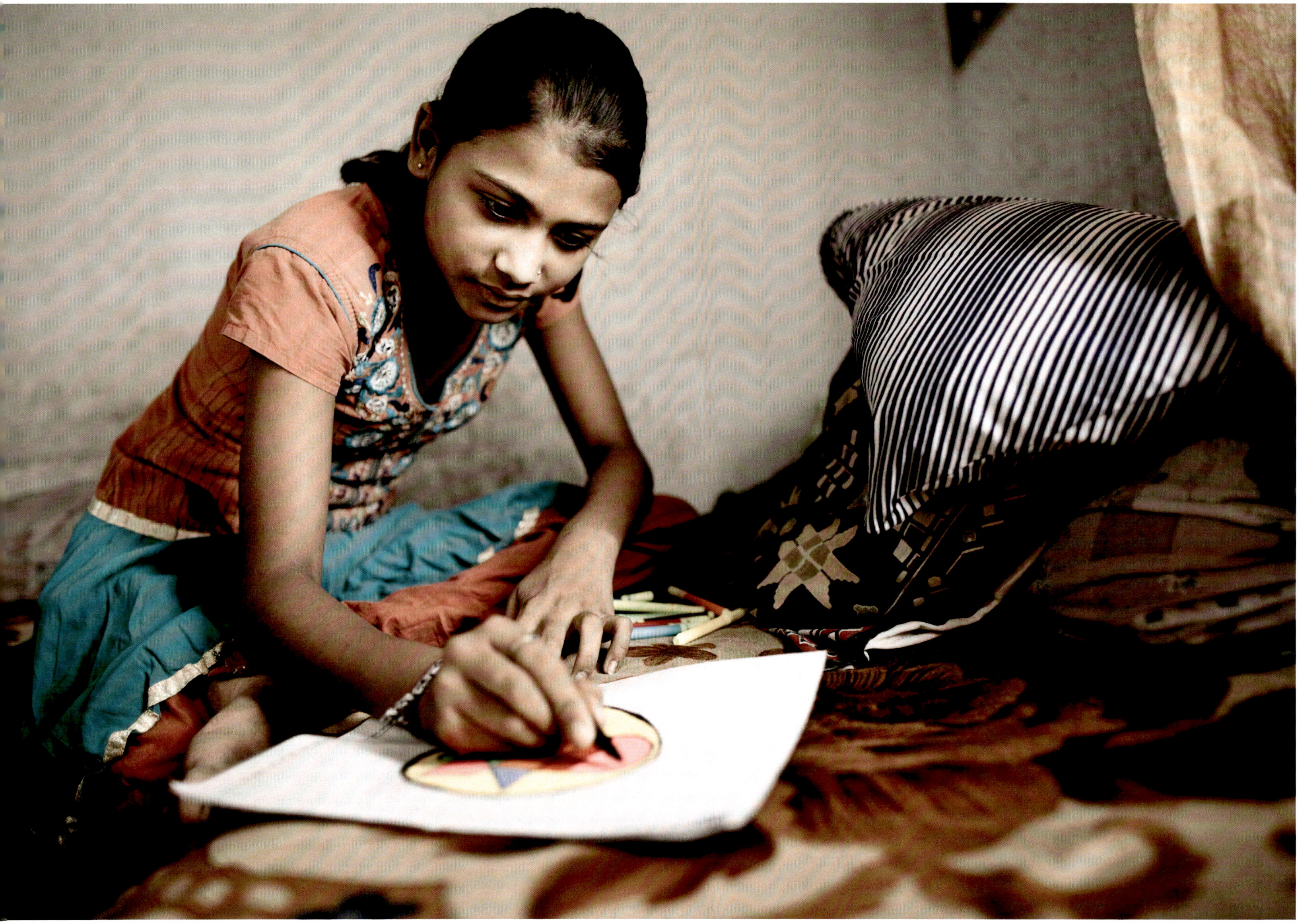

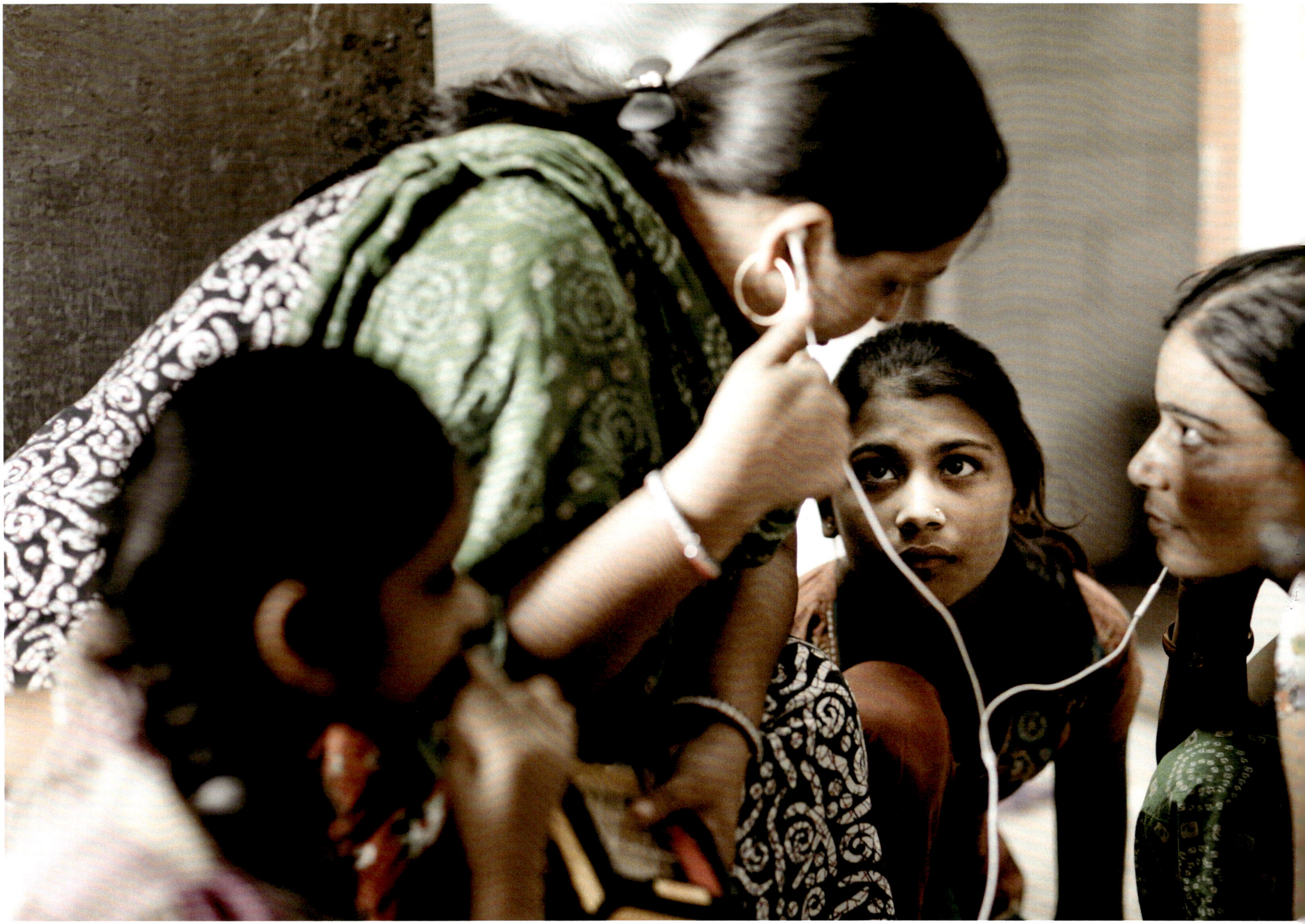

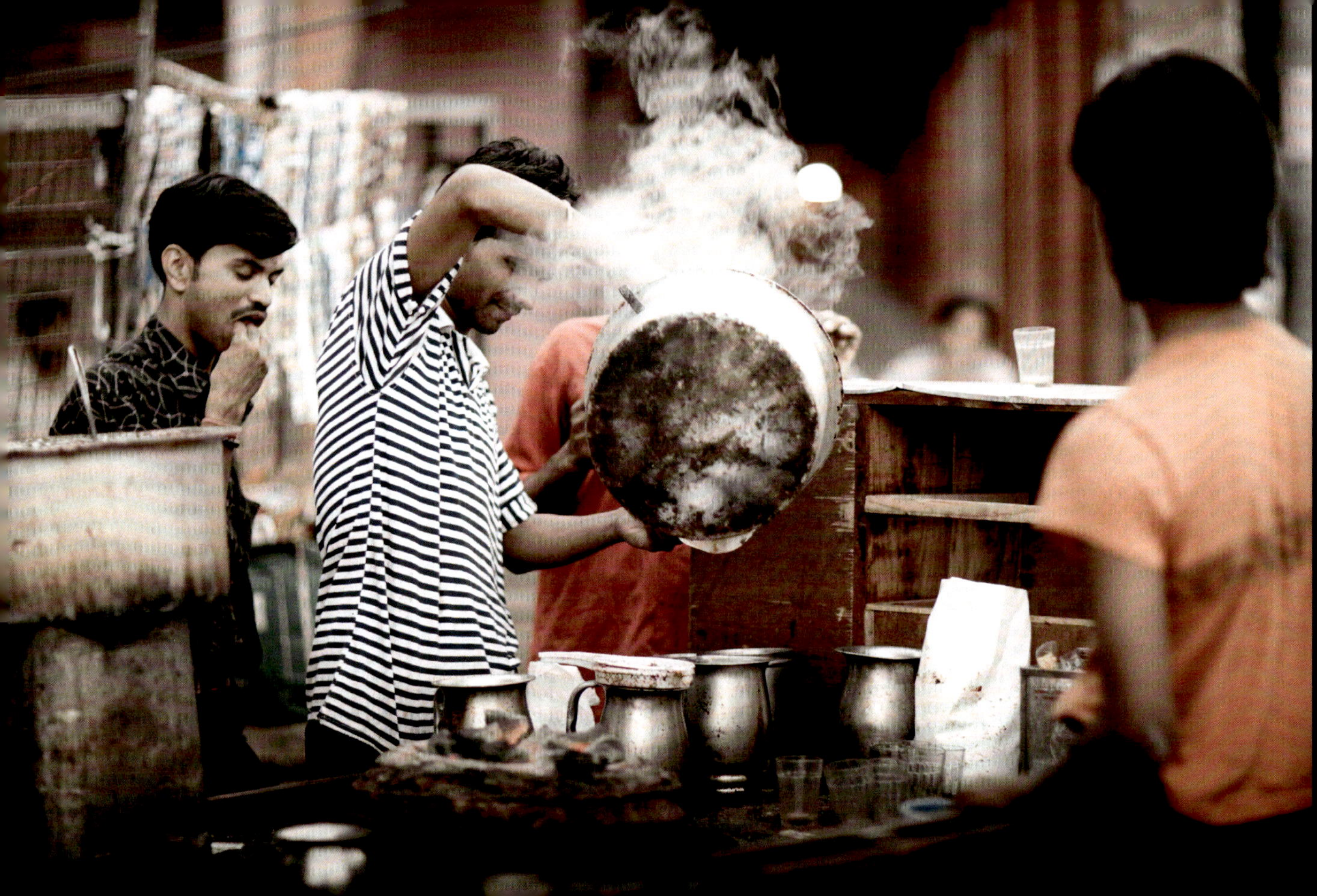
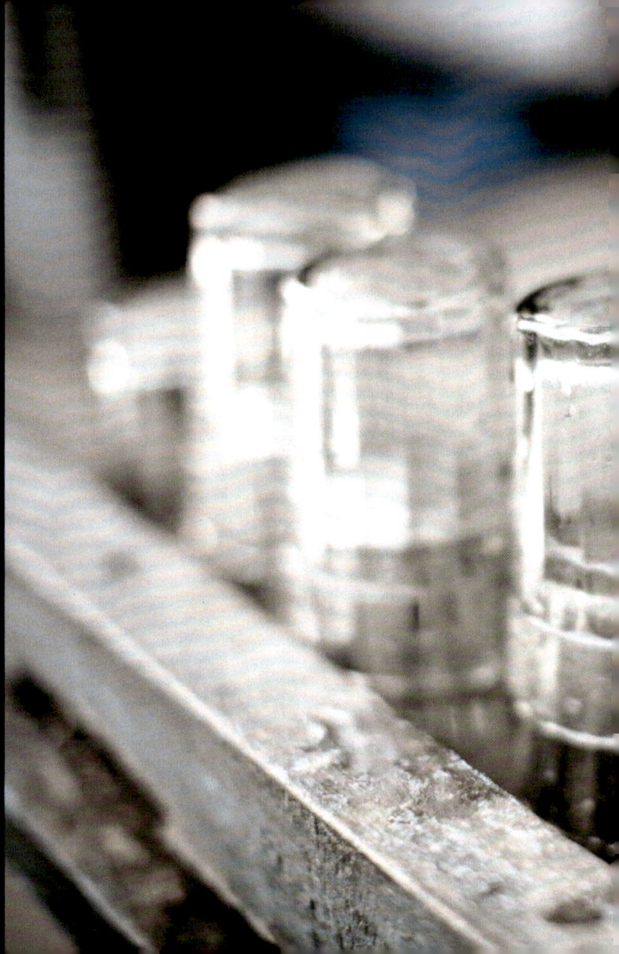

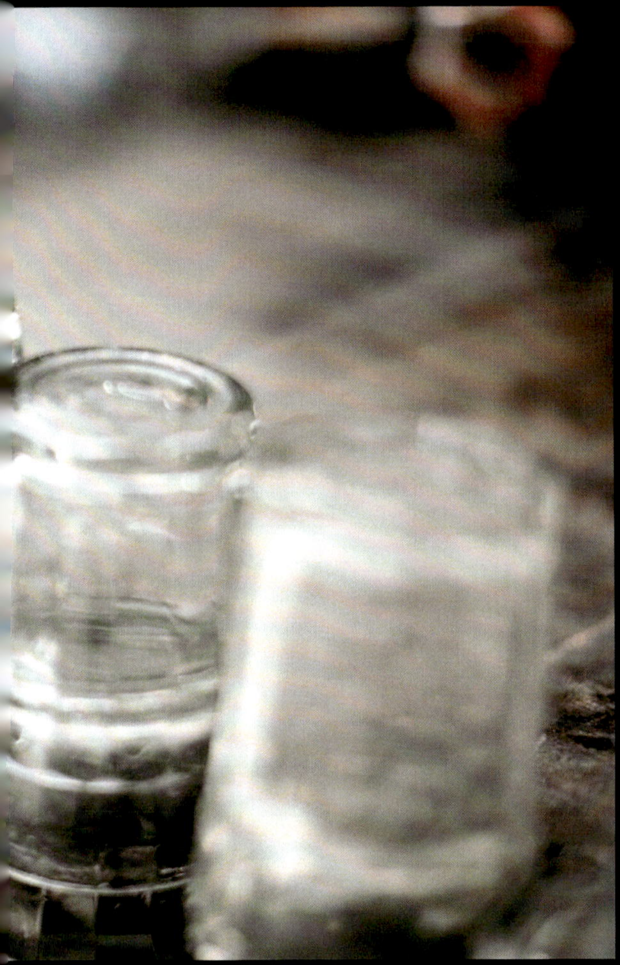

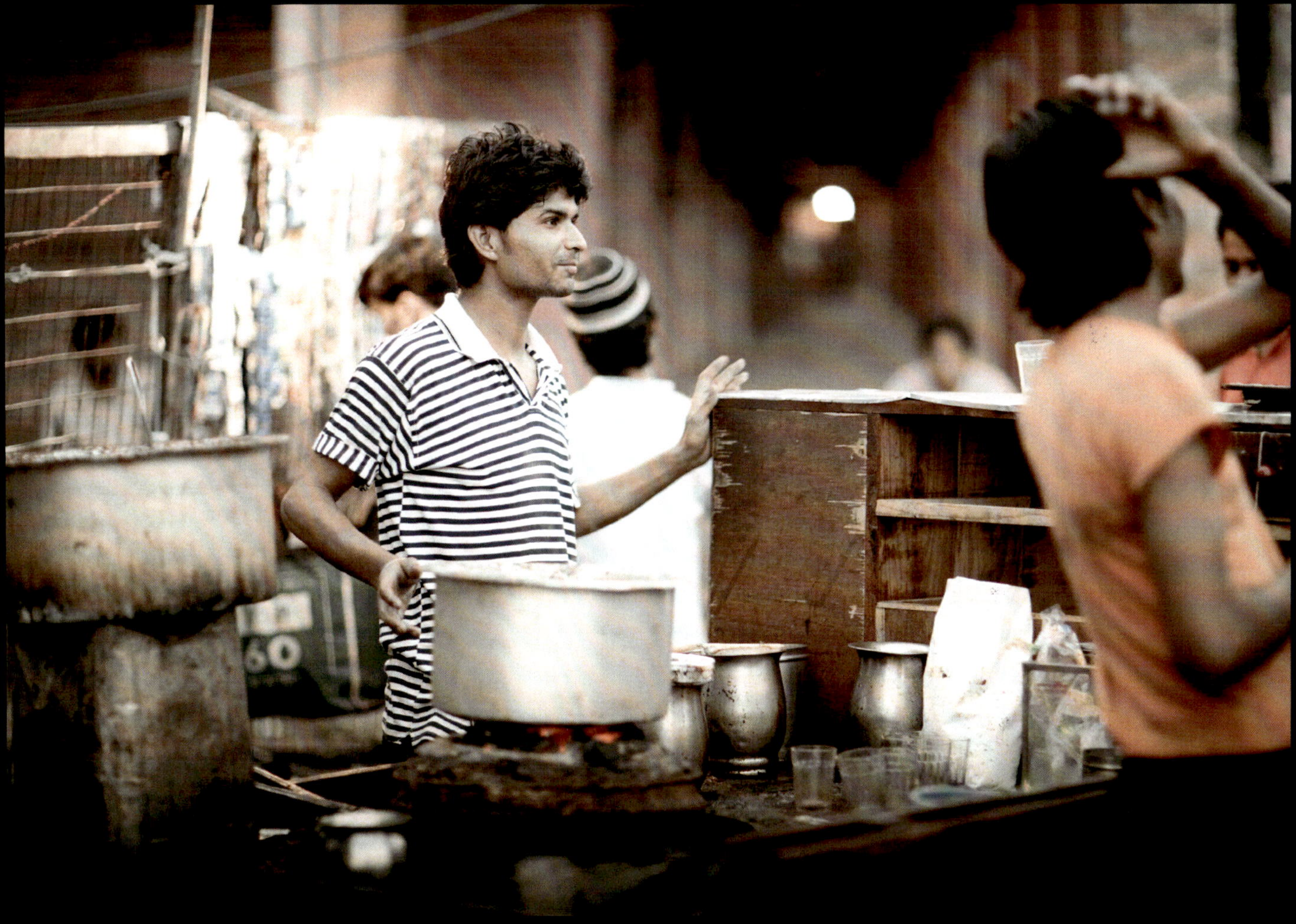

GOODS CARRIAGE
NATIONAL PERMIT
જય શ્રી ચામુંડા માં
જય શ્રી ભાવેશ્વરી માં
H 6ETK
ASHOK LEYLAND
2214 SUPER

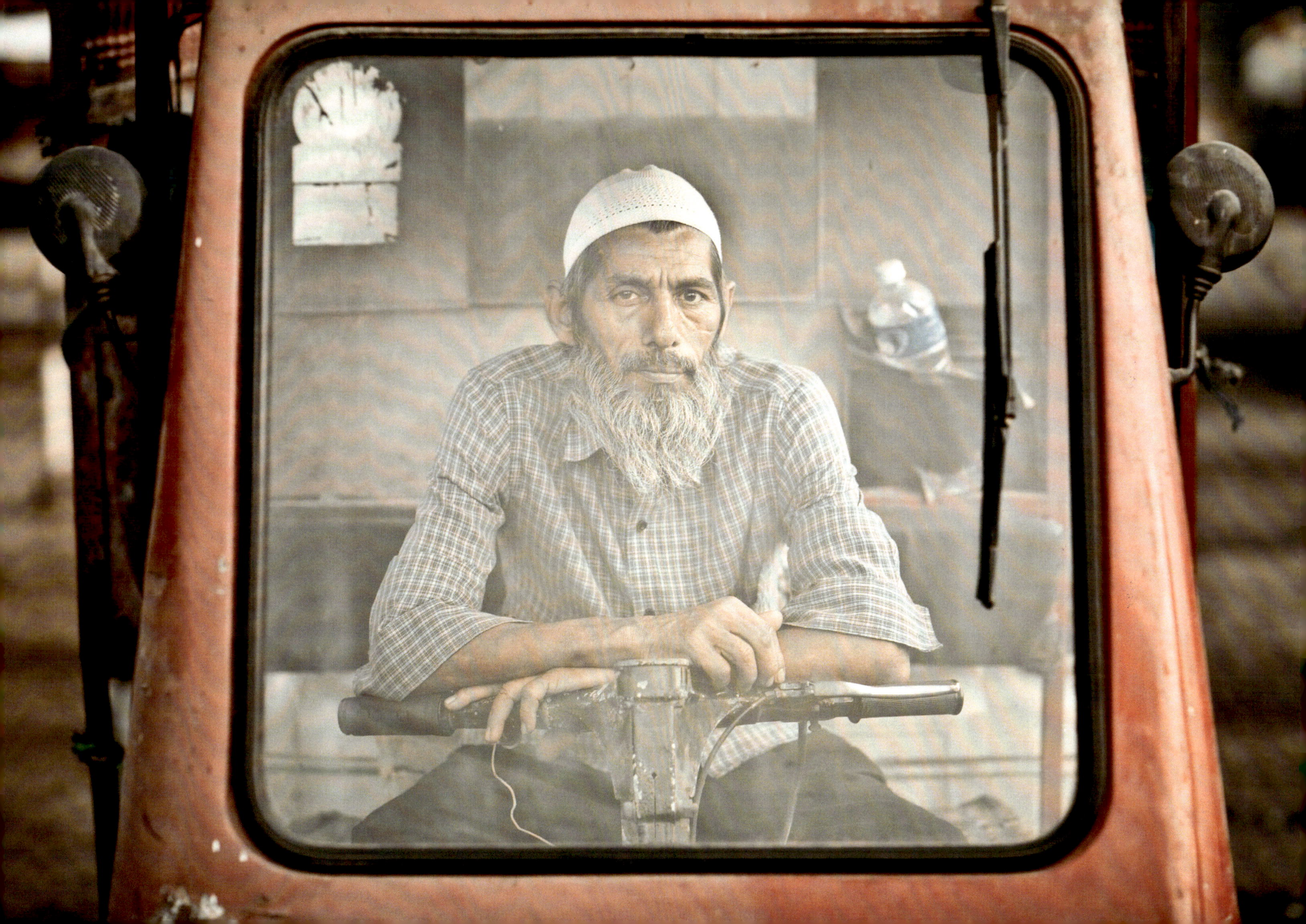

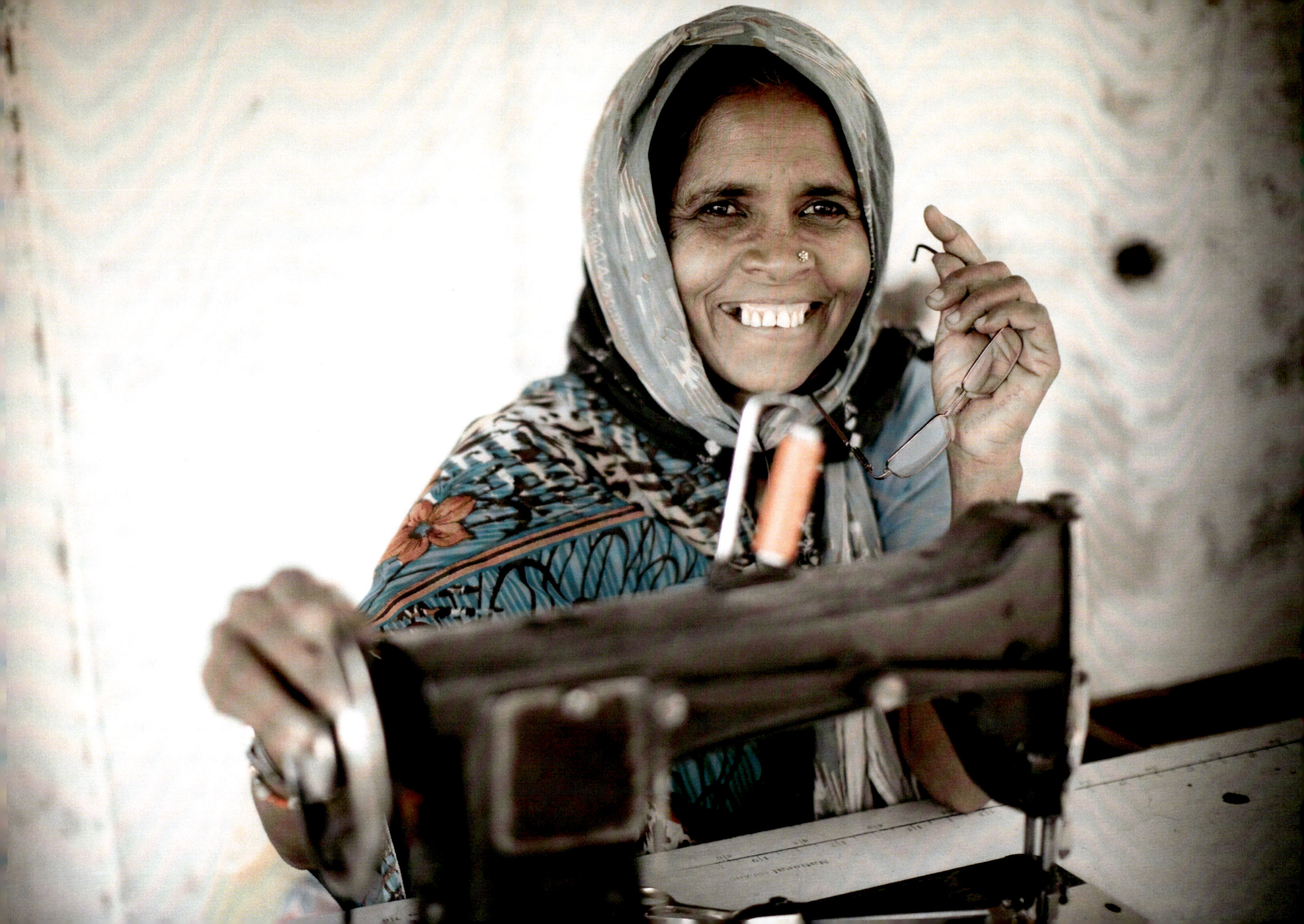

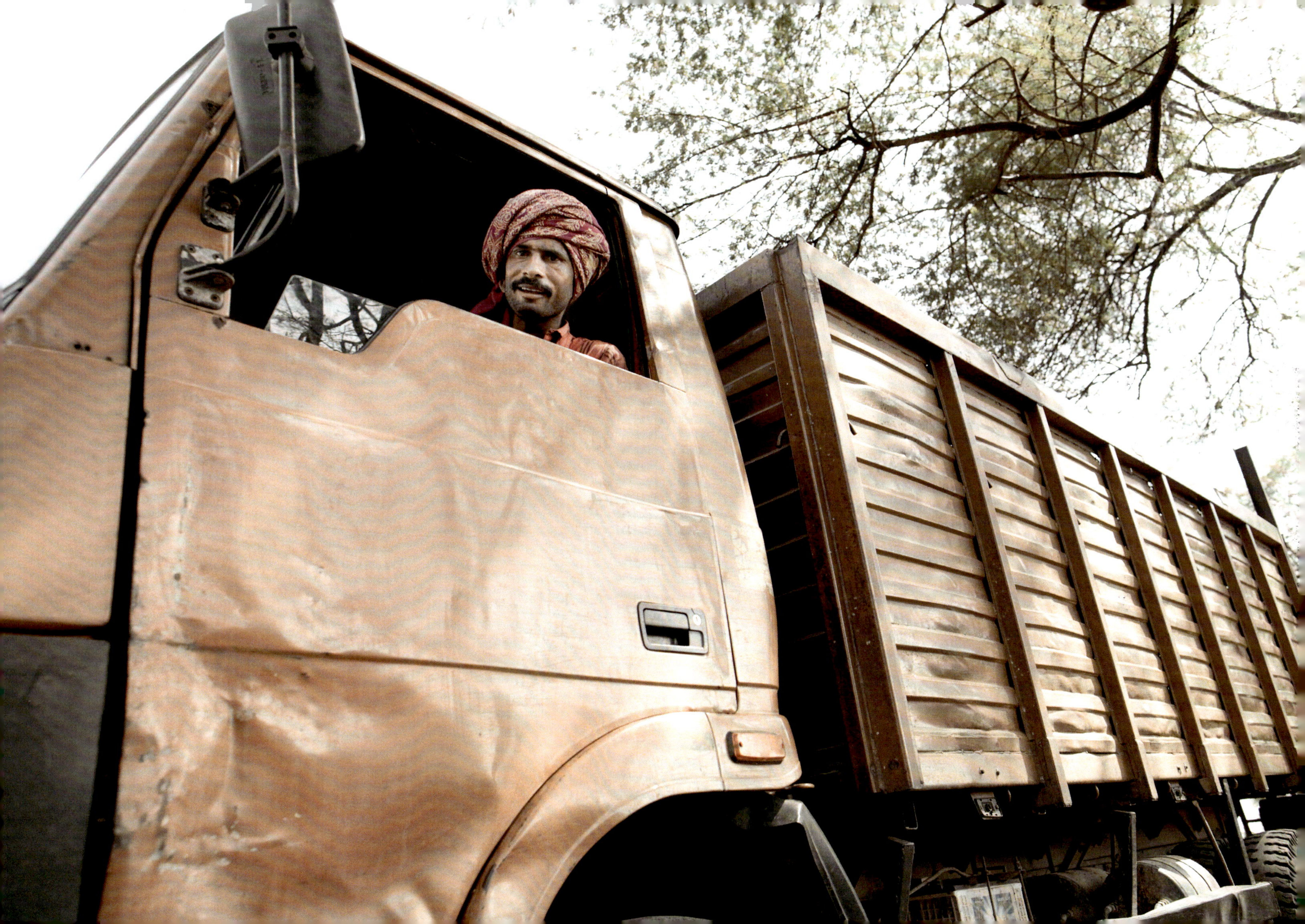

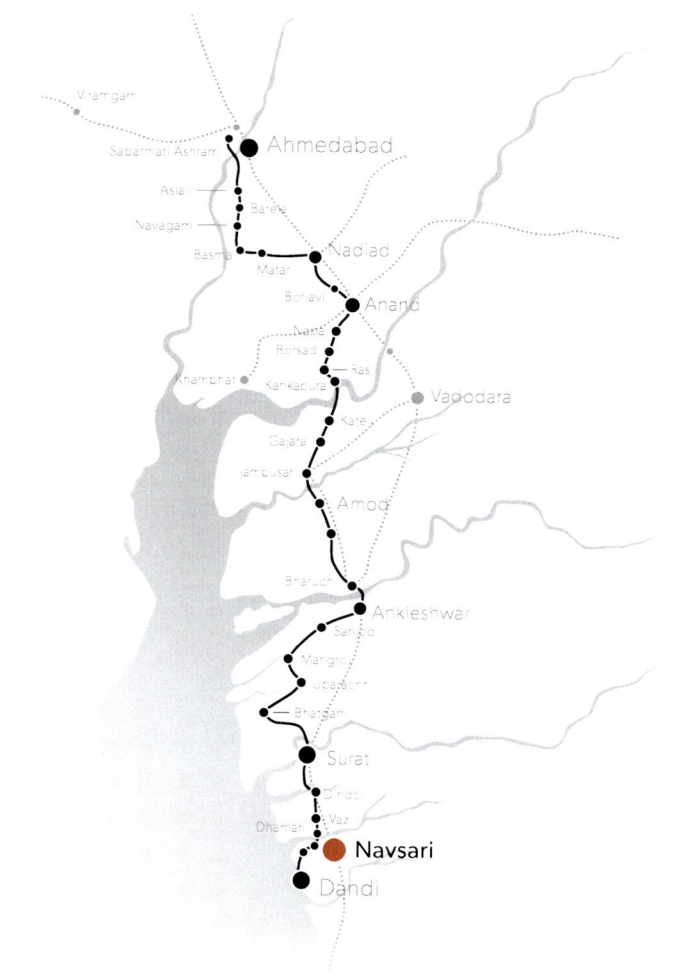

Navsari

Navsari

Wir kauften Wasser bei einer Frau, die ihr eigenes, kleines Lebensmittelgeschäft auf der Dorfhauptstraße führte. Ich war es gewohnt, dass solche Geschäfte in Indien Familienbetriebe sind. Daher wunderte es mich, ihren Mann nicht zu sehen.

Sie erzählte mir, dass er schon vor über 20 Jahren verstorben sei und deutete auf einen kleinen Schrein im hinteren Teil des Ladens. Bevor sie morgens ihr Geschäft aufsperrt, gedenkt sie ihrem Mann und würdigt die Götter mit Kerzenschein und dem Duft der Räucherstäbchen.

Colgate
હમણાં જ ખરીદો !
કોલગેટ ૫૦ ગ્રામ ટૂથપેસ્ટ હવે
૨૪ ૧૨ નંગના સુવિધાજનક પેકમાં
૨૦૧૧
એપ્રિલ
૪
Colgate
યુનિયન બેંકની રોકાણ યોજનાઓ
યુનિયન બેંક

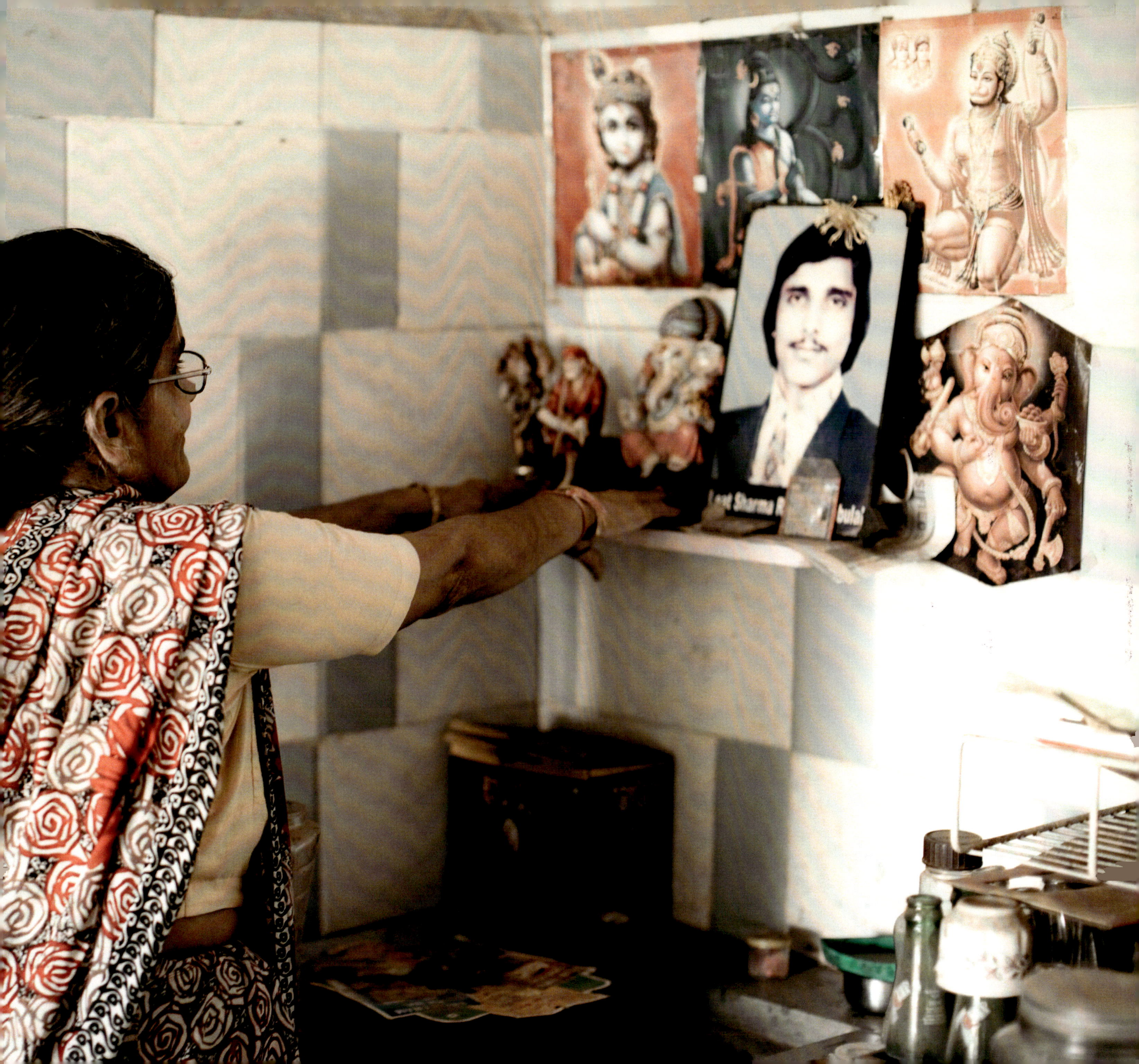

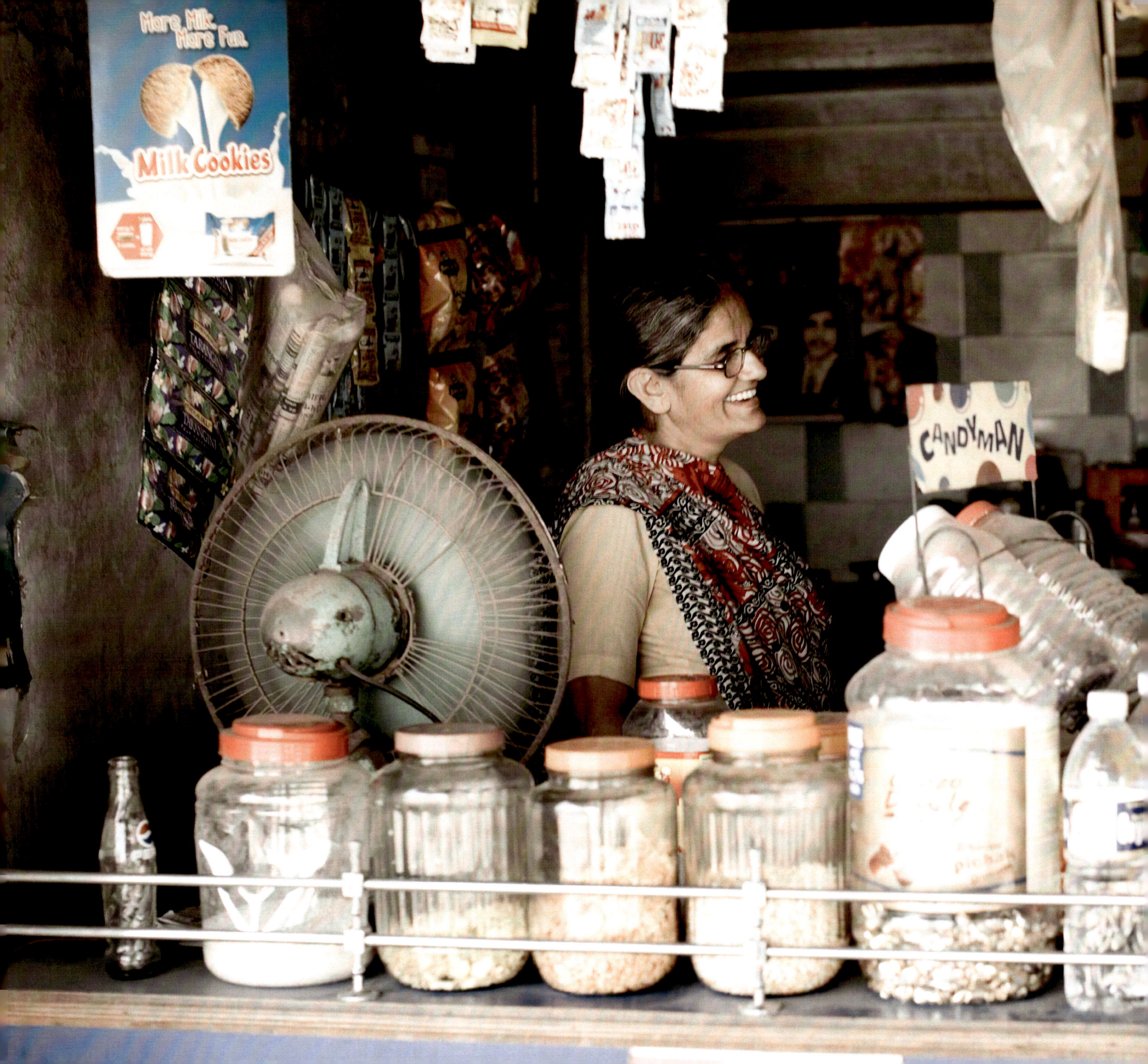
More Milk. More Fun.
Milk Cookies
CANDYMAN

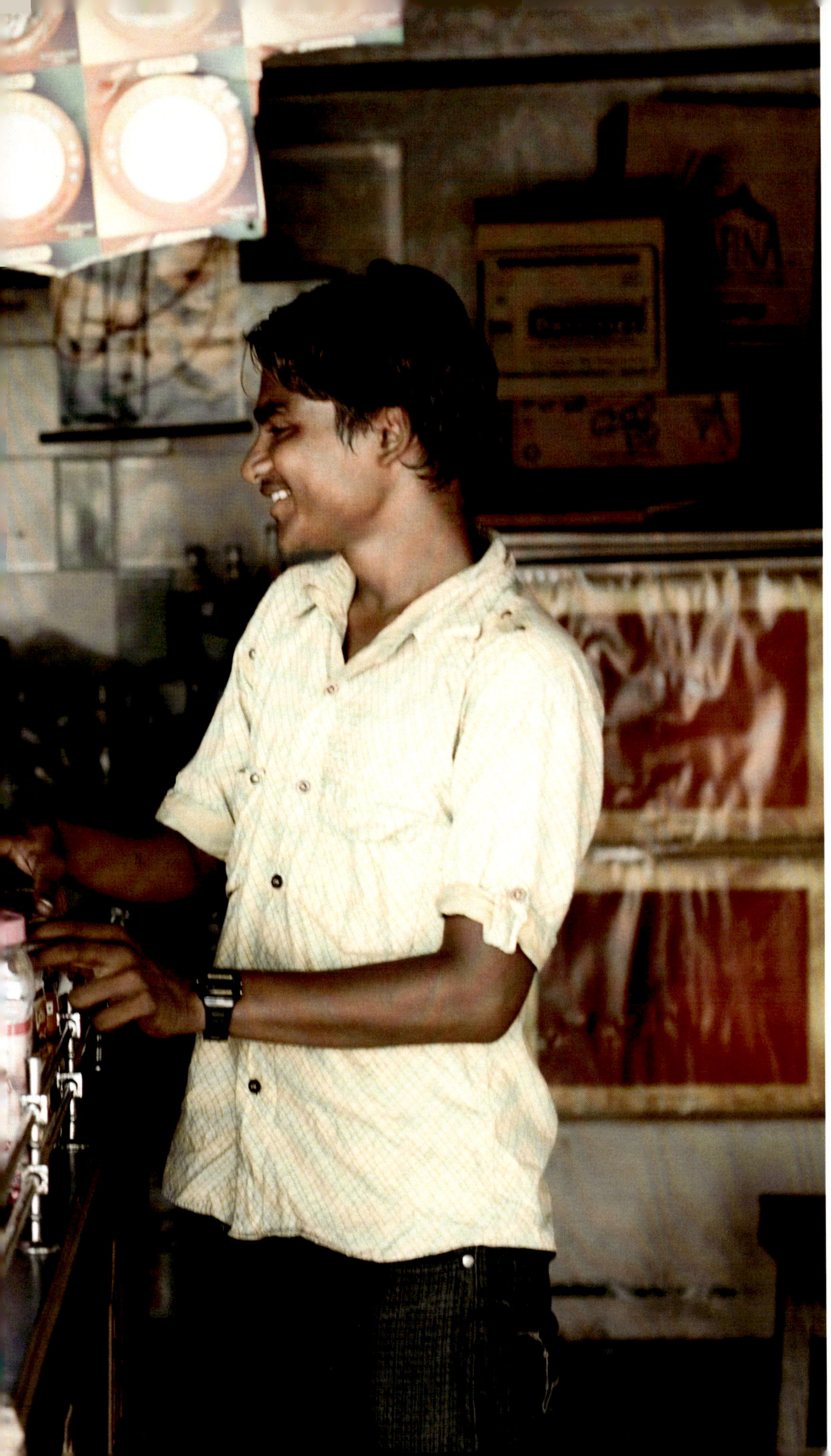

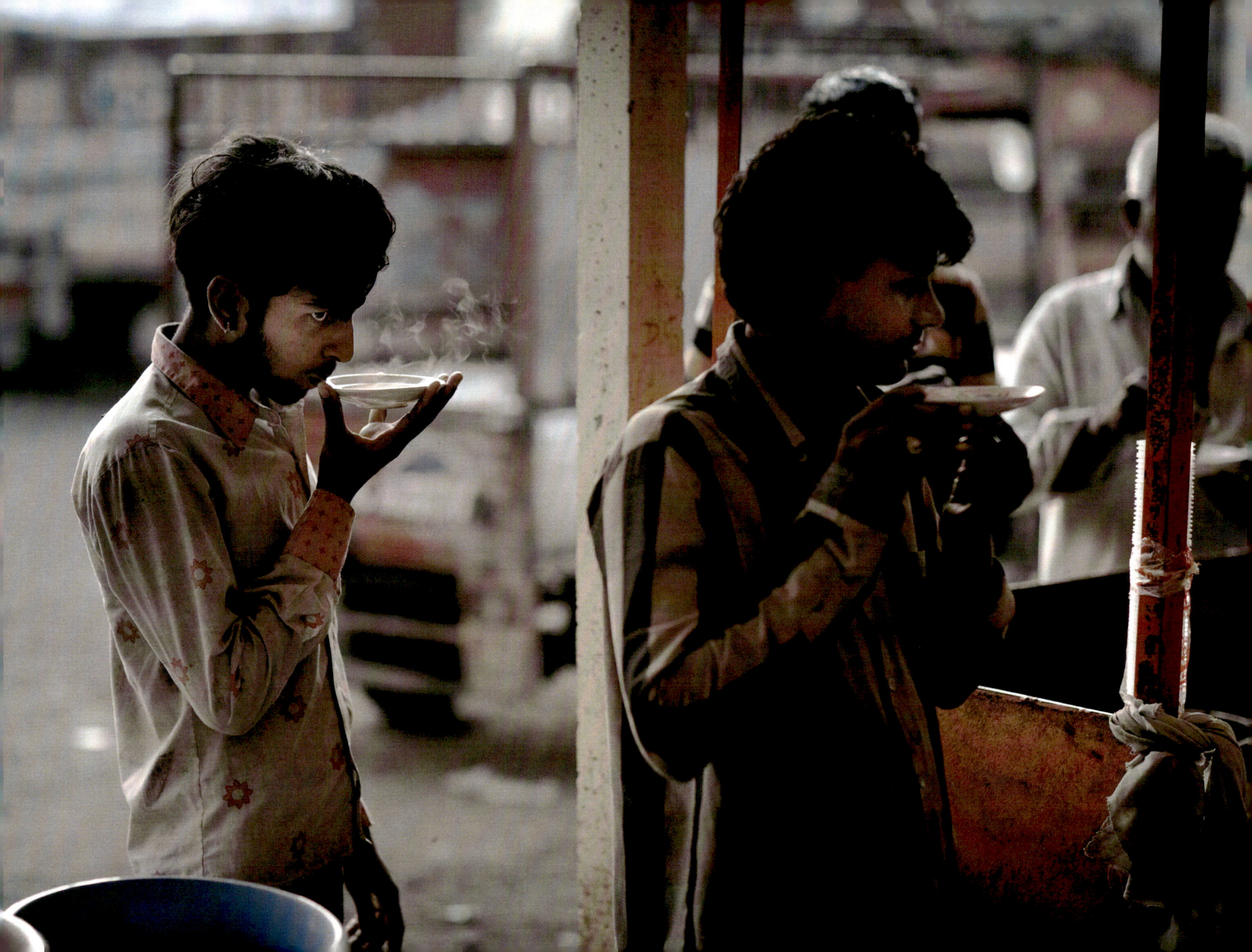

20.00

der Teestand
erster Anlaufpunkt
Verhandlungsort

„Was macht ihr hier?"
„Habt ihr etwas zum Übernachten?"
„Nein?"
„Wartet hier."

Wir warten
reden
Jemand kommt
nimmt uns mit
zu seinem Haus

Wenn Gäste wie Götter sind
sind wir seltsame Götter
dreckig
wund

Waschen
Essen wird gereicht
in Fülle
Demut vor unseren Gastgebern
Was haben wir zu geben?

22.30

Der Schlaf
schwer
über
kommt
uns

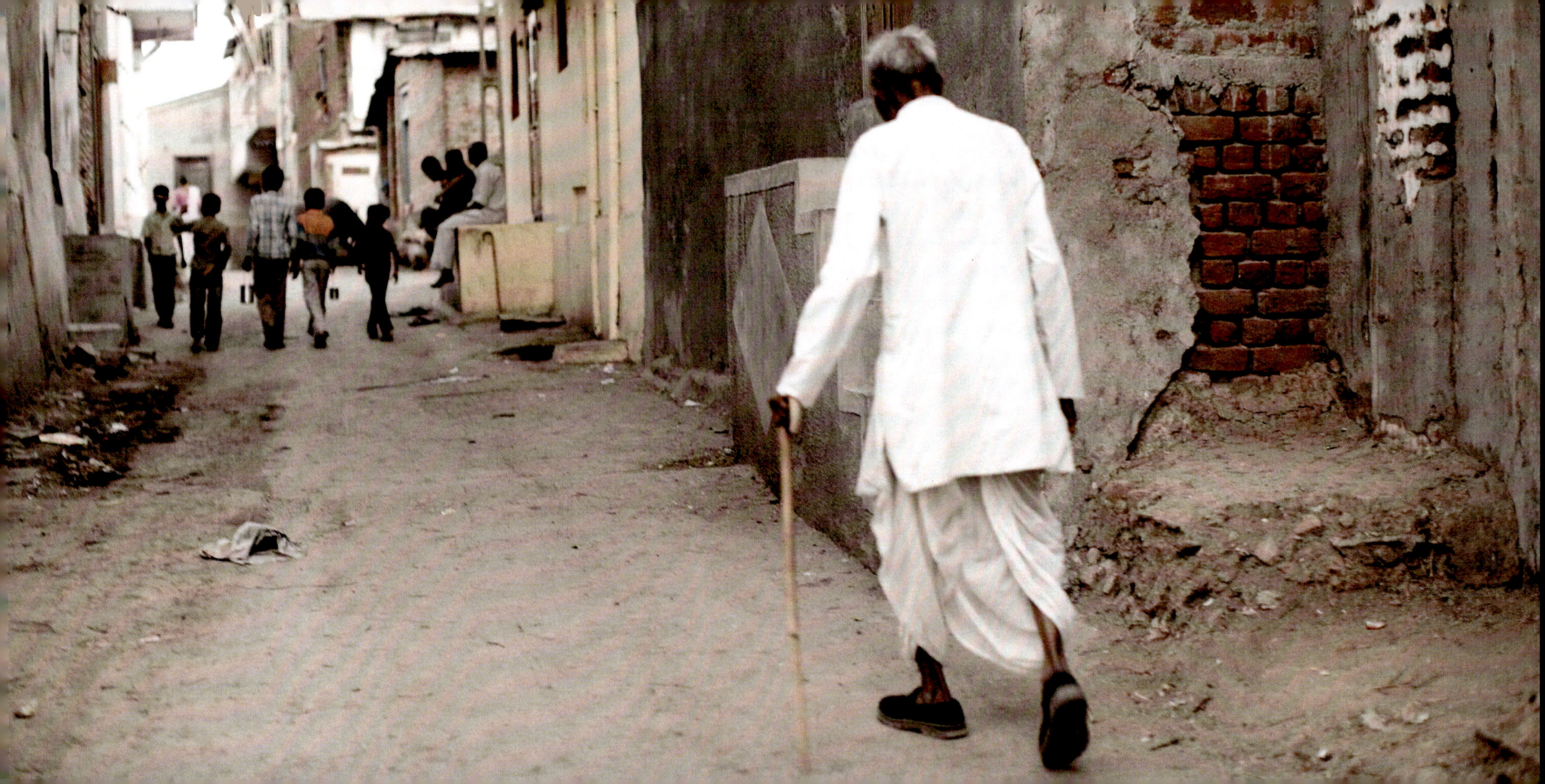

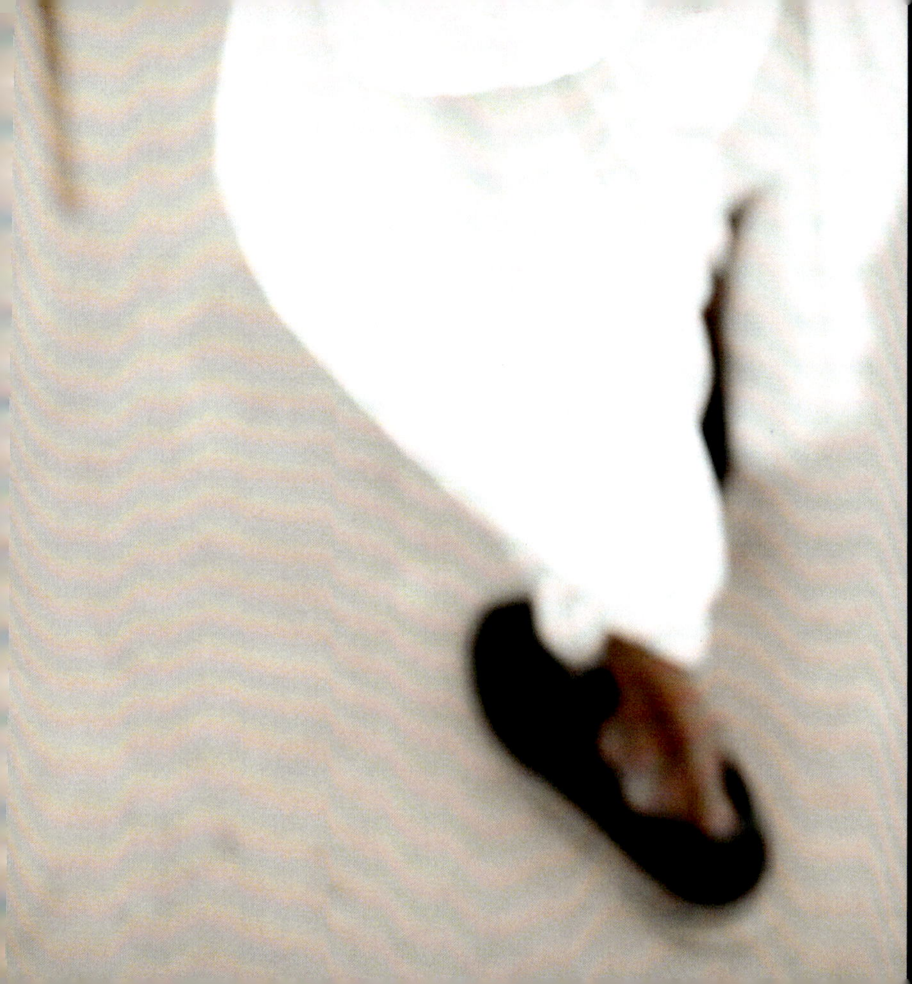
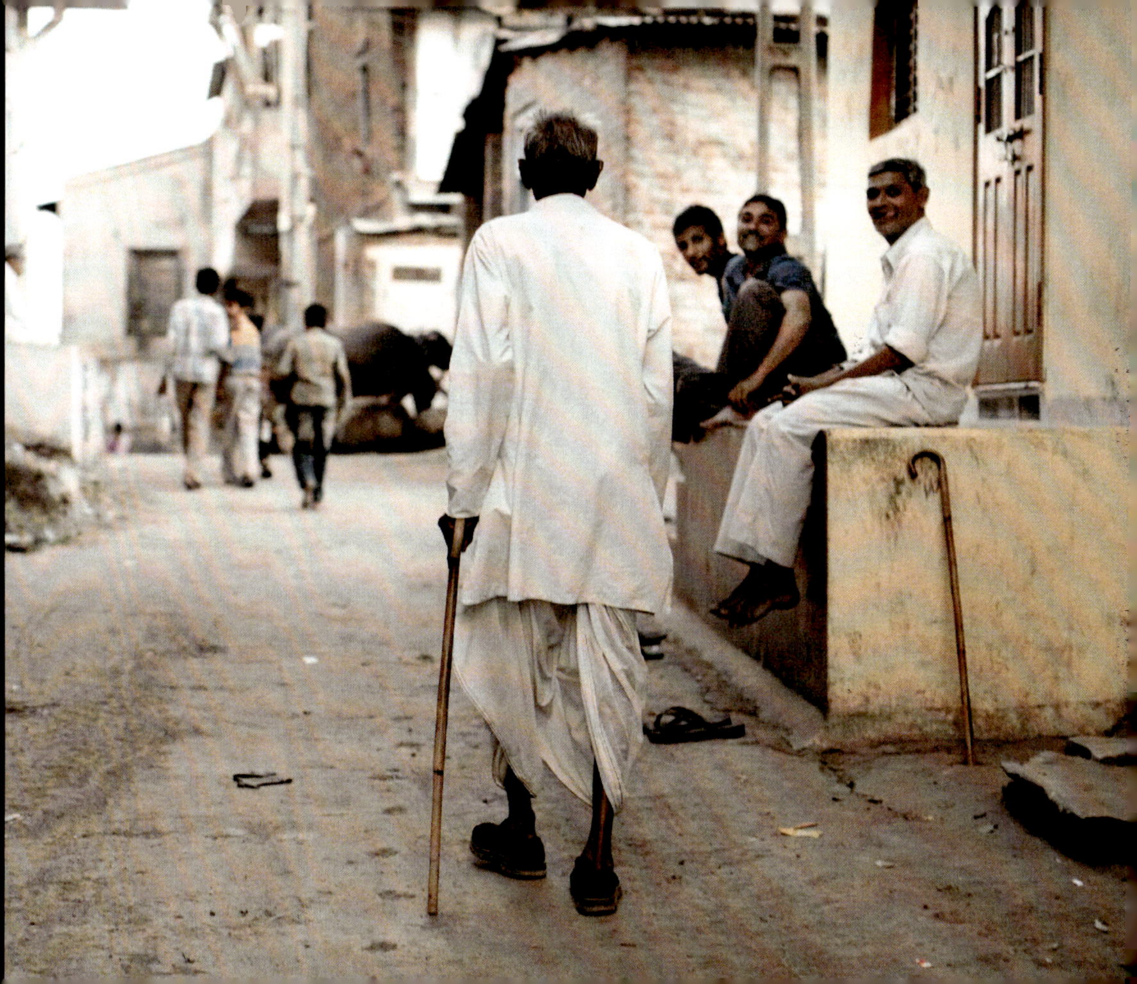

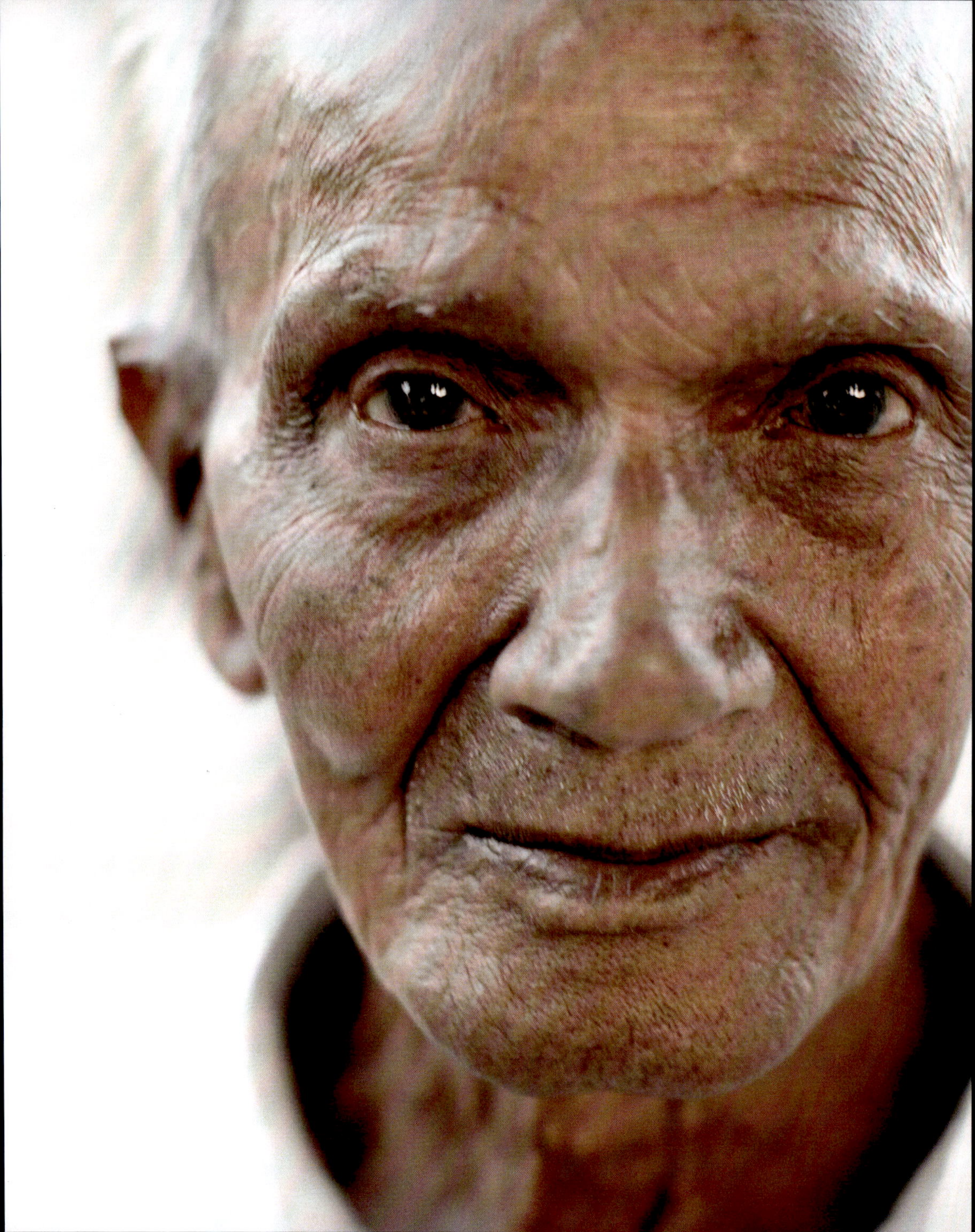
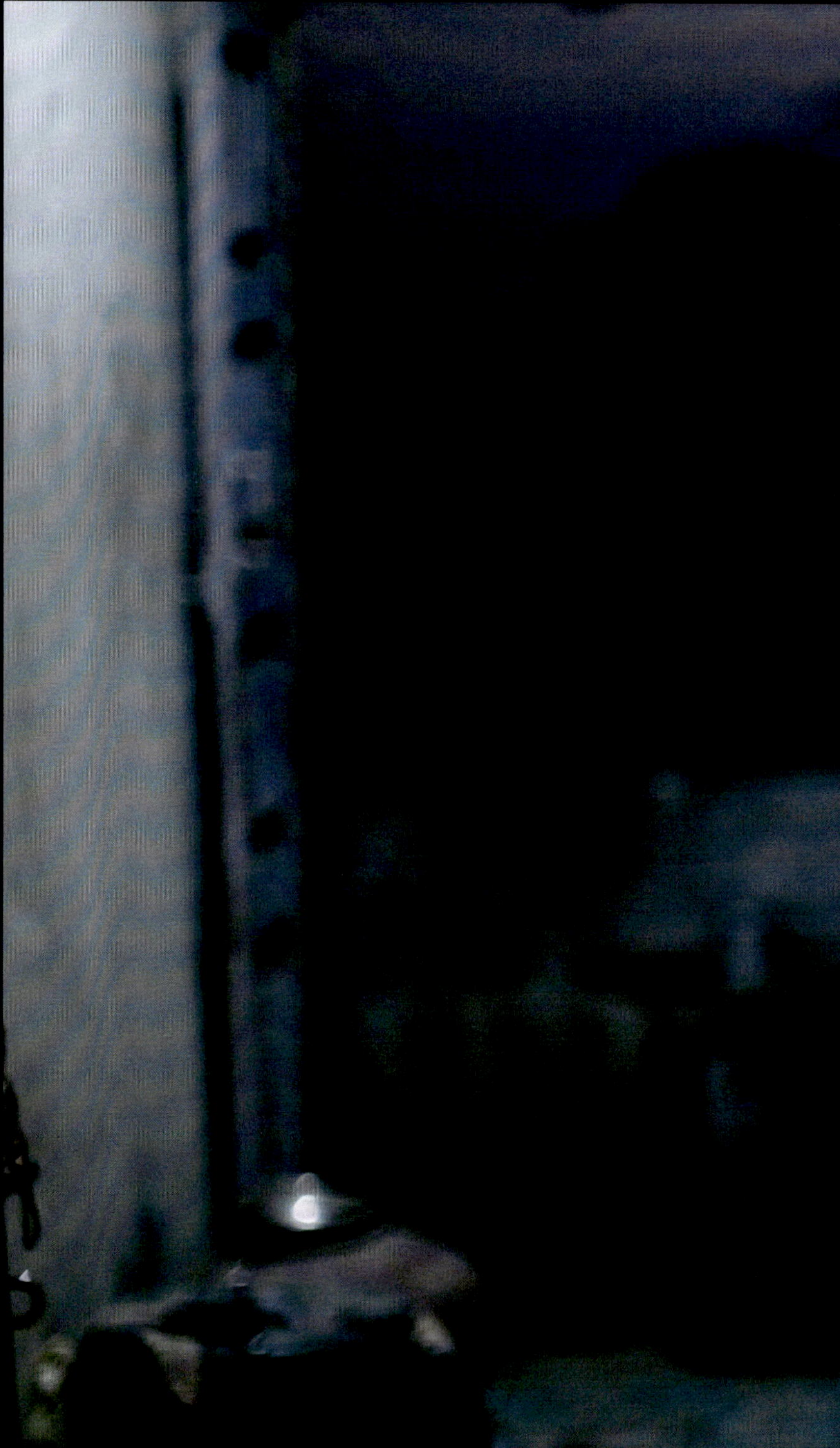

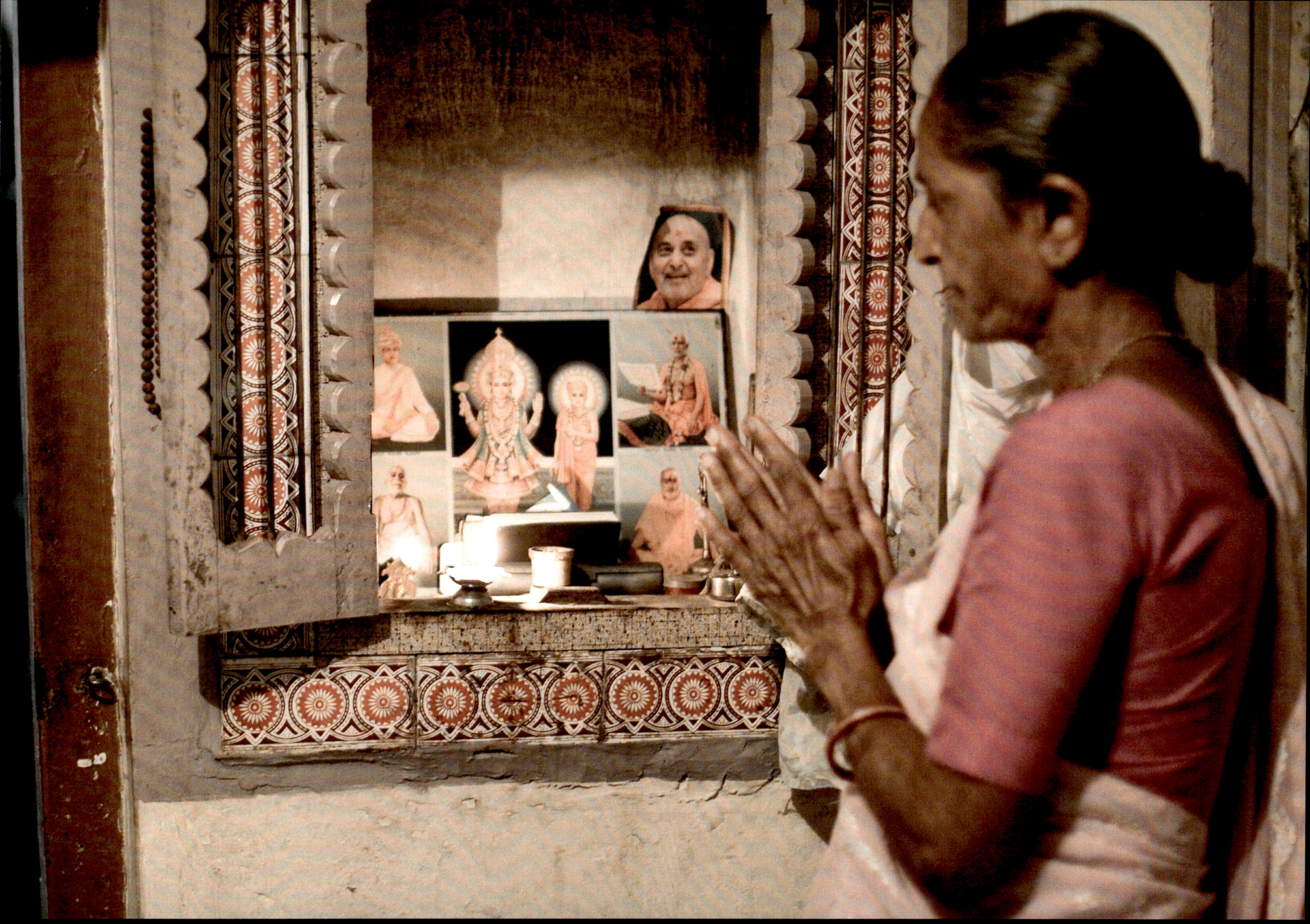

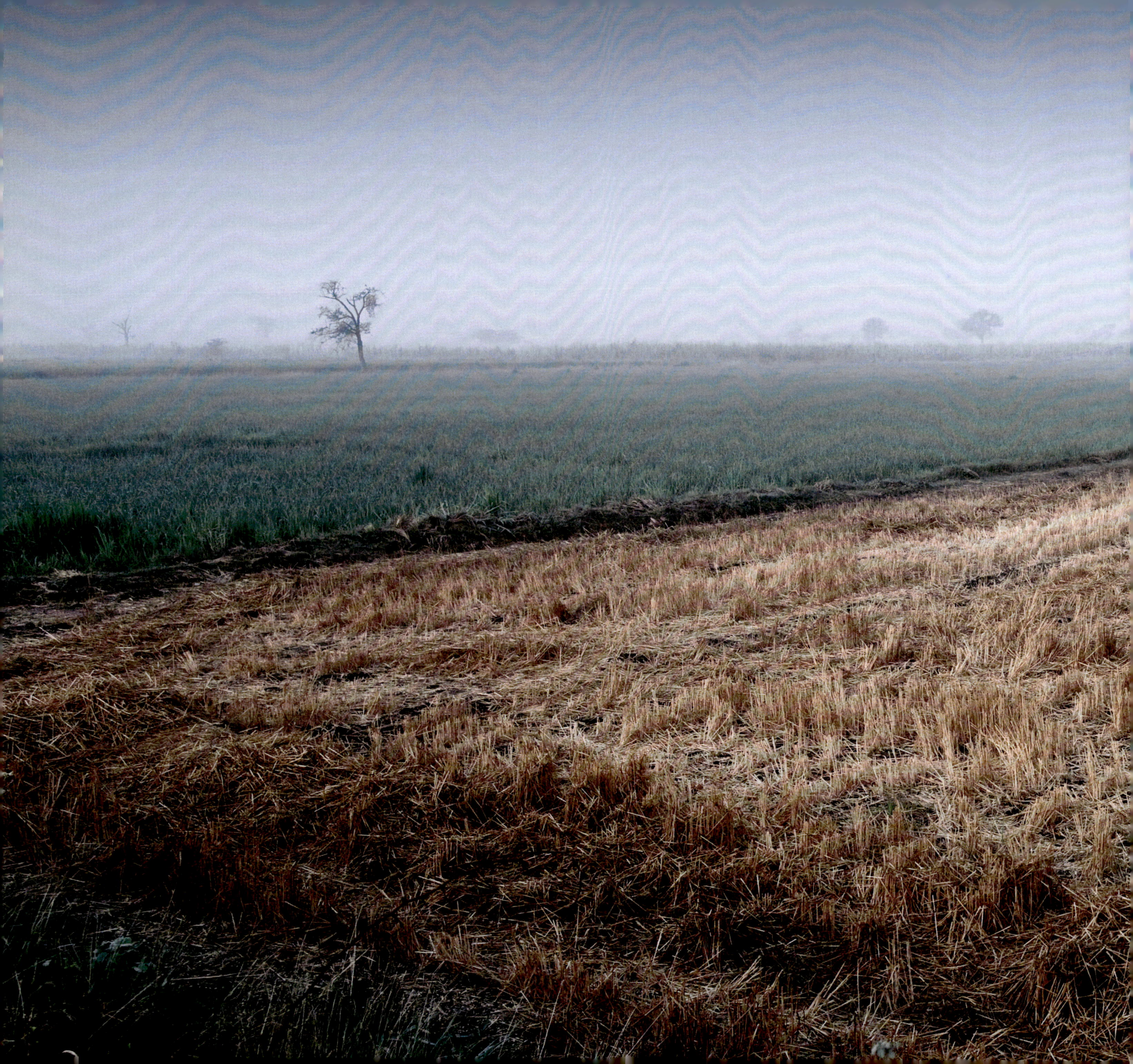

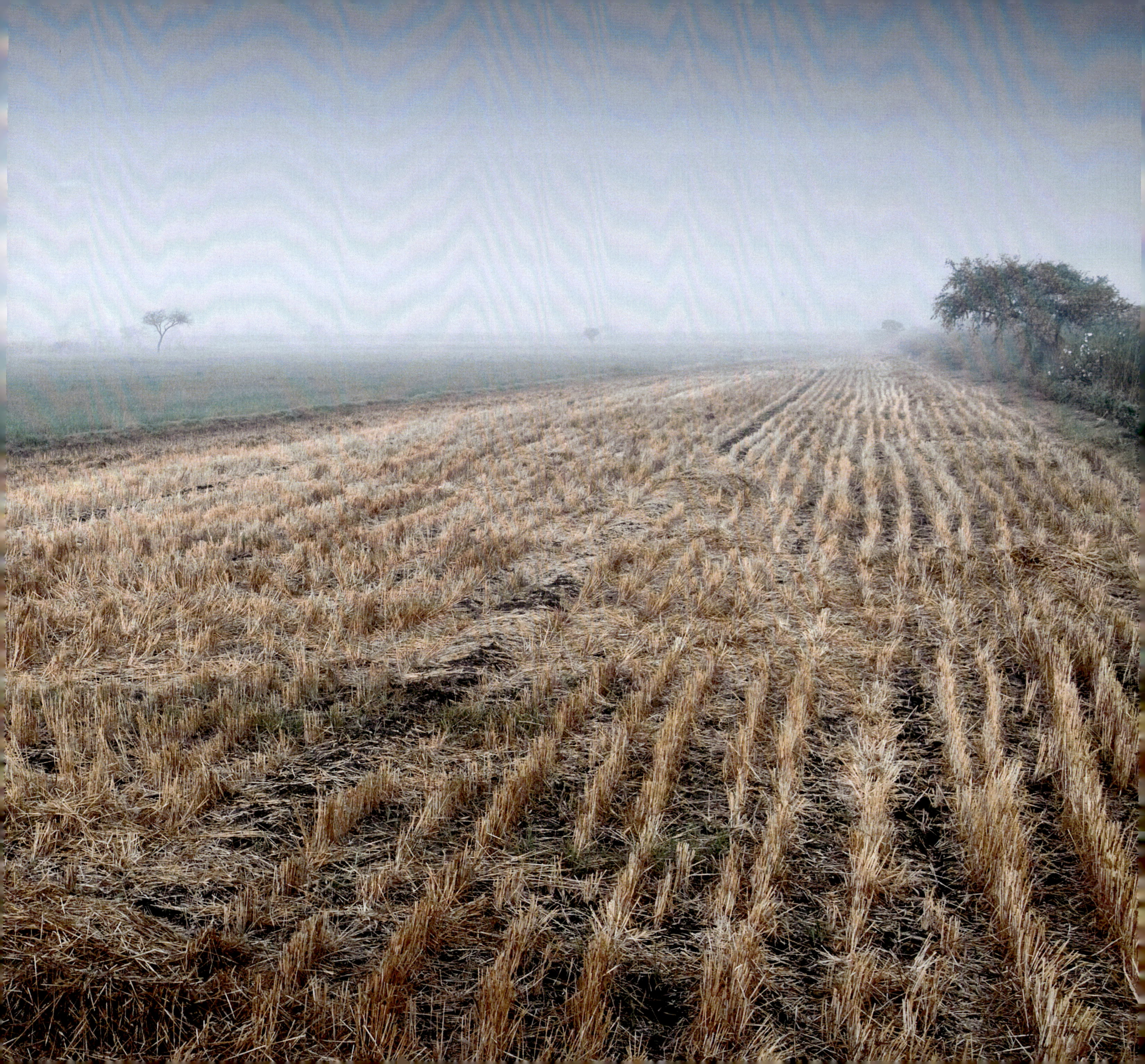

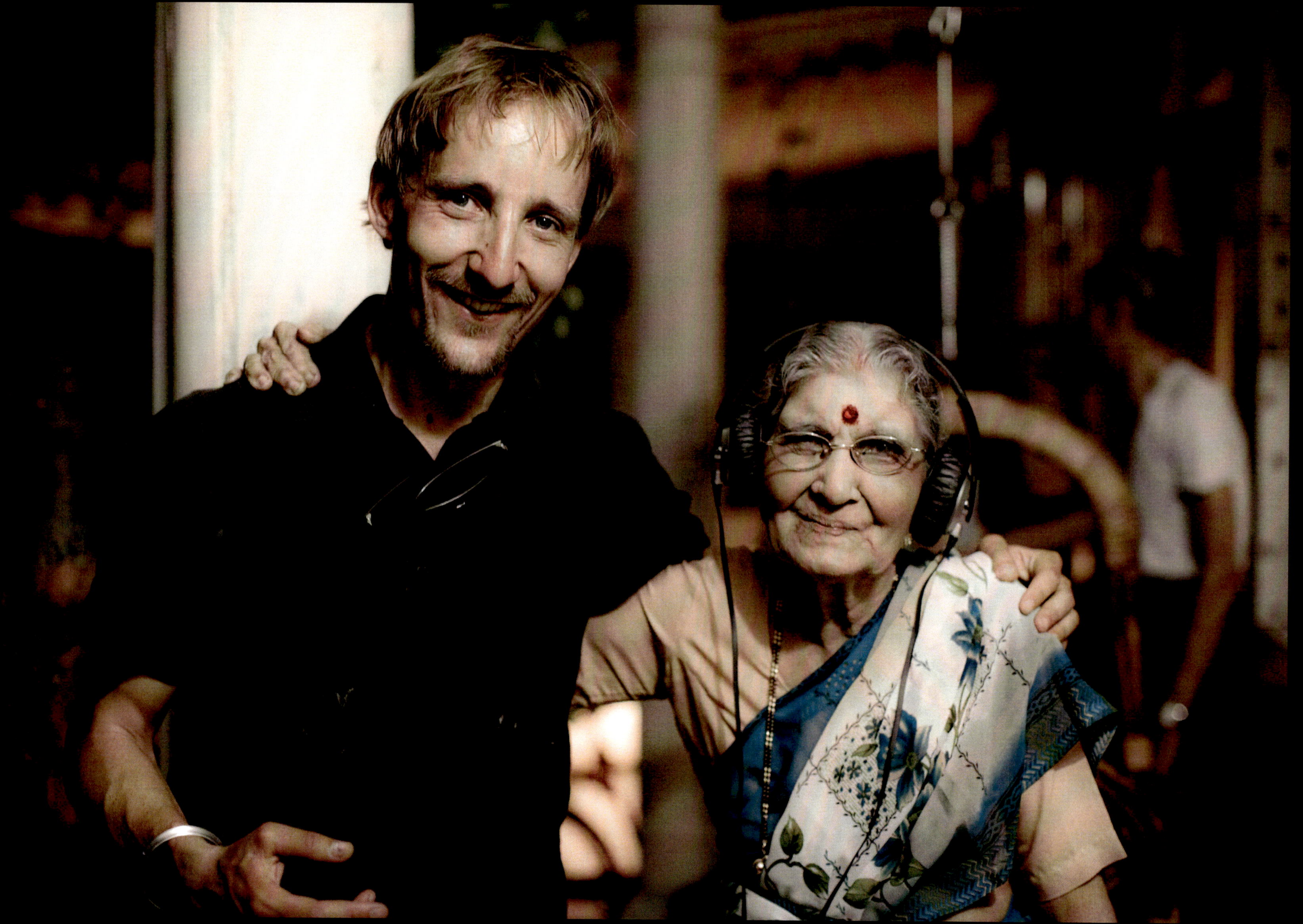

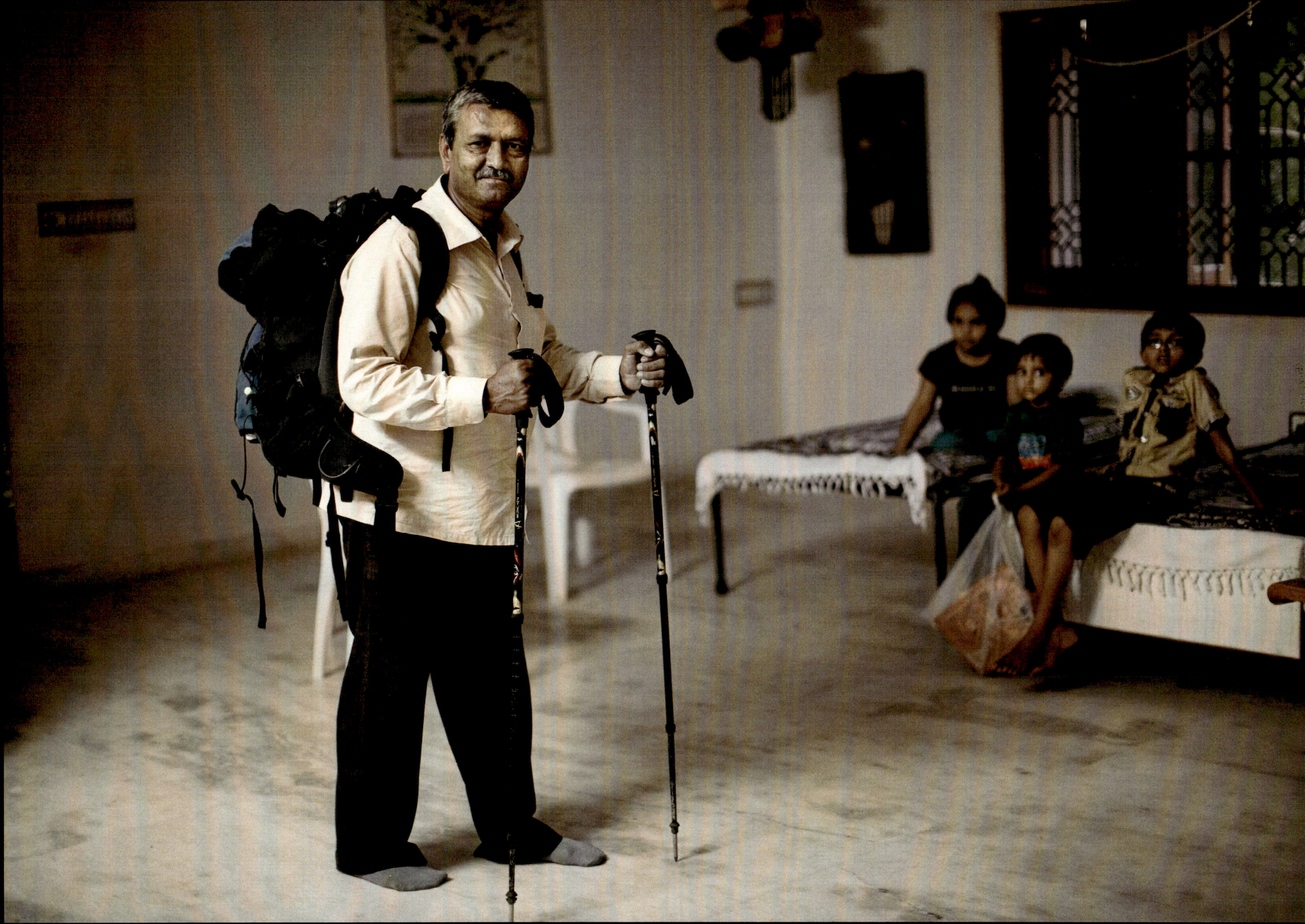

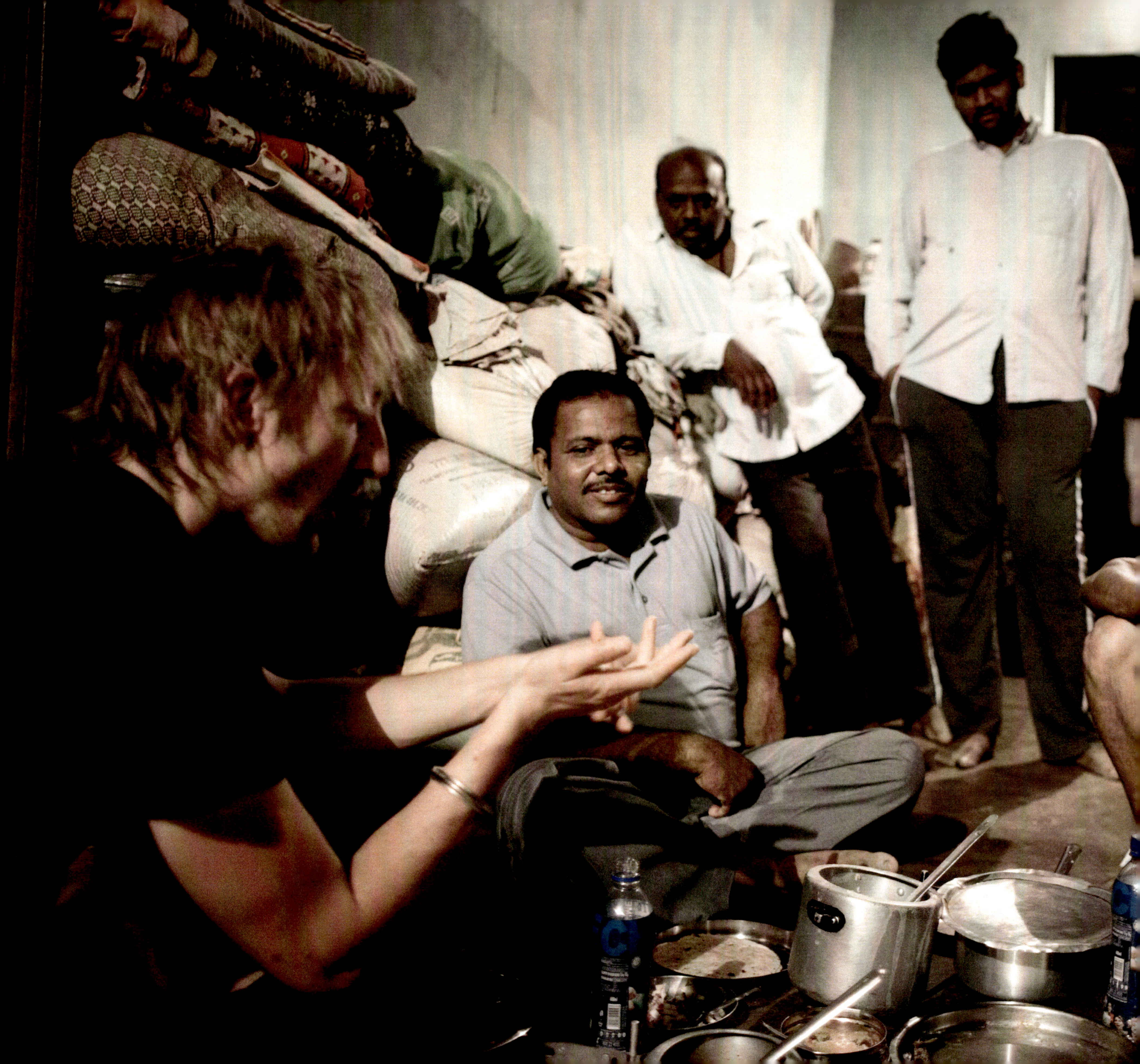

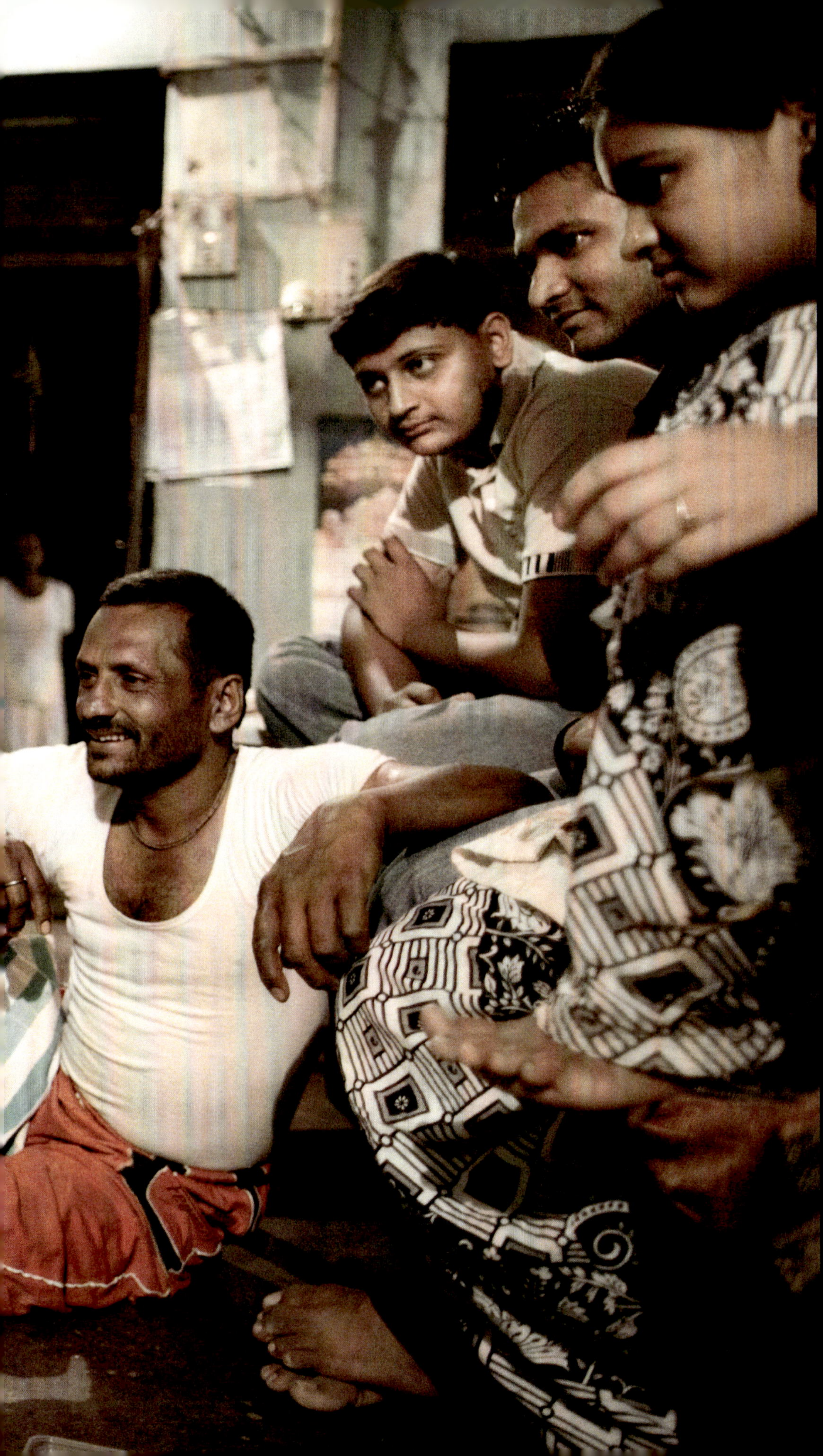

NH.228

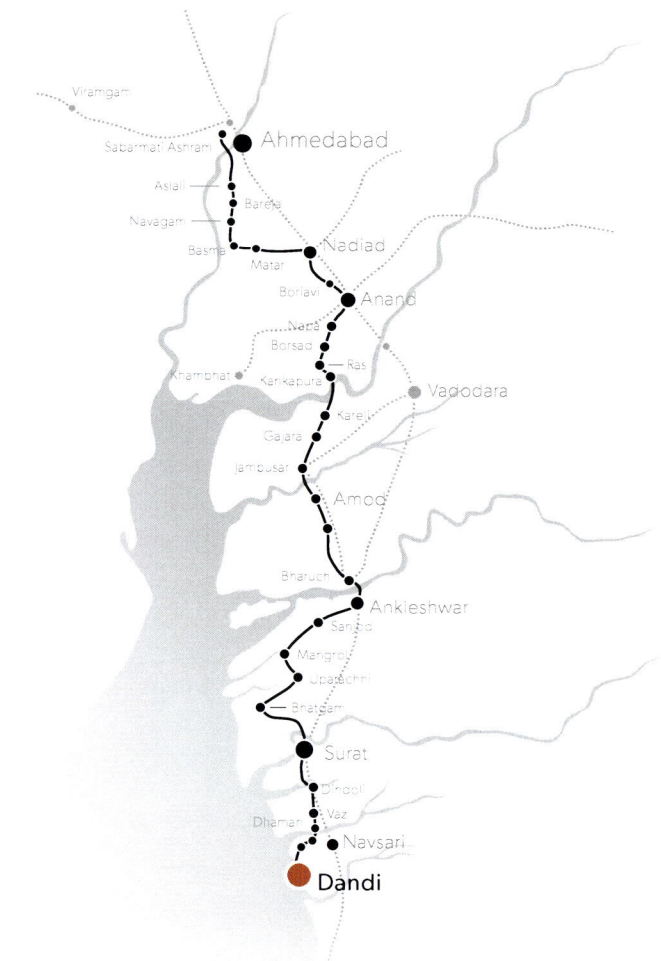

ડાંડી 38

Viramgam
Sabarmati Ashram — Ahmedabad
Aslali
    Bareja
Navagam
Basna   Matar   Nadiad
    Bohav
    Nena   Anand
    Borsad
Khambhat Kankapura Ras   Vadodara
        Kareli
        Galara
        Jambusar
                Amod
        Bharuch
                Ankleshwar
            Sanjrio
            Mangrol
            Jubadchhi
            Bhetgam
                Surat
            Dhaman Vaz
                    Navsari
                Dandi

Dandi

Der letzte Morgen war angebrochen. Ein letztes Mal traten wir mit schmerzenden Füßen an, um auf zahlreichen Blasen das verbleibende Stück Weg nach Dandi zu humpeln. Es lagen noch 20 Kilometer vor uns und wir konnten es kaum erwarten endlich anzukommen. Wir hatten ein verschwommenes, verklärtes Bild vom Ziel unserer Reise. Schließlich war es ein Strand, der Geschichte geschrieben hatte.

Es gibt wohl eine feste Regel im Leben. Etwas Spezielles bekommt man in den seltensten Fällen dann, wenn man es erwartet. So war auch der Moment der Ankunft am Strand von Dandi ernüchternd. Unsere Vorstellung verlangte nach einem weißen, einsamen Stück Küste. Stattdessen fanden wir das Gegenteil vor – ein jahrmarktähnliches Treiben. Und sicherlich waren wir die Einzigen, die hierher zu Fuß gepilgert waren.

Hätte nicht zufällig ein Mann neben uns mit einem Stöckchen Mahamta Gandhi in den Sand gemalt – der geschichtliche Aspekt dieses Ortes wäre im Gewimmel der Dromedare, Verkäufer und Strandgäste völlig untergegangen.

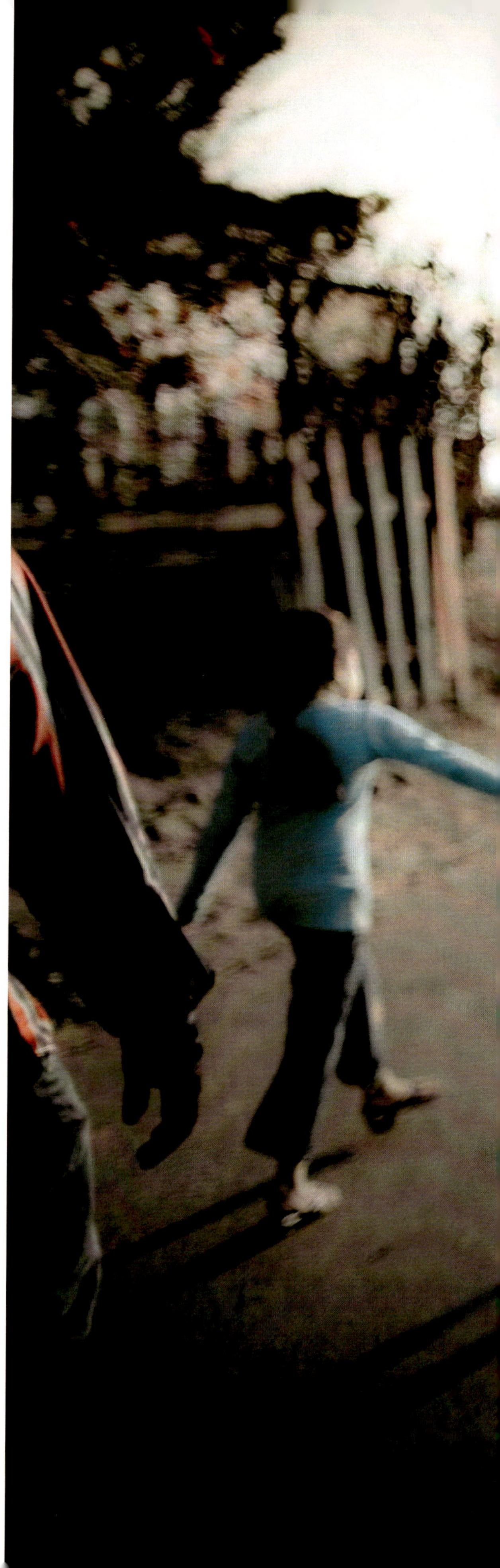

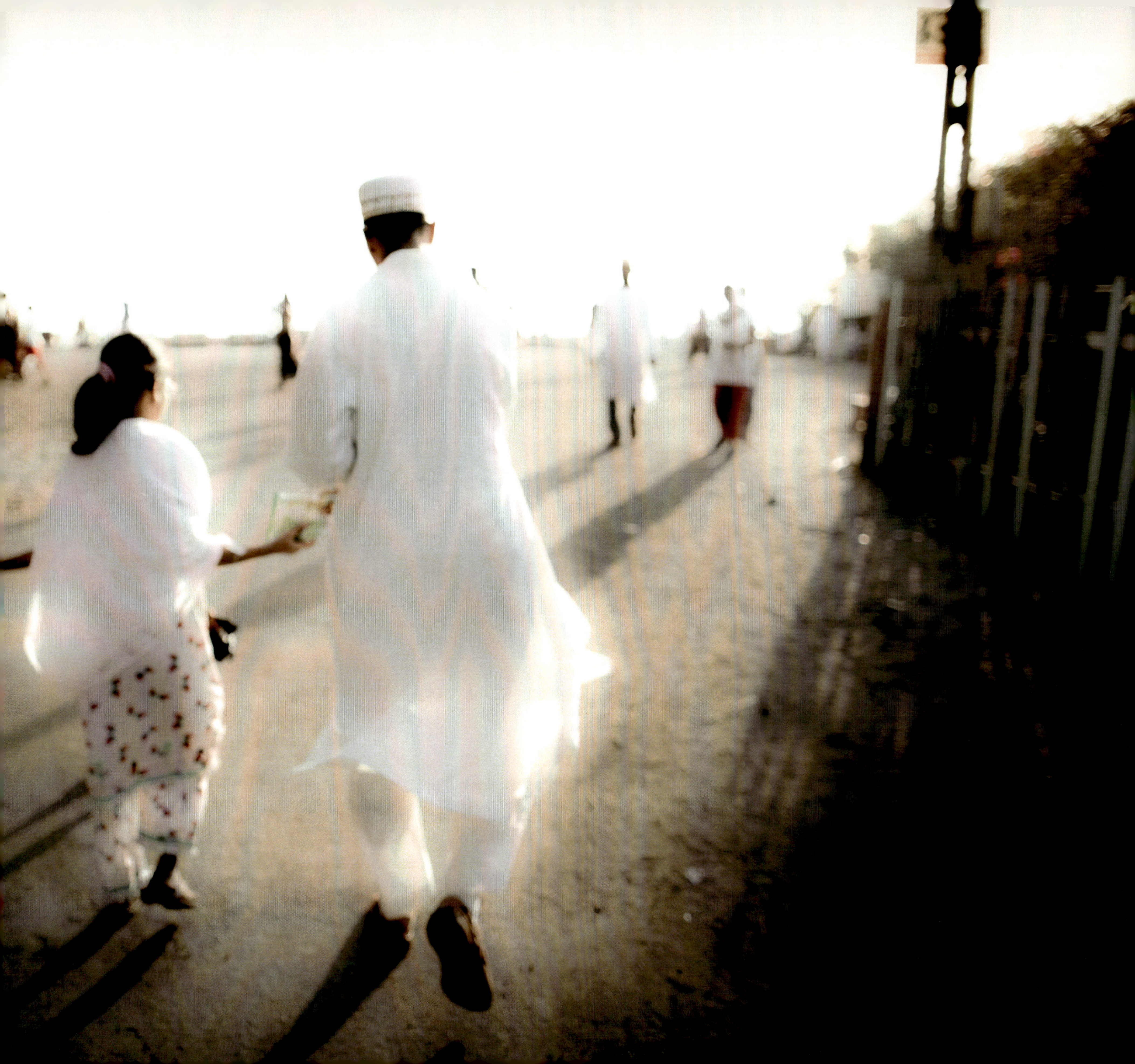

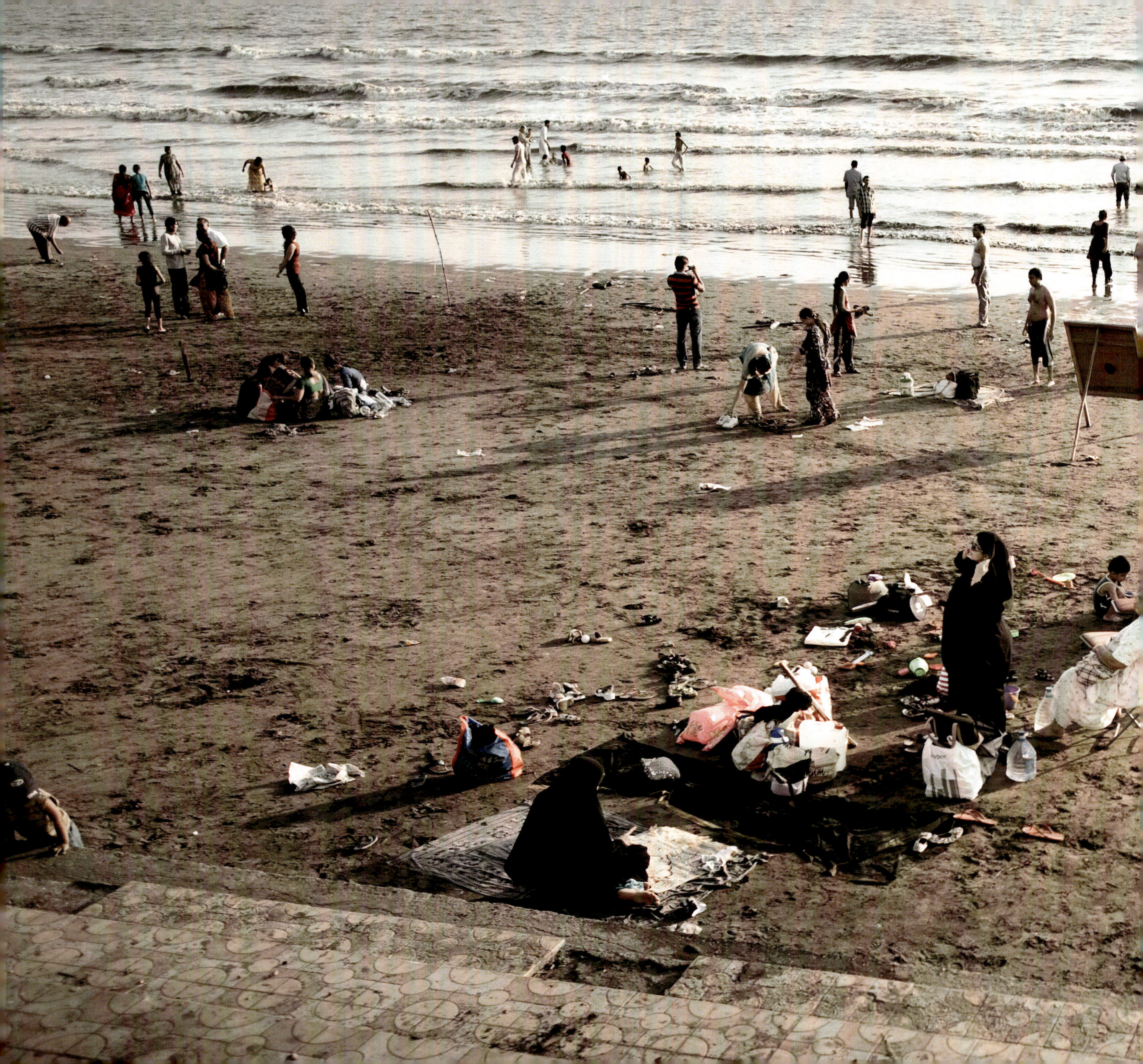

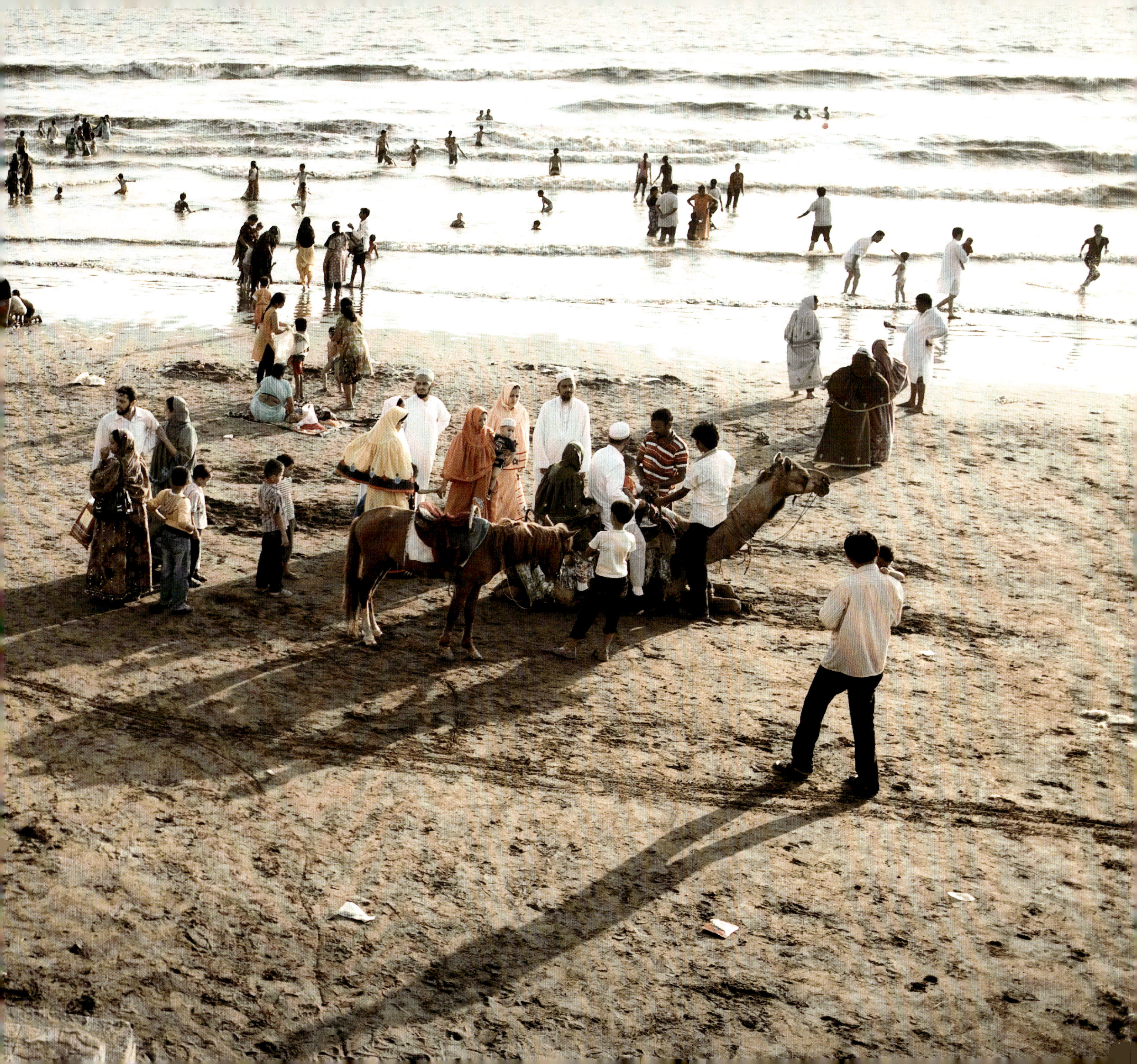

Epilog

Nach 20 Tagen waren wir schließlich an unserem Ziel angekommen. Jedoch, was war eigentlich das Ziel dieser Anstrengung? Der Versuch, die Geschichte nachzuerleben? Das besondere Abenteuer, zu Fuß durch eine Region Indiens zu laufen? Oder war es das Glück der kleinen, unscheinbaren Momente: Wenn morgens der sonderbare Ruf dieses Vogels ertönte, der uns den ganzen Weg zu begleiten schien. Wie ich mich von Tag zu Tag besser auf Hindi verständigen konnte. Wenn der Tee besonders gut schmeckte, da der Ingwer die nötige Frische hatte. Oder die Erleichterung, wenn wir wieder eine Herberge gefunden hatten und uns nicht wie unangemeldete Fremde fühlten sondern wie willkommene Gäste. Der Weg, das waren die Menschen. Ihre Gastfreundschaft überstieg unsere kühnsten Träume und an dieser Stelle möchten wir allen, die uns so herzlich empfangen haben, noch einmal unseren tiefen Dank aussprechen.

Auf dem Weg lernten Alex und ich uns noch besser kennen. Der Weg stellte uns wiederkehrende Fragen: Wer sind wir? Was sind unsere Visionen? Wie können wir das Hier und Jetzt bewusster erleben?

Rastlose Menschen stecken sich immer wieder neue Ziele. Wohin uns die nächste Reise führt, wissen wir noch nicht. Wir sind gespannt.

Namasté und servus

– Patrick Ranz

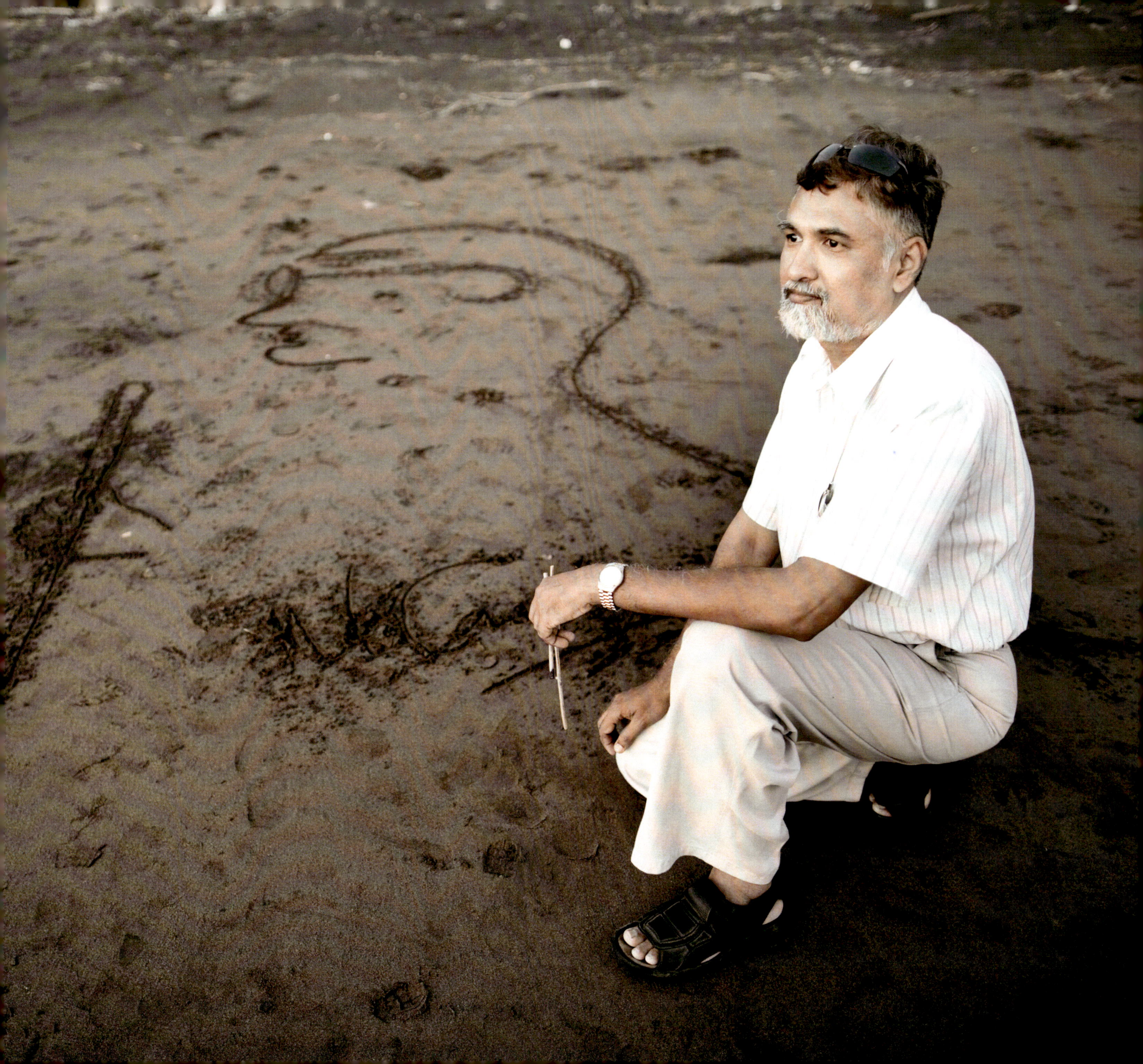

Bildkommentare

6/7	bei Ankleshwar – ein Kilometerstein	
7	München – Tagebuch von Patrick	
10	Old Delhi/Chandni Chowk – ein Träger	
12	Old Delhi/Chandni Chowk – typische Szene beim Fotografieren	
13	Old Delhi/Chandni Chowk – Portrait eines Moslems	
14	Old Delhi/Chandni Chowk – Wasser und Staub	
15	Old Delhi/Chandni Chowk – Alex beim Tagebuchschreiben	
16	Old Delhi/Chandni Chowk – Verkäufer an seinem Stand	
17	Old Delhi/Chandni Chowk – Überfüllter Bus	
18	New Delhi/Paharganj – Straßenszene beim Finale der Cricket-Weltmeisterschaft	
19	New Delhi/Paharganj – Mädchen mit der indischen Fahne	
20/21	New Delhi – Alex beim Fotografieren im Verkehrschaos	
22	Old Delhi/Jama Masjid – Straßenpolizist	
23	Old Delhi/Jama Masjid – Blick auf die größte Moschee Indiens	
24/25	Old Delhi/Jama Masjid – Straßenpolizisten	
26/27	Zug – Auf den Weg nach Ahmedabad	
28	Ahmedabad – Pause in der Bahnhofshalle	
29	Ahmedabad – Anzeigetafel der Bahnhofshalle	
30	Ahmedabad/Sabarmati Ashram – Kinder grüßen die Statue von Mahatma Gandhi	
32/33	Ahmedabad/Sabarmati Ashram – Kinder grüßen die Statue von Mahatma Gandhi	
34	Ahmedabad/Sabarmati Ashram – Jungen vor dem Mahatma Gandhi Museum	
35	Ahmedabad/Sabarmati Ashram – Junge im Mahatma Gandhi Museum	
36	Ahmedabad/Sabarmati Ashram – Vitrine im Gandhi Museum, Gandhi sammelt Salz auf	
37	Ahmedabad/Sabarmati Ashram – Detail: Mahatma Gandhi sammelt Salz auf	
38/39	Ahmedabad/Sabarmati Ashram – Zwei junge Mahatma Gandhi-Anhänger	
40/41	Ahmedabad – Familie in ihrem Wohnzimmer	
42/43	Ahmedabad/Sabarmati Ashram – Blick vom Ashram auf die Morgensonne	
44	Ahmedabad – Blick aus einer Riksha: Kreuzung mit Mahatma Gandhi Statue	
46/47	Ahmedabad – Kreuzung mit Mahatma Gandhi Statue	
48	Ahmedabad – junger Fließenhändler	
49	Ahmedabad – Mann beim *Pakora* frittieren	
50	Ahmedabad – Straßenszene	
51	Ahmedabad – Alex im Straßengewühl	
52/53	Anand – Straßenszenerie	
54/55	Anand – Blick von einer Brücke auf Gleise	
56	Navagam – ein Zeitzeuge des Salzmarsches, sitzend auf seinem Bett	
58/59	Navagam – das Anwesen des Zeitzeugen	
60	Navagam – Portrait des Zeitzeugen	
61	Navagam – Zeitzeuge mit Gebetskette	
62/63	Navagam – der Zeitzeuge beim Zeitunglesen	
64	bei Ras – *Dandi Heritage Route* Straßenschild	
65	bei Kalam – ein Hirte in seiner Herde mit 400 Tieren	
66	Matar – Portrait eines Mannes der uns in seinem Haus nächtigen lies	
68/69	Matar – Mango Baum, unter dem Mahatma Gandhi nächtigte	
70/71	Matar – Flußszene	
72/73	Matar – tanzende Kinder	
74/75	Matar – Kinder beim Betrachten ihres Fotos auf der Kamera von Patrick	
76	Nadiad – ein Mann in seinem Straßenstand	
78	Nadiad – Blick vom Kiosk auf das Multiplex Kino	
79	Nadiad – Kioskbetreiber	
80	Nadiad – Blick in den Straßenkiosk	
81	Nadiad – kleiner Schrein unter der Kasse mit Ganesh und Shiva Schlange	
82	Anand – morgendlicher Straßenverkehr	
84/85	Anand – die Sonne geht über Anand auf	
86/87	Samine – Teepause	
88/89	Vanj – Jain Pilger	
90/91	bei Ras – Tabakfeld	
92	Anand – ein Pilger mit Pilgerzertifikat	
94/95	Anand – die Augen des Pilgers	
96	Anand – der rot gefärbte Bart des Pilgers	
97	Anand – Detail seiner Füße	
98	Mahi Sagar – ausgetrocknetes Flussbett	

100/101	Mahi Sagar – Alex steht vor dem ausgetrockneten Flussbett
102/103	Mahi Sagar – zwei Fischer, ohne die wir den Weg nicht gefunden hätten
104	Mahi Sagar – Detail von dem ausgetrockneten Flussbett
106	Amod – Patrick und Alex auf den stillgelegten Bahngleisen
108	Amod – Hirtenjunge
109	Amod – Portrait des Hirtenjungen
110	Amod – Gruppenaufnahme der Hirtenfamilie
111	Amod – Kinder beim Betrachten ihrer Fotos auf der Kamera
112/113	Amod – Bahngleise
114	bei Ankleshwar – Straßenkiosk
116	bei Ankleshwar – Indische Götter und Verkaufsware
117	bei Ankleshwar – Kioskbesitzer
118	Ras – Alex umringt von Indern, die Schlange als Glücksbringer am Rucksack
119	Kankapura – Patrick im Gespräch vor der Durchquerung der ausgetrockneten Meerenge
120/121	Surat – Kleiderwaschen im *Tapi* Fluss
122	Sanjod – ein Pilger am Wasserbrunnen
124	Sanjod – Tuch auswringen
125	Sanjod – Detail vom Wasser im Brunnen
126/127	Sanjod – *Pooja* nach gründlicher Körperreinigung
128/129	Khandali – Schulkinder in einer Rikscha
130/131	Bareja – ein Wasserturm und ein kleines Riesenrad an einem Teich
132	Mangrol – Tempelinnenraum mit *Shiva* Statue
134	Mangrol – Detail *Nandy*
135	Mangrol – der Priester schmückt die Gottheit
136	Mangrol – letzte Vorbereitungen für die Fotoaufnahmen
137	Mangrol – des Priesters jüngere Tochter
138/139	Mangrol – Wohninnenraum der Priester Familie
140	Samine – Gandhi Ashram Innenraum
142/143	bei Nausari – Gandhi Ashram
144/145	bei Dandi – Mahatma Gandhi Statue
146/147	bei Kalam – Ortschaft
148	Delad – Cricket-Spieler
150/151	Delad – Schulkinder mit dem Plakat der aktuellen indischen Cricket-Mannschaft
152	Khandali – Männer mit *Champions Plakat* am Straßenrand
153	bei Ras – Hirten mit dem *Champions Plakat*
154/155	bei Vanj – Ziegelei
156	Bhatgam – Detail von einem Frisör-Besteck
157	Bhatgam – Portrait von dem Dorf-Frisör
158	Surat – Portrait von einem Mädchen
160	Surat – jugendliches Mädchen beim Malen
161	Surat – Familie beim Hören ihres Interviews
162/163	Teestand – der Ort der Kommunikation – unser Pausenfüller – unsere Hoffnung
164	bei Aslali – Fahrgastzelle eines LKWs
165	bei Dehrol – ein Mann, der Wasser tagtäglich von A nach B fährt
166	Ahmedabad – Näherin am Straßenrand
167	bei Kalam – ein LKW-Fahrer, der uns anhupte, um fotografiert zu werden
168	Navsari – Besitzerin von einem Straßenkiosk
170/171	Navsari – Besitzerin von einem Straßenkiosk vor ihrem Hausschrein
172/173	Navsari – Kioskdame im Gespräch mit Kunden
174	bei Dehrol – *Chai*-Stand
176/177	Ankhi – ein Mann, der Gandhi als 5-Jähriger auf dem Salzmarsch in seinem Dorf Ankhi sah
178	Ankhi – Portrait eines Mannes, der Gandhi in Fleisch und Blut auf dem Salzmarsch sah
179	Ankhi – seine Frau vor dem hauseigenen Schrein
180/81	bei Kalam – Morgenstille
182	Navsari – eine Gastgeberin mit Patrick vor der Kamera
183	Anand – unser Gastgeber *testet* unser Equipment
184/185	Ankhi – Patrick im Gespräch mit den Gastgebern nach dem Abendessen
186	Dandi – fast am Ziel: Alex und Patrick am letzten Kilometerstein
188/189	Dandi – die letzten Schritte zum Strand
188/189	Dandi – der Strand, an dem damals Mahatma Gandhi Salz auflas
192/193	Dandi – Sandzeichnung eines Gandhi-Verehrers